# BEI GRIN MACHT SICH IHR WISSEN BEZAHLT

- Wir veröffentlichen Ihre Hausarbeit, Bachelor- und Masterarbeit

- Ihr eigenes eBook und Buch - weltweit in allen wichtigen Shops

- Verdienen Sie an jedem Verkauf

Jetzt bei www.GRIN.com hochladen und kostenlos publizieren

**Rolf Todesco**

# Der Dialog im Dialog

GRIN Verlag

**Bibliografische Information der Deutschen Nationalbibliothek:**

Die Deutsche Bibliothek verzeichnet diese Publikation in der Deutschen Nationalbibliografie; detaillierte bibliografische Daten sind im Internet über http://dnb.d-nb.de/ abrufbar.

Dieses Werk sowie alle darin enthaltenen einzelnen Beiträge und Abbildungen sind urheberrechtlich geschützt. Jede Verwertung, die nicht ausdrücklich vom Urheberrechtsschutz zugelassen ist, bedarf der vorherigen Zustimmung des Verlages. Das gilt insbesondere für Vervielfältigungen, Bearbeitungen, Übersetzungen, Mikroverfilmungen, Auswertungen durch Datenbanken und für die Einspeicherung und Verarbeitung in elektronische Systeme. Alle Rechte, auch die des auszugsweisen Nachdrucks, der fotomechanischen Wiedergabe (einschließlich Mikrokopie) sowie der Auswertung durch Datenbanken oder ähnliche Einrichtungen, vorbehalten.

**Impressum:**

Copyright © 2010 GRIN Verlag GmbH
Druck und Bindung: Books on Demand GmbH, Norderstedt Germany
ISBN: 978-3-640-54534-6

**Dieses Buch bei GRIN:**

http://www.grin.com/de/e-book/144502/der-dialog-im-dialog

**GRIN - Your knowledge has value**

Der GRIN Verlag publiziert seit 1998 wissenschaftliche Arbeiten von Studenten, Hochschullehrern und anderen Akademikern als eBook und gedrucktes Buch. Die Verlagswebsite www.grin.com ist die ideale Plattform zur Veröffentlichung von Hausarbeiten, Abschlussarbeiten, wissenschaftlichen Aufsätzen, Dissertationen und Fachbüchern.

**Besuchen Sie uns im Internet:**

http://www.grin.com/

http://www.facebook.com/grincom

http://www.twitter.com/grin_com

# Der Dialog im Dialog

Rolf Todesco

## Inhaltsverzeichnis

1 Vorwort ............................................................................................. 1

2 Einladungen .................................................................................... 12

3 Ein Anfang ...................................................................................... 13

4 Fragen im Dialog ............................................................................ 38

5 Die Veranstaltung ........................................................................... 68

6 Verheissungen ............................................................................... 96

7 Wahrheit und Konflikt .................................................................. 116

8 Dialog als Kunst .......................................................................... 142

9 Sinn und Verstehen .................................................................... 164

10 Reflexion ................................................................................... 193

11 Nachwort ................................................................................... 203

12 Glossar und Literatur ............................................................... 207

# 1 Vorwort

Mit Dialog im Dialog lege ich einige Berichte von inszenierten Dialogen vor. Inszeniert werden solche Dialoge in Form von Veranstaltungen, in welchen durch Protokolle darüber, wie man spricht, verhindert wird, dass der Gesprächsgegenstand die Führung darüber übernimmt, was man spricht. Die Protokolle, die die Gesprächsform festlegen, sollen verhindern, dass die Sprechenden zu Subjekten verkommen, die der jeweils verhandelten Sache unterworfen sind. In diesen Dialog sollen nicht die Gesprächsgegenstände bestimmen, was gesagt wird, sondern der Logos durch die Form der Sprache. Die Protokolle verlangen vordergründig, dass die Formulierungen eine bestimmte Form einhalten, so dass ich jedes Mal bevor ich spreche, noch etwas über die Formulierung nachdenken muss. So bleibe ich stets gewahr, dass ich spreche und dass ich das, was ich sage, auf verschiedene Weise sagen könnte, wobei ich dann natürlich Verschiedenes sagen würde. Ich treffe eine Wahl und bedenke so, was ich mit dem, was ich sage und wie ich es sage, aneignen will. Dieses Aneignen verstehe ich als allmähliche Verfertigung der Gedanken beim Reden. Ich spreche so, damit mir klarer wird, wie ich zu andern, zum Du spreche.

Solche Dialogveranstaltungen kann man als Fortsetzung der Konversationssalons sehen, in welchen sich die Rhetorik des Mittelalters aufgehoben hat. In der kultivierten Salonkonversation zielt die Aufmerksamkeit immer darauf, dass keine Festschreibungen entstehen, obwohl oder gerade weil in diesen Salons immer die Zeit nach der nächsten angestrebten sozialen Revolution antizipiert wird. Die Konversation betrifft immer die Utopie, die nur erwogen wird, die man auch dort, wo sie sich als Historie gibt, nur erkennen, aber nicht kennen kann. In diesen Dialogen will ich keine Wahrheit finden und nicht darüber sprechen, wie es wirklich ist. Indem ich zum Du spreche, will ich erkennen, was gemeinsam formulierbar ist. Man kann darin eine Erwägungskultur sehen.

Die in unseren Dialogveranstaltungen verwendeten Protokolle stammen nicht aus den aristokratisch-frühbürgerlichen Salons, sondern werden im Dialog selbst entwickelt. In diesen Dialogprotokollen ist die Differenz zwischen Vorschrift und Beschreibung insofern aufgehoben, als jede Dialoggruppe ihre Regeln immer so umschreibt und anpasst, dass sie zum Verhalten der Dialogteilnehmer passen. Anhand des Protokolls kann jede Dialoggruppe erkennen, woran sie sich als Dialoggruppe halten wollte. Jede Dialoggruppe kann so in ihrem Protokoll ihr eigenes Dialogverständnis erkennen und reflektieren.

Die hier protokollierten Dialoge stammen also von Dialoggemeinschaften, die sich nicht zufällig im Park oder am Stammtisch zu einem beliebigen Gespräch treffen, sondern von Dialoggemeinschaften, die eigens in Veranstaltungen zusammenkommen, um im Dialog über den Dialog nachzudenken und dialogische Haltungen zu erkunden. In jüngerer Zeit hat David Bohm solche Dialog-Veranstaltungen populär gemacht und in seinem Buch "Der Dialog" reflektiert. Für unsere Dialog-Veranstaltungen hat er damit eine Art praktiziertes Vorbild geschaffen. Er zeigte exemplarisch, wie man im Dialog dialogisch und effektiv über den Dialog nachdenken kann, ohne dass daraus eine Vorschrift oder ein Festschreiben entsteht, das über den Moment der Dialogrunde hinaus Geltung beanspruchen würde. Er bezeichnete diese Praxis als partizipierendes Denken. Man kann aber auch einfach von Partizipieren, Zusammenarbeiten oder Kommunizieren sprechen, wenn man das Denken in zwischenmenschlichen oder sozialen Beziehungen nicht so herausstellen will. Bezeichnungen wie Denken und Arbeiten verführen mich überdies leicht dazu, eine Art Nützlichkeit, eine Funktion oder einen Zweck zu suchen und den Dialog so zum Mittel zu machen. In den hier beschriebenen Dialog-Veranstaltungen geht es aber um den Dialog, nicht um einen Zweck, zu welchem der Dialog als Verfahren oder als Methode zu begreifen wäre. Wir praktizieren den Dialog, wir verwenden ihn nicht für etwas und wir wenden ihn nicht für etwas an.

In diesen Dialogen begreife ich keine Sache, sondern Beziehungen, die ich zu Sachen, zu Mitmenschen und zum Leben pflegen will. Im so verstandenen Dialog finden unsere Beziehungen ihren Ausdruck dia logos; dia logos heisst dabei „durch das Wort". Dialoge in diesem Sinne sind zwar Gespräche, aber keine Zwiegespräche oder Diskussionen. Im Dialog unterscheide ich zwischen Ich und Du, damit ich die Beziehung, die Art, wie Ich und Du in der Einheit einer umfassenden dialogischen Kultur zusammen gehören, dia logos zur Sprache bringen kann. Indem ich die analytische Differenz eines Ichs erzeuge, kann ich über die Einheit in Form von Beziehungen zwischen Ich und Du sprechen. Die in diesem Dialog gemeinten Beziehungen zwischen Ich und Du sind nicht wechselseitig, sondern eine Einheit. Sie werden lediglich in dialektischer Rede entfaltet, eben im Dialog. Im Dialog höre ich, wie ich diese Beziehungen auch formulieren könnte, weil andere sie so formulieren. Im Dialog erkenne ich dia logos, also durch die Formulierung hindurch, wo ich wie aufgehoben bin.

In diesem - es gibt ja auch ganz andere Auffassungen - Dialog beobachte ich Unterscheidungen, die zu verschiedenen Vorstellungen führen, und wie diese Unterscheidungen von diesen Vorstellungen abhängig sind. Viele dieser Unterscheidungen sind kulturell in dem Sinne fundamental, als sie innerhalb der Kultur kaum wahrgenommen werden. Im Dialog werden solche Unterscheidungen dia logos explizit und ermöglichen uns damit gewählte Vielfalt. Ich spreche im Folgenden exemplarisch einige solcher Unterscheidungen an, die mein in unseren Veranstaltungen bisher entwickeltes Dialogverständnis selbst betreffen.

Zum einen erkenne ich, dass ich in meinem Alltag in zwei verschiedenen Dialogkulturen lebe, die man etwas plakativ als jüdisch-gemeinschaftlich und griechisch-wissenschaftlich bezeichnen könnte. Die "griechischen" Dialoge von Sokrates, die Galileo Galilei im Sinne der Renaissance wieder aufgenommen hat, widerspiegeln sich in unseren wissenschaftlich orientierten Ausbildungen. Es geht dabei darum, Wissen mitzuteilen und sicherzustellen, dass alle dasselbe, das möglichst Richtigste wissen. Galileo Galilei hat dafür den Ausdruck Diskurs verwendet, weil er sich der zerschneidenden und entscheidenden Praxis solcher Diskussionen bewusst war. Den "jüdisch-religiösen" Dialog dagegen erkenne ich als Gespräch, das an das Du gerichtet ist. Es geht mir in diesem Dialog darum, mich selbst in eine Beziehung zur Welt zu setzen, während ich die "griechische" Wissenschaft gerade unabhängig von mir zu denken habe. Martin Buber bezeichnete diese Unterscheidung durch zwei verschiedene Ich-Formen, ein Ich-Es und ein Ich-Du. Das Es-Ich spricht - schliesslich wissenschaftlich -

*über* die Welt, das Du-Ich spricht *mit* der Welt. Franz von Assisi sprach mit den Vögeln, nicht über die Vögel. In unseren Dialogveranstaltungen laviere ich oft zwischen diesen Kulturen, oft weil es mir schwerfällt im Dialog zu bleiben und alle Beiträge als dialogische wahrzunehmen. Unser Dialog erscheint mir unter diesem Gesichtspunkt als erfahrbare Differenz zwischen Dialog und Diskurs.

In der Diskurstheorie wird diese Differenz wissenschaftlich behandelt. Der Diskurs erscheint dabei als subjektfreies Gespräch der Wissenschaft, welches Wissen gerade dadurch generiert, dass jede Subjektivität sublimiert wird. Michel Foucault geht in Freudscher Tradition sogar so weit, den Diskurs als gesellschaftlich inszenierten Dialog zu begreifen, in welchem durch die entlastende Inszenierung einer Objektivität alles gesagt werden darf, weil kein Mensch, sondern quasi die Wirklichkeit spricht. Die Wissenschaft kennt kein Tabu, der wissenschaftlich sprechende Mensch hat keine Verantwortung, weil er als Überbringer der Nachricht, quasi als Autor der Natur nur sagt, wie es wirklich ist. Und um die Wirklichkeit zu Worte zu kommen lassen, darf die Wissenschaft auch alles tun. Jedes Tabu wird zugunsten von objektivem Wissen als Hemmung in einer Ethik aufgehoben. In unserem Dialog bringen wir in gewisser Weise Hintergründe von Tabus zur Sprache, statt die Tabus zu brechen und dafür Ethik auszusprechen, wie Ludwig Wittgenstein es nannte.

Die Du-Es-Differenz verdoppelt sich in der verbreiteten Vorstellung, man könne den Dialog wie jenen von Sokrates als Verfahren einsetzen, das in Kommunikationstrainings geschult werden könne. Es gibt verschiedene Mediations- und Coachinglehren, die in Politik und Business getrennte Parteien durch rhetorisch geschultes Reden einigen sollen. In diesem Dialog geht es aber gerade nicht darum, jemandem etwas mitzuteilen, sondern darum, etwas zu teilen. Wenn ich mitteile, behandle ich mein Gegenüber als Es, ich konfiguriere oder in-form-iere Es. Ich entscheide, was mein Gegenüber wissen muss. Im aufgehobenen Mitteilen des Dialoges habe ich gar kein individualisiertes Gegenüber, das ich informieren könnte. Ich nehme im Dialog zwar Personen wahr, aber ich nehme sie als persona eines Du. Wo ich zum Du spreche, idealtypisch beispielsweise im Gebet, reproduziere ich keine Information über die Welt, sondern spreche über mein Wahrnehmen unserer Beziehung. Dein Reich komme.

Die Differenz zwischen Dialog und Diskurs erscheint mir auch in der Differenz, in welcher ich nach Erklärungen suchen oder anderen Menschen etwas erklären kann. Im Diskurs ist wichtig, dass der andere meine Erklärung versteht, im Dialog ist wichtig, dass ich mein Erklären verstehe; dass ich Erklärungen konstruieren oder eben dialogisierend verfertigen kann. Das Du repräsentiert im Dialog nicht jemanden, dem ich etwas erklären muss, in diesen Dialogen will ich nicht, dass andere meine Erklärungen verstehen. Gott und jede seiner Repräsentationen im Dialog brauchen meine Erklärung nicht, ich brauche sie - ich brauche sie noch, solange ich sie produziere. Im Dialog mache ich keine Mitteilungen und schon gar keine Überzeugungsversuche. Ich mache Äusserungen, in welchen ich mein *Ich* (also mich) als Ausdrucksweise einer Inkarnation begreife. Ich strebe dabei nicht nach einer Selbstfindung oder Selbstverwirklichung eines Ichs, sondern danach, das Ich oder das Selbstbewusstsein als Mittel des Dialoges zu erkennen. Es geht mir nicht darum, individuelle Subjekte zu verstehen, sondern darum, den Sinn zu erkennen, der hinter dem Sprechen liegt, das die Subjekte erst hervorbringt. Verstehen bedeutet in dieser Differenz nicht an die Stelle des andern zu stehen, also ihn oder seine Worte zu verstehen. Verstehen heisst die Offenbarung des Sinns zu sehen. Im Dialog mit dem *Du* muss ich verstehen, was ich sage, ich muss meine Worte verstehen. Das *Du*, das ich im Dialog anspreche, weiss - wie jenes, das ich im Gebet anspreche - immer schon und antwortet nicht mit Wörtern.

In diesem Sinne kann ich im Dialog nicht (be)lehren. Lehrend beziehe ich mich auf Realitäten, die mir so wichtig scheinen, dass ich sie mitteilen muss. Dabei verliere ich den Respekt vor dem Du, weil ich quasi durchsetze, was wichtig ist, ohne mich darum zu kümmern, was der andere wichtig findet.

In Dialogen erkenne ich oft auch ein Differenz zwischen dem *Ich* und dem *Wir*. Wo wir gemeinsam denken und sprechen, liegt die Vorstellung nahe, dass wir ein gemeinsames Verständnis anstreben oder gar erreichen könnten. Im Dialog baue ich aber auf einer Gemeinsamkeit auf, ich habe sie nicht als Ziel.

Die Gemeinsamkeit ist im Dialog bereits gegeben, bevor irgend etwas geäussert wird. Ich spreche nicht zu Menschen, die mir gegenüber stehen, sondern mit Menschen, die die Du-Ich-Unterscheidung als Ausdrucksform der Gemeinschaft mit mir teilen. Was ich im Dialog sage, sind Worte - dia logos - die eine Sprechgemeinschaft voraussetzen, die nicht an eine Sprache gebunden ist. Ich spreche auch mit meinen Tieren, vor allem aber auch mit Gott, obwohl beide nicht in meiner Sprache antworten. Im Diskurs wähne ich mich verstanden, wenn der andere so reagiert, wie wenn er mich verstanden hätte. Im Diskurs haben Worte wie Sachen eine Bedeutung, auf die Bezug genommen wird. Im Dialog haben Worte ihre Bedeutung nicht in sich, sondern in den Sprechenden und in den Hörenden. Es ist im Dialog nicht wichtig, dass diese Bedeutungen irgendwie übereinstimmen, sondern nur, dass es den Dialogteilnehmenden gelingt, durch die Worte den Sinn des Du in der Gemeinschaft zu erkennen. Im Dialog muss ich nicht über die richtige Interpretation von Worten befinden oder in irgendeiner Art intersubjektiv verstehen, was mit den Worten gemeint sein könnte. Im Dialog hören alle, was sie hören und alle verstehen, was sie verstehen.

Man kann den Dialog von einem Monolog unterscheiden. Umgangssprachlich verkürzt wird Monolog oft für die Rede eines Einzelnen verwendet und Dialog für ein Gespräch, in welchem mindestens zwei Personen sind. Das Wesen des Monologes sehe ich aber nicht darin, dass nur einer spricht, sondern darin, dass eine Sichtweise als die Richtige dargestellt wird. Im Monolog sagt schliesslich einer, was nach einer gelungenen Diskussion jeder der Beteiligten sagen würde, weil sich eine Sichtweise durchsetzen konnte. Der Monolog widerspiegelt so gesehen das Resultat einer Diskussion, in welcher verschiedene Vorstellungen argumentativ durch die mächtigste Vorstellung ersetzt wurden. Der Monolog hat dort einen etwas negativen Beigeschmack, wo diese Zumutung durchschimmert. Anschaulich gesprochen geht es in der Diskussion darum, dass sich verschiedene Vorstellungen immer mehr annähern, während es im Dialog darum geht, verschiedene Vorstellungen zu entfalten. In der Diskussion fliessen Bäche und Nebenflüsse in einen Strom, der alles mitreisst, im Dialog geht es um Vielfalt, die sich wie die Krone eines Baumes aus einem Stamm herausentwickelt. In der Diskussion ist entscheidend, dass sich die richtige Vorstellung durchsetzen kann. Im Dialog ist die beste Vorstellung eine unter vielen besten Vorstellungen. Die Diskussion sucht ein Ende, die Einigung im Monolog. Der Dialog geht wie das Leben immer weiter, wobei immer neue Möglichkeiten sichtbar werden.

Eine wieder ganz andere manifeste Differenz, die unsere Dialogveranstaltung betrifft, besteht zwischen Dialogen und Dialog-Veranstaltungen. Die Dialog-Veranstaltung ist als Übung konzipiert. Ich übe aber in der Dialog-Veranstaltung nicht für einen späteren Zeitpunkt, für einen Auftritt oder für einen Ernstfall, ich übe im Sinne des Ausübens. Die Übung zeigt sich vor allem darin, dass wir uns ein Protokoll geben, also festlegen, wie gesprochen werden darf, während Dialoge natürlich gerade keine Regeln haben, die jemand einhalten müsste. Ein grosser Teil der Reflexionen in unseren Dialogveranstaltungen betrifft den Sinn und die Interpretation dieses Protokolls. Weil die Regeln nicht von aussen kommen, sondern in den Dialoggruppen selbst hervorgebracht werden, ist die Reflexion der Regeln immer auch eine Reflexion des mitgebrachten Verständnisses. Und weil leicht zu erkennen ist, dass die Regeln nicht das Wesen des Dialoges betreffen, sondern Werkzeuge der Übung sind, herrscht in den Dialogveranstaltungen zu diesen Regeln immer ein ambivalentes Verhältnis mit einem beträchtlichen Frustrationspotenzial, das wohl jedes geregelte Üben begleitet. Man kann mit diesem Frustrationspotenzial aber auch die eigenen Ansprüche bemessen.

Eine an die Veranstaltungsregeln anschliessende Differenz besteht zwischen Regeln als Gebot und Regeln als Vision. Unsere Dialogregeln sind auch in der Dialogveranstaltung keine Vorschriften, die jemand einhalten müsste. Das würde nicht nur dem Dialog prinzipiell widersprechen, sondern auch einer Veranstaltung, deren Sinn auch im Ausloten von Regeln liegt. Die Regeln müssen nur in einem bestimmten Sinn eingehalten werden, sie müssen als solche aufrecht erhalten werden, gleichgültig wie oft sie auf welche Weise verletzt werden. Die Regelverletzungen müssen als Ausnahmen wahrgenommen werden können oder wo das nicht mehr gelingt, als Antrag, die Regeln zu ändern. Regelverletzungen werden in keiner Weise geahndet, sie werden als Anlass genommen, die Regel zu bedenken. Die Regeln beschreiben als Vision, wie ich sprechen möchte, wie ich sprechen werde, wenn ich dialogisch entwickelt bin. Wenn ich die Einträge auf den Steintafeln von Moses als solch utopische Regeln lese, lese ich nicht, Du *sollst* nicht lügen, rauben und töten, sondern die Verheissung, Du *wirst* nicht lügen, rauben und töten, wenn Du ein Mensch geworden bist. Die Regeln des Protokolls beschreiben nur sozusagen die Zukunft, sie beschreiben als Utopie die Gegenwart.

Die hier vorgestellten Dialoge sind äusserlich durch Dialogregeln bestimmt. Ein paar einfache Dialogregeln, die sich am Anfang von Veranstaltungen schon oft bewährten, beschreiben etwa, dass ich im Dialog Ich-Formulierungen verwende und in die Mitte spreche. Ich spreche nicht zu, sondern mit Menschen. Ich sage nichts, was andere wissen müssen, sondern ergründe, was wir gemeinsam erkennen können. Im Dialog versuche ich nicht zu überzeugen, was von andern bezeugt wird. Ich bezeuge, was ich für-wahr-nehme. Die für mich grösste Herausforderung besteht gerade darin, im Dialog etwas anderes als andere zu sagen, ohne dies als ihnen zu widersprechen zu begreifen. Im Dialog muss ich auf eine radikale Weise bei meinen Vorstellungen sein, weil ich nur so den Respekt gegenüber verschiedenen Vorstellungen nicht verletze, also nicht in Kompromissen auflöse.

Die Dialogregeln lassen sich als eine Art Absicherung verstehen, als ein Behältnis, innerhalb dessen ich ohne Vorsicht und ohne Rücksicht über meine Vorstellungen sprechen kann. Was mir in einer Diskussion als Widerspruch erscheint, verstehe ich im Dialog als komplementäre Auffassung, die Reichtum erschliesst, weil von allem, was von Herzen gesagt wird, nichts ausgeschlossen wird. Da ich im Dialog auch mir selbst zuhöre, kann ich erkennen, wie oft mir unklar ist, was ich sage. Ich kann meine eigenen Aussagen wie die Aussagen aller andern in der Mitte des Kreises schweben sehen und warten, bis sie mir passen oder mich zu einer weiteren Formulierung bringen.

Man kann in der Dialogveranstaltung nach der Funktion der jeweils gewählten

Regeln fragen. Eine grundlegende Funktion der Regeln sehe ich darin, noch nicht entwickeltes oder gefährdetes Vertrauen zu überbrücken. Ich brauche beispielsweise im Dialog eine Art Vertrauen, welches mir das Aushalten von Aussagen ermöglicht, die ich nicht sofort verstehen kann. Ich muss auch Aussagen aushalten, die mir falsch, abwegig oder politisch nicht korrekt erscheinen. Wenn ich genügend Vertrauen entwickelt habe, kann ich im Dialog Bewertungen zurückstellen, so wie ich es unter meinen engsten Freunden kann. Ich kann abwarten, wohin die Reise gehen wird, ich muss nicht sofort ins Steuer greifen. Die Regeln können - bewusst oder unbewusst - so gewählt werden, dass sie für mich Effekte haben wie dieses gegenüber fremden Menschen vorerst nur potentiell vorhandene Vertrauen. Man kann etwa als Regel wählen, auf rasche Bewertungen zu verzichten, Aussagen in der Schwebe zu halten, auch wenn das Vertrauen noch nicht durch Erfahrungen begründet ist. Eine entsprechende Regel würde etwa lauten, dass die Aussagen nicht kommentiert werden, dass ich auf explizite Zustimmung und auf explizite Zurückweisungen verzichte, oder dass beispielsweise nicht erklärt wird, wie eine Aussage zu verstehen sei. Im Dialog wird sich zeigen, wie ein aktuelles Nichtverstehen, etwa das Staunen darüber, dass jemand etwas für mich ganz Undenkbares sagt, aufgehoben wird. Das Nichtverstehen ist im Dialog insofern ganz ungefährlich, als man keine Mitteilung verpassen kann, sondern in jedem Nichtverstehen eine Chance für neues Kristallisieren des eigenen Wissens kriegt.

Die Dialogregeln sollen Wirkungen entfalten, die einen Dialog erkennbar machen. Umgekehrt kann man die Dialogregeln dann auch als Beschreibung eines Dialoges auffassen. Wenn man weder den Dialog noch die Dialog-Veranstaltung neu erfinden will, kann man praktischerweise mit ein paar Regeln beginnen, die sich an anderen Orten bereits bewährt haben. Alle Regeln können jederzeit modifiziert oder ersetzt werden, wenn sie den Dialog behindern oder blockieren, weil keine dieser Regel für den Dialog selbst wichtig oder gar konstitutiv ist. In einer gewissen Hinsicht geht es ja in der Dialogveranstaltung darum, die Dialogregeln aufzuheben, also darum, in den Dialog zu kommen. Die Regeln lenken nur meine Aufmerksamkeit. Wenn ich eine Dialogregel verletze, habe ich Anlass, über mein Verhältnis zum Dialog nachzudenken. Im Dialog denke ich aber nicht im Stillen und nicht einsam für mich, sondern gemeinsam, partizipierend, eben im Dialog. Die Regeln und deren Verletzungen können kollaborative Anlässe schaffen. Dabei kann ich neue Sichten auf die Regeln und auf mögliche Interpretationen der Regeln gewinnen. Regeln können sinnlos werden, weil sie gar nicht mehr gebrochen werden oder eben, weil sie noch zu widerständig sind und den Fluss des Dialoges verhindern. Regeln sollen sich sogar auflösen, wo sie nur überbrückend eine noch nicht vorhandene Freundschaft unterstützen, die sich im Dialog entwickelt und den Dialog überhaupt erst möglich macht.

Der Dialog ist an das Wort im Sinne des Logos, des Ausdruckes gebunden. Logos bezeichnet dabei eine Differenz zwischen dem Begriff und dem damit Begriffenen. Der Begriff als Ausdruck steht für eine bestimmte Auffassung, für eine Definition, die bestimmt, wie das Begriffene begriffen wird. Im Dialog geht es deshalb um das im Begriff Begriffene. Begriffe werden im Dialog nicht an einer gegebenen Sache gemessen, sie können deshalb nicht richtig oder falsch sein. Begriffe zeigen vielmehr, wie eine Sache gesehen werden kann. Es geht mithin um Erklärungen, aber nicht darum, anderen etwas zu erklären. Es geht darum, auf wie viele Arten wir uns etwas erklären können und darum, wer weshalb welche Erklärung verwendet.

Damit habe ich ein paar fundamentale Unterscheidungen angesprochen, die in meiner Wahrnehmung unserer Dialoge eine Rolle spielen. Natürlich können unsere Dialoge auch ganz anders wahrgenommen werden. Soweit das Protokoll, das ich vorlege, unter diesen Gesichtspunkten steht, ist es fiktiv, eben unter einer Perspektive hergestellt, die den Dialog eben so erscheinen lässt. Also nicht einmal die Dialoge, von welchen ich berichte, waren so, wie ich es berichte, geschweige denn, dass irgendwelche andere Dialoge auch nur annähernd so sein sollten. Der Dialog folgt keiner Logik, die man programmieren oder vorschreiben könnte.

\* \* \*

Die vorgelegten Berichte sind auch in dem Sinne fiktiv, als ich Erinnerungen an Dialoge aufschreibe. Ich schreibe die Erinnerungen als direkte Reden, weil ich so einen für mich wesentlichen Aspekt der Dialog-Veranstaltungen veranschaulichen kann, nämlich wie einfach und voraussetzungslos Dialog-Veranstaltungen inszeniert werden können. Dialog-Veranstaltungen erläutern sich quasi selbst, das heisst, sie brauchen keinen Kommentar, was eine mögliche Dialogregel reflektiert, wonach im Dialog keine Kommentare gemacht werden.

Man kann diese Berichte als eine spezifische Anleitung zur Dialog-Veranstaltung lesen, weil verschiedene Aspekte der Organisation solcher Veranstaltungen reflexiv zur Sprache kommen. Man kann in den Berichten auch konkrete Auffassungen zum Dialog selbst finden, es sind aber Auffassungen von Teilnehmenden, die keinerlei privilegierte Sichtweisen vertreten. Der Dialog im hier gemeinten Sinn repräsentiert die Beziehung zwischen dem Ich und dem Du und wird so in jedem Ich-Du-Verhältnis immer wieder neu geschaffen.

## 2 Einladungen

Vor einigen Jahren wurde ich zu einer Dialogveranstaltung eingeladen. Ich stutzte. Ich fragte mich unwillkürlich, was ein Dialog sein könnte, zu welchem man eingeladen wird. Ich dachte an eine Art Friedensangebot, an ein Angebot, ein festgefahrenes, abgebrochenes Gespräch wieder aufzunehmen. Ich hatte aber keinen mir bewussten Streit, zumal nicht mit Renate, die mich zum Dialog eingeladen hatte. Also fragte ich: "Worüber wollen wir denn einen Dialog führen? Renate antwortete: "Ich wurde vor einiger Zeit zu einer Dialogveranstaltung eingeladen. Ich bin einfach hingegangen und es hat mir dort so gut gefallen, dass ich das jetzt auch machen will. Deshalb lade ich Dich jetzt zu einer Dialogveranstaltung ein." Ich erinnere mich, dass ich damals noch einige Fragen auf der Zunge hatte, aber ich sagte zu, weil ich Renate schon lange gut kannte. Diese Dialogveranstaltungen haben mir dann so gut gefallen, dass ich später beschloss, auch zu solchen Dialogveranstaltungen einzuladen. Wenn ich nun Leute zu einer Dialogveranstaltung einlade, werde ich oft gefragt, worüber wir einen Dialog führen wollen. Das erinnert mich jedes Mal daran, wie ich mit dieser Einladung zuerst umgegangen bin. Ich antworte dann: "Ich wurde vor einiger Zeit selbst zu einer Dialogveranstaltung eingeladen. Ich bin einfach hingegangen und es hat mir dort so gut gefallen, dass ich das jetzt auch machen will. Deshalb lade ich Dich jetzt zu einer Dialogveranstaltung ein." Und weil ich mich auch daran erinnere, dass ich damals noch viele Fragen hätte stellen wollen, sage ich: "Lass uns doch einfach gemeinsam schauen, was wir im Dialog über den Dialog erkennen."

## 3 Ein Anfang

In meiner ersten Dialogveranstaltung, zu welcher ich von Renate eingeladen wurde, waren etwa zehn Personen, von welchen ich die meisten mehr oder weniger gut kannte. Wir sassen auf Stühlen, die im Kreis aufgestellt waren. Am Boden in der Mitte des Kreises waren eine Vase mit einigen Tulpen und einige andere Gegenstände auf einem farbigen Tuch. Nachdem sich alle gesetzt hatten, schob Renate die nichtbesetzten Stühle aus dem Kreis, setzte sich selbst wieder und begrüsste uns. Sie schlug eine ganz kurze Vorstellungsrunde vor. Ich sagte, dass mir solche Runden immer etwas peinlich seien, weil ich nie recht wisse, was ich in solchen Runden sagen solle. Die meisten sagten ihren Namen, was sie arbeiten und woher sie Renate so gut kanten, dass sie eingeladen wurden. Dann sagte Renate, wir sollen uns zuerst einige Gedanken über unsere Erwartungen und über den Dialog machen, also gemeinsam zusammenzutragen, was wir als Dialog bezeichnen und was wir uns von einem Dialog erhoffen. Sie sagte, wir sollten dabei nicht um Definitionen streiten, weil es nicht um richtig oder falsch gehe, sondern offenen Herzens aufzählen, was uns wichtig scheine. Wir sollten nicht bewerten, was andere sagten, sondern zuhören und uns zu eigenen Vorstellungen inspirieren lassen, die wir dann wiederum in den Kreis eingeben sollen. Sie selbst habe damit bereits gesagt, was ihr im Dialog sehr wichtig scheine, nämlich dass wir von Herzen sprechen und nicht sofort bewerten, was andere sagen.

Renate verdichtete unsere Beiträge. In ihrer Zusammenfassung haben wir in unserem Dialog zusammengetragen, dass wir uns gegenseitig respektieren, zuhören, vor allem von uns selbst und unseren Erfahrungen sprechen und dabei auf Annahmen und Bewertungen verzichten sollten. Wir umschrieben dies durch eine achtsam erkundende Haltung, wie sie ernsthaft Lernende auszeichnet. In dieser Haltung würden wir nicht nur beobachten, was gesagt wird, sondern auch, wie wir in der Kommunikation aufgehoben sind, wie wir durch unsere Kommunikation eine Kommune, eine Gemeinschaft werden.

Renate erzählte dann von einem Buch von David Bohm, in welchem die Grundzüge des Dialoges, wie wir sie eben selbst entwickelt hätten, beschrieben seien. David Bohm habe realisiert, dass unsere Gespräche oft gar keine Gespräche seien, sondern hoffnungslose Diskussionen, in welchen es nur darum ginge, wer Recht habe. Er siedle den Dialog als offenes Gespräch am Ende der Diskussionen an, also dort, wo die Einsicht gewonnen wurde, dass weitere Diskussionen zu nichts mehr führen. Der Dialog beruhe auf Fertigkeiten, die in unserer Diskussionsgesellschaft verkümmert seien. David Bohm habe die Dialogveranstaltungen entwickelt, um diese Fertigkeiten, die wir früher einmal alle gehabt hätten, zu reanimieren und zu neuer Blüte zu bringen. Respekt und Achtsamkeit, sagte Renate, seien Haltungen, diese Haltungen seien aber nicht nur eine innere Angelegenheit, sondern würden sich im Dialog zeigen, also darin, wie wir gegenseitig miteinander sprechen. Im Dialog würden diese Haltungen sichtbar und erfahrbar.

Unsere nächste Aufgabe war, gemeinsam zu überlegen, wie sich die dialogische Haltung auf unsere Sprache und auf unser Sprechverhalten auswirke. Renate sagte, wir könnten uns dazu beispielsweise überlegen, wie sich Dialoge von hitzigen Diskussionen unterscheiden. Erneut verdichtete sie als Moderatorin, was in dieser Runde gesagt wurde. In Diskussionen würden sich die Leute oft gegenseitig ins Wort fallen, andere diskreditieren und deren Argumente zerpflücken. In Diskussionen wolle jeder Recht haben und die anderen missionarisch zu einer anderen, der je eigenen Meinung überzeugen. Renate machte uns auf einen Punkt speziell aufmerksam, indem sie uns anwies, auch noch etwas zu bedenken, dass in Diskussionen sehr oft Tatsachen behauptet werden. Wir fanden, dass viele dieser Tatsachen sich später als Fantasien entpuppen, dass es aber schwierig ist, etwas gegen ins Feld geführte Tatsachen zu sagen, weil man Tatsachen eigentlich nur mit anderen Tatsachen bestreiten könne, was mithin auch der Grund sei, warum bestimmte Diskussionen so hitzig werden. Den nach dieser Erkenntnis auf der Hand liegenden Vorschlag brachte Renate selbst, indem sie sagte: "Also könnten wir im Dialog versuchen, auf alle Tatsachen und Wahrheiten zu verzichten. Was haltet Ihr davon?" Wir spielten etwas mit dieser Vorstellung herum, dann sagte sie: "Ich meinte das nicht ganz so radikal. Mein Vorschlag wäre, dass wir nur über unsere eigenen Erfahrungen und über unsere eigenen Folgerungen sprechen." Das seien ja auch Tatsachen, aber subjektive, die für andere Menschen nicht zwingend seien. Wenn jemand sage, dass er etwas gesehen, erlebt oder gefühlt habe, spreche er über seine Wahrnehmungen, nicht über die Wirklichkeit. Das erleichtere ihr das Zuhören sehr. Nur über eigene Wahrnehmungen zu sprechen sei ganz einfach. Wir müssten dazu nur Ich-Formulierungen verwenden, also nicht von "man" sprechen und einfach nichts behaupten und nicht erzählen, wie die Welt wirklich sei.

Dann erzählte Renate aus einem anderen Buch. Im Dialogverfahren, wie sie die Sache jetzt nannte, müssten sich die Teilnehmenden ohnehin an bestimmte Regeln halten, wie wir sie ja auch formuliert hätten. So sei beispielsweise klar, dass man im Dialog niemanden unterbreche. Sie sagte: "Wenn ich aber achtsam bin, unterbreche ich auch niemanden, der noch nicht spricht, sondern sich erst noch überlegt, was er sagen will. Ich meine damit, dass wir in der Dialogrunde darauf achten können, ob jemand etwas sagen will. Wenn ich merke, dass jemand zum Wort ansetzt, warte ich mit meinen Worten." Wir hatten einige skeptische Teilnehmer im Kreis, oder etwas dialogischer gesagt, einige der Teilnehmenden äusserten sich manchmal skeptisch. Peter, der sich als Physiker vorgestellt und schon einige Male auf den naturwissenschaftlichen Dialog verwiesen hatte, sagte: "Wenn ich warte und alle andern auch warten, weil ja niemand weiss, ob nicht gerade jemand anderer reden will, dann warten doch alle, dann ist der Dialog zu Ende, weil niemand mehr spricht." Renate lächelte und wartete etwas, bevor sie antwortete: "Wenn ich achtsam bin, merke ich dann schon, dass niemand spricht, dann kann ich etwas sagen. Und in der Zwischenzeit, also solange alle noch warten, kann ich noch etwas den Worten hinterher denken, nachdenken, die ich zuvor gehört habe."

Renate stand auf und ging in die Mitte des Kreises. Sie nahm einen kurzen Stab, der neben einer Schale lag, und schlug damit an den Rand der Schale, die wie ein heller Gong tönte. Der Klang verhallte ganz langsam und alle lauschten dem Klang nach. Renate sagte: "Mindestens am Anfang kommt es öfter vor, dass alle reden wollen als dass alle schweigen. Dann wird auch der

Dialog hitzig. Wenn jemand merkt, dass er nur noch zum Wort kommen könnte, wenn er die andern unterbricht, geht er in die Mitte und schlägt diese Klangschale an. Dann schweigen alle, bis der Klang auch schweigt. Ihr werdet sehen, das wirkt Wunder. Aber wir wollen uns nicht nur auf dieses Wunder verlassen." Sie hob einen anderen Stab auf, einen gläsernen, der mit farbiger Flüssigkeit und glitzernden Partikel gefüllt war. "Das ist sozusagen unser Zauberstab. Nur wer ihn in den Händen hat, darf sprechen. Jetzt darf nur ich sprechen, weil ich den Stab habe. Wenn ich fertig gesprochen habe, lege ich den Stab hin und wer etwas sagen will, holt zuerst den Stab." Peter sagte: "Das ist ein lustiges Spiel, es erinnert mich an den Kindergarten ..." Renate unterbrach ihn: "Du solltest jetzt eben nichts sagen, weil Du den Stab nicht hast. Es geht mir mit dem Stab um Folgendes: Er verlangsamt unser Gespräch. Wenn ich beispielsweise jemanden, der etwas sagt, an den Kindergarten erinnern möchte, oder ihn gar mit einem tollen Argument widerlegen will, muss ich etwas warten. Und in der Zeit, bis ich endlich zum Sprechstab gekommen bin, hat sich vielleicht mein Gemüt beruhigt, und ich muss gar nicht mehr sagen, was mir vorher so dringend schien."

Renate legte den Stab in die Mitte und setzte sich. Alle schienen zu warten, niemand holte den Stab und niemand sagte etwas, ohne den Stab zu holen. Nach einer ganzen Weile sagte Renate lachend: "Jetzt scheint der Dialog zu Ende zu sein!" Und Peter sagte sofort: "Du hast den Stab nicht geholt!" Alle lachten. Peter holte den Stab und sagte noch im Stehen: "Ich finde das immer noch wie im Kindergarten und ich frage mich, wozu wir neben dem Stab auch noch die Klangschale haben. Das ist ja nicht nur doppelt genäht." Renate sagte: "Ich möchte Euch bitten, jeweils erst zu sprechen, wenn Ihr wieder sitzt. Es geht ja um eine Verlangsamung und es wird natürlich viel langsamer, wenn wir auf unsere Stühle zurückgehen, als wenn wir in der Mitte stehen bleiben und einander den Zauberstab aus den Händen reissen. Die Klangschale ist einfach ein zusätzliches Mittel. Vielleicht brauchen wir sie nie, aber auch dann sehen wir sie doch in der Mitte stehen und das hilft uns vielleicht, daran zu denken, nicht in eine hitzige Diskussion zu verfallen." Peter stand immer noch mit dem Zauberstab in der Mitte. Mir schien, er wollte etwas darüber sagen, dass der Zauberstab offenbar nicht recht funktioniert, weil schon wieder Renate gesprochen hatte, er liess es aber bleiben. Er legte den Stab wieder in die Mitte und setzte sich.

Nach einer Weile sagte Renate: "Ich möchte Euch noch ein ganz wichtiges Prinzip erläutern. Wir sitzen hier in einem Kreis. Wenn ich spreche, spreche ich zu allen. Ihr wisst ja, dass es unanständig ist, mit seinem Nachbarn zu schwatzen, während jemand anderer spricht. Das kann hier nicht vorkommen, weil wir ja nur sprechen, wenn wir den Zauberstab in den Händen haben." Sie war während des Redens aufgestanden und hatte den Stab aufgenommen. Sie fügte ein: "Ihr seht ja auch, dass es auch für mich manchmal schwierig ist, mich an diese Kindergartenregel zu halten." Dann fuhr sie weiter: "Im Dialog spreche ich immer zu allen, ich spreche in die Mitte. Wir können uns vorstellen, dass die Worte dort wie in einer Wolke schweben und darauf warten, gehört zu werden. Nicht alle hören dieselben Worte. Es ist eher wie bei einem grossen Büfett. Jeder nimmt etwas davon. Das Büfett ist für alle das Gleiche, aber jeder isst etwas anderes. Was ich beitrage, stelle ich auf dieses Büfett. Ich dränge es niemandem auf. Ich spreche nicht zu einzelnen Personen, sondern eben in die Mitte des Kreises. Vielleicht passt das, was ich sage, jetzt gerade nicht zu dem, was jemand jetzt gerade denkt. Aber schon kurze Zeit später kann das anders sein. Vom Büfett nehme ich pro Gang, was mir passt und was für mich zusammenpasst. Ich komme aber später zum Büfett zurück und nehme Delikatessen, die ich zuvor habe liegenlassen. Im Dialog versuche ich das Gesagte in der Schwebe zu halten. Ich warte, bis es passt."

Brigitte fragte: "Du hörst also nur, was Dir passt?" und fügte sofort an: "Oh, ich darf ja gar nichts sagen, weil ich den Stab nicht habe." Renate, die sich wieder gesetzt hatte, stand auf, um den Stab in die Mitte zu legen, obwohl sie unmittelbar neben Brigitte sass. Brigitte war fast gleichzeitig mit Renate in der Mitte und wollte ihr den Stab schon knapp über dem Boden aus der Hand nehmen. Aber Renate hielt den Stab fest umschlossen. Sie richtete sich nochmals auf und schaute Brigitte an. Dann bückte sie sich wieder und legte den Stab hin. Brigitte packte den Stab augenblicklich. Renate legte ihre Hand auf die Hand von Brigitte und sah sie an. Sie sagte: "Wir haben Zeit, viel Zeit."

Brigitte setzte sich auf ihren Stuhl und wiederholte ihre Frage. Renate antwortete nicht. Nach wirklich langer Zeit, in welcher ich das Knistern in der Luft hören konnte, sagte Renate: "Es ist wichtig, den Stab wieder in die Mitte zu legen, wenn man nichts mehr sagen will. Man muss sich dabei nicht beeilen, wir haben Zeit, viel Zeit." Brigitte legte den Stab zurück und sagte: "Dann kannst Du mir ja jetzt eine Antwort geben."

Renate ging langsam in die Mittel und schlug die Klangschale ziemlich kräftig an. Sie setzte sich wieder ohne den Zauberstab mitzunehmen. Nachdem der Klang schon eine Weile verklungen war, holte Brigitte den Stab, setzt sich langsam, sorgfältig und sagte dann: "Also, es tut mir leid, aber ich ... Ich meine, ich will die Frage nochmals ganz ruhig und ohne Hektik stellen. Also: Hörst Du im Dialog nur was Dir passt, so wie Du bei einem Speisebüfett nur nimmst, was Dir passt. Ist das Dialog? Ich verstehe es einfach nicht." Während sie den Stab in die Mitte legte, fügte sie an, dass sie vielleicht deshalb etwas energisch geworden sei.

Renate schaute in die Runde, aber niemand sagte etwas. Dann holte sie den Stab und sagte: "Ich muss vielleicht den meines Erachtens wichtigsten Grundsatz noch etwas mehr verdeutlichen. Im Dialog spreche ich immer in die Mitte, ich lege etwas aufs Büfett, aber nie jemandem etwas in seinen Teller. Umgekehrt beobachte ich sehr gut, was andere in die Mitte legen. Ich höre aufmerksam zu. Ich schaue immer das ganze Büfett an. Aber ich kann nie alles aufnehmen, sowieso nicht alles zusammen und sofort. Ich versuche möglichst vieles in der Schwebe zu halten, bis es passt." Sie machte eine recht lange Pause. "Was heisst das, dass ich in die Mitte spreche? Das heisst, ich spreche keine einzelne Person an. Wen ich dann angesprochen habe, höre ich im Nachhinein, wenn ich Antworten bekomme. Das kann sofort der Fall sein, weil jemand etwas dazu sagen will, also weil es bei jemandem gerade auf den Teller passt. Es kann aber auch später sein, einen Gang später sozusagen. Und vor allem kann es auch sein, dass ich eine Antwort unter der bewussten Ebene bekomme, eine Antwort zwischen den Zeilen." Sie stand von ihrem Stuhl auf. "Ich werde später noch mehr dazu sagen, jetzt will ich an der Oberfläche der Regel bleiben. Ich spreche immer in die Mitte und nie zu einer einzelnen Person."

Renate hatte sich zunehmend mehr an Brigitte gewandt, während sie davon sprach, dass man in die Mitte spricht. Brigitte setzte zu einer Antwort an, doch Renate hielt ihr den Zauberstab vor die Nase und fuhr fort: "Diese Regel hat unter anderem den Sinn, dass sich keine Zweiergespräche entwickeln, bei welchen die andern im Kreis ausgeschlossen sind und dann logischerweise ihrerseits mit ihren Nachbarn Zweiergespräche anfangen."

Peter, der etwas unruhig auf seinem Stuhl herumgerutscht war, sagte: "Ich weiss, dass ich jetzt ganz viele Regeln verletze, aber es muss doch eine Möglichkeit geben, dass ich etwas sagen kann, wenn ich etwas sagen will. Wir kennen jetzt ja noch nicht alle Regeln, ich könnte mir vorstellen, dass es so etwas wie einen zweiten Gong gibt, den man anschlagen kann, wenn man gerne den Sprechstab hätte. Ist das nicht so?"

Renate schaute demonstrativ in die Mitte, als suchte sie einen Gong, und sagte dann: "Ich kann keinen Gong sehen. Aber ich sehe unsere Klangschale. Die Klangschale hat generell den Sinn den Dialog zu unterbrechen, wenn jemand den Dialog nicht mehr recht wahrnehmen kann, also wenn sich jemand gestört fühlt durch das, was gerade läuft. Störungen haben Vorrang. Es kann beispielsweise sein, dass jemand spricht und spricht und spricht und spricht und. Dann kann jemand die Klangschale anschlagen. Ich kann mir aber auch einen Dialog vorstellen, in welchem eine einzige Person den ganzen Abend spricht, ohne dass jemand etwas dagegen hätte, einfach weil alle merken, dass das jetzt richtig ist." Sie ging auf Peter zu, blieb vor ihm stehen und sah ihn an und sagte: "Ich spreche jetzt in die Mitte, nicht zu Peter. Manchmal habe ich das Gefühl, dass ich zu einer Sache unbedingt und sofort etwas ganz Entscheidendes sagen muss. Manchmal scheint es mir so wichtig, dass ich die andere Person sogar beim Reden unterbreche. Aber im Dialog kommt das nicht vor. Ich meine, dieses Gefühl habe ich zwar auch in Dialogveranstaltungen mehr als mir lieb ist, aber dann besinne ich mich auf die Dialogregeln. Dann weiss ich, dass es hier anders ist, dass ich hier bin um zuzuhören und um zu erwägen, nicht zum

Debattieren." Sie hielt ihren Zauberstab hoch, um Peter zuvorzukommen und sagte: "Nur wenn ich es gar nicht mehr aushalten kann, dann schlage ich auf die Schale."

Ich konnte richtig sehen, dass Peter etwas sagen wollte. Er schnitt Grimassen, aber er schwieg und er schlug auch nicht auf die Schale. Er wartete und Renate liess ihn warten. Sie sagte nichts mehr, aber sie legte den Stab nicht zurück. Schliesslich sagte Brigitte: "Also ich finde das ziemlich schräg, ich sehe nicht, wie ein gutes Gespräch zustande kommen könnte, wenn wir das alles ernst nehmen würden, wenn also wirklich jede nur hören würde, was ihr passt."

Heiner, der sich selbst als radikalen Konstruktivisten vorgestellt hatte, sagte: "Ich finde auch einiges schräg hier, aber gerade das gar nicht. Im Konstruktivismus geht man davon aus, dass jeder Hörer nur hört, was er hört. Man kann also nie etwas sagen und dabei meinen, der andere höre es. Es ist vielmehr so, dass ich erst weiss, was ich überhaupt gesagt habe, wenn ich höre, was der andere gehört hat, also wenn ich sehe, wie der andere darauf reagiert. Ich glaube, dieses Prinzip stammt von Norbert Wiener."

Peter sagte: "Ja, ja, im Konstruktivismus unter Solipsisten. Aber hier ..."

"Hier gilt die Regel mit dem Sprechstab" unterbrach Renate, die immer noch im Kreis stand und den Sprechstab in den Händen hatte. Sie setzte sich auf ihren Stuhl und sagte nun sichtbar zu allen: "Wir können auch Rauchpause machen, nicht zum Rauchen, sondern um unsere Köpfe etwas verrauchen zu lassen. Und natürlich kann und will ich niemanden von Euch zwingen, sich an irgendwelche Regeln zu halten. Ich habe Euch eingeladen, weil ich mit Euch eine bestimmte Erfahrung teilen wollte und immer noch will. In meinen bisherigen Erfahrungen haben sich diese Regeln immer sehr positiv ausgewirkt, aber ich gebe gerne zu, dass diese Regeln etwas, ja, gewöhnungsbedürftig sind. Lasst uns eine kurze Pause machen, dann sehen wir weiter." Halblaut fügte sie an: "Dann sehen wir auch, wer noch dableiben will."

Alle standen auf, aber niemand verliess den Raum. Ich brauchte keine Pause, im Gegenteil, ich war gespannt auf den weiteren Verlauf. Ich setzte mich wieder und es dauerte nicht lange, bis alle wieder auf ihren Stühlen sassen. Renate, die den Stab immer noch in ihren Händen hielt, sagte: "Dann können wir ja weitermachen. Ich wäre froh, wenn wir die Regeln beachten könnten. Es gibt noch mehr Regeln, aber am Anfang sollten wir uns nicht überfordern. Ich schlage also vor, dass jeder und jede nur spricht, wenn er oder sie mit dem Sprechstab auf seinem Stuhl sitzt, und dass dann nur Ich-Formulierungen verwendet werden, die überdies in die Mitte gesprochen werden. Wenn man so will, haben wir bislang drei Regeln." Sie legte den Stab in die Mitte.

Peter holte den Stab. "Also ich bin einverstanden, wir spielen dieses Spiel. Aber mehr noch als solche Regeln braucht ein Dialog ein Thema. Mir ist nicht klar, worüber wir sprechen wollen. Bis jetzt haben wir ja fast nur über den Sinn der Regeln diskutiert. Natürlich könnten wir uns noch lange über diese Regeln unterhalten, aber vielleicht wäre ein anderes Thema interessanter, oder?" Er schaute in die Runde. Dann schaute er auf den Stab in seinen Händen und schien zu realisieren, dass er keine Antwort bekommen würde, bevor er den Stab zurücklegte.

Zwei oder drei Leute standen etwa gleichzeitig auf und setzten sich wieder, als sie bemerkten, dass andere auch aufstanden. Renate lächelte und holte den Stab. "Ich spreche heute etwas mehr als sich gebührt, weil ich zusätzlich zum Dialog eine Art Moderation mache und Euch die Regeln und Prinzipien erläutere. Ein Dialog kann kein Thema haben. Wenn der Dialog ein Thema hätte, könnte ich nicht sagen, was ich sagen will, sondern müsste mich immer an das Thema halten. Mir fällt eigentlich in jeder Diskussion auf, wie stark die Leute vom Thema abweichen, bis dann jemand sagt, dass das nicht zum Thema gehöre. Dann weicht schon der Nächste wieder ab und der Übernächste sagt schon wieder, was alles nicht zum Thema gehört und so weiter. Im Dialog gibt es deshalb kein Thema, an welches man sich halten müsste. Wenn jemand etwas über Fussball oder über den letzten Besuch beim Zahnarzt erzählt, kann ich ohne weiteres über die ersten Menschen auf dem Mond sprechen, wenn ich gerade das so wichtig finde. Weil ich alles auf das Büfett stelle, muss es nicht zum davor Erzählten passen. Es ist vielleicht Dessert, während andere mit ihren Beiträgen die Vorspeise bringen. Für mich ist wichtig, dass ich nicht über etwas sprechen muss, nur weil es eben gerade zufällig Thema ist. Ich spreche über das, was mir wichtig ist."

Ich dachte darüber nach, was das für ein Gespräch bedeuten könnte, wenn alle Beteiligten unabhängig von einander irgend etwas, was sie wichtig finden, erzählen würden. Vielleicht dachten auch die anderen darüber nach. Hanspeter jedenfalls holte den Stab ohne Eile, nachdem er wieder in der Mitte lag. "Also ich würde gerne einmal etwas zusammenfassen, was ich bisher verstanden habe. Ich muss vorweg schicken, dass fast alles das Gegenteil davon ist, was ich bisher über den Dialog dachte, aber als Spiel finde ich es gerade deshalb sehr spannend. Also: Es geht in diesem Dialog darum, dass wir uns einerseits an Regeln halten, aber das tun wir ja sowieso immer. Die Frage ist also mehr, was das für Regeln sind, die in diesem Dialog gelten oder gelten sollen? Mir kommt es so vor, als ob der Erfinder dieses Dialoges geschaut hätte, was in normalen Diskussionen nie recht funktioniert, und genau daraus Regeln gemacht hat. In normalen Diskussionen gibt es immer Leute, die vom Thema abweichen, also haben wir jetzt die Regel, gar kein Thema zu haben. In normalen Diskussionen kommt es oft zu Behauptungen, also haben wir jetzt die Regel, nur über unsere Wahrnehmung zu sprechen. In normalen Diskussionen kommt es, wenn mehrere Leute dabei sind, immer wieder zu Zweierdiskussionen, weil einer dem andern sagt, dass etwas Bestimmtes nicht stimmt, worauf der andere dann antworten muss, und so weiter, also darf man im Dialog gar nicht zu einer anderen Person sprechen, sondern eben nur in die Mitte. Man könnte eigentlich sagen, dieser Dialog sei eine Anti-Diskussion, das würde die Sache, die ich bis jetzt verstanden habe viel besser treffen als Dialog." Beim Zurücklegen des Stabes sagte er: "Ihr müsst jetzt natürlich nichts dazu sagen. Ich wollte einfach einmal sagen, wie ich es sehe, Ihr könnt das als kalten Kaffee nach dem Büfett nehmen."

Ich hing immer noch etwas meiner Frage nach. Ich nahm den Stab auf und sagte: "Ich denke darüber nach, was passiert, wenn in einem Gespräch jeder nur sagt, woran er selbst gerade denkt und überhaupt nicht auf das eingeht, was andere gesagt haben. Ich antworte damit natürlich nicht auf die Antidiskussion von Hanspeter, sondern sage eben, woran ich denke. Ich finde diesen Dialog, oder diese Vorstellung irgendwie seltsam, aber ich weiss nicht recht, was mich daran stört."

Als ich den Stab zurücklegte, standen schon drei Leute fast in der Mitte, um den Stab zu holen. Wir schauten uns alle an und dann fingen wir an zu lachen. Verena sagte: "Das ist auch wie bei einem Büfett, alle wollen zur gleichen Zeit dasselbe, man muss immer anstehen, egal wie gross das Büfett ist." Dann nahm sie den Stab und sagte: "Eigentlich wollte ich nur sagen, dass ich mir die gleichen Gedanken gemacht habe wie Rolf. Ich finde aber nicht, dass das nicht zu dem passt, was vorher gesprochen wurde. Ich dachte darüber nach, weil Renate gesagt hat, dass ein Dialog kein Thema habe, das passt doch zusammen oder?" Sie stand immer noch in der Mitte. Sie drehte ihren Blick nach oben und sagte dann: "Und eigentlich haben wir doch schon die ganze Zeit ein Thema, wir sprechen ja immer über den Dialog, es ist ein Dialog über den Dialog. Ich finde, alle halten sich an dieses Thema, vielleicht sogar viel besser, als wenn wir dieses Thema abgemacht hätten." Sie legte den Stab wieder auf den Boden und fügte an: "Ich finde unseren Dialog auch etwas eigenartig, aber trotzdem spannend. Ich bin sicher, dass ich künftig Gespräche ausserhalb dieser Runde etwas anders wahrnehmen werde."

Dann sagte längere Zeit niemand etwas. Das war für mich eine eindrückliche Erfahrung. Dass so viele Menschen, die sich zu einer Gesprächsrunde treffen, so lange schweigen können. Schliesslich nahm Hans den Stab. Ich hatte das Gefühl, er nahm ihn nicht, weil er etwas sagen wollte, sondern eher damit etwas gesagt wird, damit es nicht noch länger einfach ruhig ist. Er sagte: "Vielleicht kann man es so sagen, dass man für einen Dialog kein verbindliches Thema festlegt, aber dass dann doch über etwas gesprochen wird. Also ich hätte schon gerne, wenn wir über etwas sprechen würden."

Ohne die Regel mit dem Sprechstab hätte ich sofort geantwortet, warum er denn kein Thema vorschlage oder welches Thema ihn denn interessiere, aber ich konnte ja nichts sagen, weil ich den Stab nicht hatte. Dann merkte ich, dass ich damit zu Hans und nicht in die Mitte gesprochen hätte. Die Stabregel hatte mir also geholfen, eine andere Regel einzuhalten. Und ich merkte auch, dass ich das den andern mitteilen wollte, und auch, dass dazu keine Eile nötig war.

Hans sagte nach einer Pause: "Mich interessiert, ob es auch einen Dialog über eine anderes Thema als über den Dialog geben kann", und beim Zurücklegen des Stabes sagte er: "Falls wir jetzt alle Regeln kennen."

Heiner holte den Stab und sagte: "Ich kann ja mal sagen, wie das im Konstruktivismus ist. Da versteht jeder, was er versteht. Logischerweise kann es dann gar kein Thema geben, weil es sehr zufällig wäre, wenn der Sprecher und der Hörer das Gleiche meinen würden. Luhmann sagte sogar, dass man gar nicht kommunizieren könne, oder wenigstens dass Kommunikation extrem unwahrscheinlich sei. Konstruktivistisch gesehen macht jeder sein eigenes Thema. In gewisser Weise erkenne ich im Dialog ein konstruktivistisches Gespräch."

Brigitte sagte: "Ich weiss nicht, was Konstruktivismus ist, und Luhmann kenne ich auch nicht. Und den Sprechstab habe ich jetzt auch nicht, aber ich vermute, dass eine reine Verstehensfrage immer erlaubt ist, oder?"

Renate schaute Brigitte an und sagte: "Ich will nochmals etwas Moderierendes sagen. Im Dialog kann ich auch keine Verständnisfrage an jemanden richten, weil ich so ein Zweiergespräch anfange, wie wir jetzt gerade gesehen haben. Im Dialog muss ich warten, bis der andere es wichtig genug findet, seine Fremdwörter zu erklären. Meiner Erfahrung nach verpasse ich damit selten etwas. Wenn ich einen Begriff wie Konstruktivismus nicht kenne, wird er entweder nicht wichtig sein oder ohnehin noch zur Sprache kommen. Ich muss das nur abwartend aushalten. Umgekehrt, und das ist ja gerade das Wichtige, zwinge ich so niemanden, über etwas zu sprechen, was er vielleicht selbst nicht recht versteht."

Heiner hielt den Stab hoch und sagte: "Ich benutze keine Fremdwörter, die ich nicht kenne, ich weiss, was Konstruktivismus ist. Und gerade deshalb kann ich diesen Dialog auch sehr gut verstehen, weil ich ihn eben konstruktivistisch interpretieren kann. Ich wollte nur auf diesen Zusammenhang hinweisen, weil dieser

Der Dialog im Dialog 25

Dialog, der offenbar einigen Leuten ganz konfus vorkommt, für mich total Sinn macht. Diese Regeln und dass wir kein Thema haben, passen eben gut zur Vorstellung, dass Kommunikation ohnehin sehr unwahrscheinlich ist. Ich finde, das wird hier ja auch sehr schön sichtbar. Wir bemühen uns doch schon beachtlich lange ohne grossen Erfolg, oder?"

Peter sagte: "Ich meine, wir könnten ziemlich gut kommunizieren, wenn wir es uns nicht mit komischen oder konstruktivistischen Regeln schwer machen würden." Er winkte ab und sagte: "Entschuldigt bitte, dass ich schon wieder damit angefangen habe, aber ..."

Renate stand auf. Sie nahm den Stab von Heiner und sagte: "Die Regeln sind nicht so wichtig, wichtig ist die Haltung, die hinter diesen Regeln steckt oder die sich hinter diesen Regeln versteckt. Ich schlage vor, dass wir jetzt aufhören, nur über die Regeln zu sprechen und uns mehr auf den Dialog einlassen. So lernen wir vielleicht mehr über den Dialog, als wenn wir den Dialog noch lange so analytisch zerlegen. Wir können ja nach dem Dialog noch etwas über unsere Erfahrungen im Dialog sprechen." Sie setzte sich wieder und fuhr weiter: "Ich erzähle Euch einmal, womit ich mich in letzter Zeit unter anderem beschäftige. Wir wohnen in einem Quartier, in welchem eigentlich die besten Voraussetzungen für eine gute Nachbarschaft gegeben sind. Die Häuser sind etwas speziell, nicht ganz billig, aber auch keine Prestigeobjekte. Es gibt eine Eigentümerversammlung, weil einige gemeinsame Kosten anfallen und manchmal irgendwelche Entscheidungen getroffen werden müssen. Es geht dabei nicht um riesige Sachen oder riesige Beträge, weil das alles schon durch die Verträge geregelt ist. Man könnte das ohne weiteres so sehen, dass diese Versammlung der Beziehungspflege unter Nachbarn dient. Bislang sind diese Versammlungen aber immer ziemlich komisch verlaufen. Es gab beispielsweise schon mehrere Vorschläge, wie man irgendwelche Details reglementieren könnte, obwohl in den Eigentümerstatuten schon alles Denkbare reglementiert ist. Wir haben deshalb vorgeschlagen, die Versammlungen etwas informeller zu gestalten, mit einem Grill und etwas Wein. Das wurde aber abgelehnt. Eine kleine Grillparty könne man ja jederzeit machen, aber diese Versammlung müsse sachlich bleiben. Ich will das alles hier nicht weiter ausmalen, ich will Euch mehr erzählen, was mich daran so bewegt. Wenn wir es nicht schaffen, in so kleinen kulturell relativ homogenen Einheiten einen Dialog zu führen, wie sollten wir es schaffen, einen interkulturellen, interkonfessionellen, globalen Dialog zu führen? Ich denke in letzter Zeit sehr oft über diese Frage nach und dieses Dialogverfahren hat mich noch mehr sensibilisiert."

Peter nahm das Rederecht zu sich und sagte: "Das finde ich eine interessante Frage. Man könnte sie noch etwas zuspitzen: Wenn es nicht einmal unter zehn Nachbarn mit einem immerhin gemeinsamen Interesse gelingt, einen Dialog zu führen, wie sollten da die Amerikaner und die Iraker oder die Iraner einen Dialog führen können? Und wenn ich mir jetzt noch vorstelle, man würde denen die Dialogregeln, die hier vorgestellt wurden, vorsetzen, dann würde ich ganz schwarz sehen, was ich für die ja ohnehin tue."

Emil sagte ohne den Sprechstab zu holen: "Wenn Vertreter von Regierungen in einer offiziellen Sache zusammen kommen, gibt es immer ein Protokoll, das zuvor ausgehandelt wurde. Da werden nicht nur Regeln abgemacht, sondern sogar, wer was sagen darf und vor allem, was nicht. Mich erinnern diese Dialogregeln sehr an solche Diplomatenprotokolle, in welchen alles nach Vereinbarungen läuft. Vielleicht ist das nur ein Zufall, aber diese Gespräche zwischen Regierungen, speziell zwischen kriegsführenden Regierungen, werden ja sehr oft als Dialoge bezeichnet."

Andreas fügte, auch ohne den Stab zu holen, an: "Ja, und dann heisst es oft auch noch, Dialog ja, aber Verhandlung nein, was ja auch noch auf eine ganz andere Grenze dieses protokollisierten Dialoges verweist. Vielleicht ist es gerade so, dass Dialoge in ausweglosen Situationen gesucht oder eher gewünscht werden. Eben dort, wo Diskussionen zu nichts mehr führen, wie in Nachbarschaften, wenn es scheinbar um den Waschküchenschlüssel geht."

Renate nahm noch einen Anlauf: "Vielleicht könnten wir gemeinsam nach Dialogsituationen suchen. Dabei geht es mir weniger um gelungene Dialoge als darum, ein Gefühl dafür zu entwickeln, wie relevant der Dialog in der Praxis wäre. Unsere Nachbarschaft scheint mir ein praktischer Ort, wo ich mich für den Dialog einsetzen kann, gerade weil er noch nicht funktioniert. Es ist wohl klar, dass ich damit kein politisches Geplänkel meine, sondern ein Gespräch. Wir können hier Erfahrungen sammeln und austauschen darüber, wie wir Dialoge in Gang bringen. Ich glaube, es geht dabei nicht um Themen, sondern um Orte oder um Verhältnisse oder um Beziehungen."

Heiner sagte: "Also ich will einen konstruktiven Beitrag leisten. Ich habe das so verstanden, dass wir uns über unsere Erfahrungen erzählen und darüber, wie wir mit diesen Erfahrungen umgehen, und was wir dann dabei erfahren. Ich hatte schon als Kind sehr oft das Gefühl, dass die Wirklichkeit sehr oft recht seltsam ist, oft so wie bei Alice im Wunderland, obwohl ich das Buch damals noch nicht kannte. Wenn ich meiner Mutter aber etwas davon erzählen wollte, sagte sie immer, dass ich ein Träumer sei, ein Tagträumer mit Hirngespinsten. Das hat mich ihr ziemlich entfremdet, sie hat mich - ich fühlte mich in solchen Dingen nie ernst genommen. Heute nehme ich an, dass sie selbst ganz ähnliche Erfahrungen gemacht hatte wie ich, diese Erfahrungen aber verdrängen musste. Sie hatte Angst, weil sie sich das alles nicht erklären konnte. Als Kind wusste ich natürlich noch nicht, dass man in unserer Gesellschaft nicht über alles sprechen darf. Erst mit der Zeit dressierte mich meine Mutter, sie sagte mir jeweils, wann und wo und wie ich vernünftig sein ..."

Brigitte fragte: "Von was für Erfahrungen sprichst Du?"

Heiner antwortete: "Ich will das jetzt nicht weiter ausführen, obwohl ich es extrem interessant finde. Die meisten Menschen kennen das, wovon ich erzähle, als Träume. Es geht natürlich nicht darum, ob das Träume sind, oder darum, wie wirklich die Träume sind, sondern mehr darum, dass sich die meisten Menschen auch im Traum nicht getrauen, sich mit ihren Erfahrungen auseinanderzusetzen. Darüber sollten wir einmal sprechen. Also bei mir wurde die Sache immer komplizierter. Eines Tages brachte man mich in den schulpsychiatrischen Dienst und dann hat man mir Pharmaka verschrieben. Aber hauptsächlich hat man mir gedroht und mich gezwungen, normal zu sein. Meine Mutter hatte sich dazu Verbündete genommen. Meine Lehrer und der Psychiater wussten ohnehin ganz genau, wie die Welt wirklich ist und was normal ist. Und ich musste quasi wie ein Schauspieler ein normales Kind spielen. Das ist mir dann mehr oder weniger gut gelungen, es war aber immer ziemlich anstrengend und hat mir oft Kopf- oder Magenschmerzen gemacht. Ich erkannte aber immer mehr, dass ganz viele Menschen auch schauspielten, also sich gegenseitig vormachten, normal zu sein. Als ich dann an der Uni studierte, wurde es wieder schlimmer, weil ich nicht mehr so gut verdrängen konnte. Meine Kopfschmerzen wurden chronisch und ich konnte mich immer weniger konzentrieren. Oft blieb ich am Morgen einfach im Bett liegen. Ich wurde richtig depressiv, das Normalsein machte mich krank."

Brigitte fragte: "Bitte entschuldige, wenn ich Dich unterbreche. Aber wie hast Du denn gemerkt, dass Dich das Normalsein krank macht? Dieser Gedanke ist mir keineswegs fremd. Ich habe das nur noch nie so klar gehört."

Heiner antwortete: "Ich erzähle Euch lieber, wie ich wieder gesund wurde. Ein Zufall brachte mich zur buddhistischen Meditation und diese brachte mich auch zur buddhistischen Lehre. Dabei erkannte ich, dass ich nicht verrückt bin, dass ganz viele Menschen Visionen und Erscheinungen haben, und dass es vielleicht eher verrückt ist, an einer gegebenen stabilen Welt festzuhalten. Schliesslich bin ich auch auf die konstruktivistische Literatur gestossen und habe erkannt, dass auch bei uns im Westen über die Wirklichkeit nachgedacht werden darf. Bei mir lief eine Zeitlang alles etwas zweigleisig, sozusagen östlich und westlich. Dann war ich ein paar Wochen in einem Kloster und der Meister dort sagte mir, dass es diese beiden Geleise nur in meiner Verwirrung gebe. Jetzt kann ich immer besser sehen, dass wir verschiedene Sprachen haben, um derselben Erfahrung Ausdruck zu geben. In unserer westlichen Welt bietet mir der Konstruktivismus eine passende Sprache. Ihr seht ja, dass es mir mittlerweile wieder viel besser geht. Für mich war die Vorstellung, dass es keine Wirklichkeit gibt, eine richtige Befreiung". Er machte eine Pause, aber niemand ergriff das Wort. Dann fuhr er weiter: "Ich würde gerne mehr darüber erzählen, aber ich weiss nicht, ob Euch das interessiert. Hier habe ich nur damit angefangen, damit Ihr sehen könnt, dass ich nicht abstrakt über den Konstruktivismus spreche, sondern über für mich sehr wichtige Erfahrungen. Ich finde, es passt sehr gut zum Dialog, davon auszugehen, dass es keine Wirklichkeit gibt. Dann müssen wir nämlich nicht darüber streiten, wer Recht hat. Unser Problem war ja die Frage, wer was hört. Und da ich davon ausgehe, dass jeder selbst bestimmt, was er hört, gefällt mir die Idee mit dem Büfett eben sehr gut. Ich finde, dass diese Regeln eigentlich nur sagen, was der Konstruktivismus auch sagt." Er machte wieder eine Pause. Dann legte er den Stab zurück und sagte dabei: "Ich verstehe aber auch, dass diese Regeln Mühe machen, denn der Konstruktivismus macht ja auch vielen Menschen Mühe. Wohl all jenen, die die Wirklichkeit nicht loslassen können."

Ich habe nicht verstanden, warum Renate daraufhin sagte: "Vielleicht war das alles etwas viel für das erste Mal. Ich schlage vor, dass wir nach einer kurzen Pause noch eine Feedbackrunde machen, in welcher wir unsere Dialogerfahrungen reflektieren. Ich glaube das ist sinnvoll, obwohl oder gerade weil wir heute nicht sehr weit gekommen sind."

Renate selbst eröffnete dann auch diese Reflexionsrunde. Sie sagte: "Ich habe unseren Dialog etwas zwiespältig erlebt, das hat vielleicht etwas damit zu tun, dass diese Form des Dialoges für die meisten von uns neu und etwas unüblich ist. Wir sind, ich meine, ich bin einfach noch nicht so gewöhnt, dialogisch zu sprechen. Das braucht etwas Übung, wenn man aus unserer Alltagswelt der Diskussionen kommt. Aber ich hatte in dieser Runde ein sehr gutes Gefühl, ich habe wahrgenommen, dass der Unterschied, also das Spezielle des Dialoges von allen erkannt worden ist. Ich habe gelesen und teilweise auch selbst erfahren, nicht nur hier, dass es am Anfang manchmal etwas harzig und teilweise etwas frustrierend ist. Aber das ist ja beim Skifahren auch so, die guten Schwünge im Tiefschnee gelingen nicht auf Anhieb, oder? Ich möchte Euch jedenfalls herzlich danken dafür, dass Ihr die Einladung angenommen habt und dafür, dass Ihr mit mir zusammen durchgehalten habt."

Lisa sagte, ohne den Stab zu holen: "Ich finde, wir sind sehr weit gekommen. Ich habe jedenfalls viel über den Dialog gelernt, oder sagen wir, gehört. Ich muss wohl noch etwas nachdenken, bevor das Gelerntes wird. Aber mir hat gefallen, wie Du uns zum Dialog geführt hast, also dass wir vieles selbst erarbeiten mussten."

Peter sagte: "Ich gehe jetzt davon aus, dass ich jetzt ohne diesen Stab sprechen darf und keine Ich-Sätze machen muss." Renate nickte kaum sichtbar. Peter sagte: "Also dann, ich weiss echt nicht, wozu diese Regeln gut sein könnten. Bis jetzt habe ich nur gesehen, dass sie jedes vernünftige Gespräch verhindert haben. Da Du uns aber zu diesem Spiel eingeladen hast, wirst Du andere Erfahrungen haben. Bitte erzähle uns doch einmal, wie so ein Dialog denn verlaufen sollte - wenn die harzige Anfangsphase einmal vorüber ist!"

Renate antwortete: "Ich hätte lieber, wir würden jetzt über unsere Erfahrungen sprechen, die wir hier jetzt zusammen gemacht haben. Jetzt gelten keine Dialogregeln, aber ich beobachte natürlich trotzdem mit einer Dialog-Brille, was hier gesprochen wird. Du, Peter, hast jetzt beispielsweise ganz deutlich nur mich angesprochen und mich zu etwas aufgefordert. Ist Dir bewusst, dass Du mich damit verhörst und bedrängst?"

Peter entgegnete: "Ach komm, ich bitte Dich um Verzeihung, aber jetzt lieferst Du doch genau diesen Psychologensch.., der jedes Gespräch kaputt macht, indem solange noch eine Metaebene thematisiert wird, bis niemand mehr weiss, worüber man sprechen wollte. Genau so habe ich eben den Dialog mit Deinen Regeln erlebt. Wenn mich jemand fragen würde, worüber wir den gesprochen haben, könnte ich keine rechte Antwort geben."

Mehrere Leute ergriffen gleichzeitig das Wort. Nach einem kurzen Wirrwarr sagte dann Lisa: "Also ich will jetzt nicht harmonisieren, ich will nur sagen, dass ich es auch etwas kompliziert finde, aber wir haben ja erst gerade angefangen. Mir gefallen der Sprechstab und die Idee mit der Klangschale, ich finde, wir sollten das noch etwasweiter machen, wir könnten uns doch noch einige Male treffen."

Ich sagte: "Mir ist vor allem aufgefallen, wie diese paar Regeln, die, wie ich dachte, kaum der Rede wert sind, uns total in Beschlag genommen haben. Ich bin immer noch ganz konfus, irgendwie erschüttert. Die Bezeichnung Kindergarten passt irgendwie, ausser dass es wohl in keinem Kindergarten so zu und her geht. Ich komme mir jedenfalls etwas kindisch vor; ich, nicht die Regeln." Und an Renate gerichtet fuhr ich weiter: "Ich verstehe auch nicht, warum wir den

Dialog unterbrechen müssen, wenn wir über unserer Erfahrungen mit dem Dialog sprechen wollen. Das können wir doch auch im Dialog tun - oder wir haben es doch jetzt in gewisser Weise immer getan."

Renate antwortete: "Ich habe gelernt, dass bewusste Schlussrunden nach dem Dialog sinnvoll sind, es geht auch darum, wieder bewusst in den Alltag zurückzufinden." Peter sagte sofort: "Ich glaube, jetzt noch mehr als vorher, ein Dialog muss nicht Regeln, sondern ein Thema haben." Renate antwortete ziemlich laut: "Hör mal Peter, ich habe Dich zu diesem Dialog eingeladen. Deine relativ skeptische Haltung und Dein Vorwissen, darüber, was ein Dialog wirklich ist, haben viel zum Verlauf des heutigen Abends beigetragen. Ich bitte Dich zu bedenken, dass das ein Wagnis für mich war und natürlich auch für Euch. Vielleicht könnten wir diese Runde einfach damit beschliessen, dass alle sagen, was sie erlebt haben."

Die meisten schauten vor sich auf den Boden. Schliesslich sagte ich: "Mir ist noch nie so bewusst geworden wie in dieser Stunde, wie oft wir aneinander vorbei sprechen." Peter lachte laut. Deshalb fügte ich an: "Peter, ich glaube, das ist ein Stück weit Dein Verdienst, allerdings ist mir Dein Verhalten vor allem wegen diesen Dialogregeln so aufgefallen. Das tönt vielleicht etwas blöd, aber ich meine es ernst, ohne Deine ziemlich penetranten Störungen hätte ich den Sinn des Dialoges vermutlich viel weniger gut begriffen. Mein Instinkt drängt mich, das habe ich realisiert, ich kann sogar sagen, er zwingt mich, jedes Sprechen auf ein Verstehen auszurichten. Ich will fast zwanghaft verstehen und verstanden werden. Heute habe ich gemerkt, dass das zwanghaft ist. Ich könnte jetzt wohl eine Psychotherapie brauchen."

Heiner sagte: "Wenn ich etwas Blödes sagen darf, ich habe heute beobachten können, dass dieser Dialog genau auf dieser Ebene eine riesige Chance bietet. Mir ist bei Euch aufgefallen, was mich fast mein ganzes Leben lang plagte, nämlich diese unsinnige Vorstellung, man müsse die andern verstehen." An Renate gewendet fügte er an: "Ich danke Dir, dass Du das mit uns riskiert hast. Ich überlege die ganze Zeit, ob es nicht einen etwas sanfteren Weg geben könnte, als einfach ins kalte Wasser zu springen. Vielleicht hätten wir vorgängig das

Buch lesen sollen, von dem Du am Anfang gesprochen hast? Vielleicht wären wir dann besser vorbereitet gewesen?"

Renate antwortete: "Ich glaube, dass das nicht ... Nein, eigentlich möchte ich jetzt keine Diskussion darüber, wie es besser gewesen wäre. Ich würde einfach gerne hören, was Ihr über die letzten zwei Stunden denkt und vor allem, was Ihr gespürt oder erlebt habt."

Elmar, der so weit ich mich erinnern konnte die ganze Zeit kein einziges Wort gesagt hatte, sagte: "Mir hat es ausserordentlich gut gefallen, wenn Du so etwas wieder anbieten würdest, würde ich sehr gerne wieder kommen." Lisa sagte sofort: "Wie ich schon sagte, ich wäre auch gerne wieder dabei."

Nachdem Brigitte gesagt hatte, dass sie darüber erleichtert sei, dass nicht nur sie Mühe mit diesen Spiel hatte, zog Renate schliesslich Bilanz: "Ich freue mich, dass Ihr - oder jedenfalls einige von Euch - gerne weitermachen würdet. Daraus lese ich, dass Ihr einen Sinn im Dialog sehen könnt. Wir haben heute natürlich noch nicht sehr viel über den Dialog nachdenken können, weil wir ja zuerst mit der Neuheit dieser Idee überhaupt oder mit den vielen Regeln klarkommen mussten." Sie zeigte uns nochmals das Buch von David Bohm, auf welches sie sich bezogen hatte, und fuhr weiter: "Also ich habe dieses Buch erst gelesen, als ich schon einige Erfahrungen gesammelt habe. Ich glaube, es ist eine Frage des Typs, manche Leute lesen gerne, andere sind mehr an der Praxis orientiert. Ich weiss nicht, wie es bei Euch ist. Deshalb zeige ich Euch das Buch noch einmal. Aber ich setze in Dialogen natürlich nie voraus, dass jemand dieses oder irgendein Buch gelesen hat. Sowieso, weil ich ja auch anders zum Dialog gekommen bin. Es gibt immer verschiedene Wege." Sie gab das Buch Brigitte, die neben ihr sass und sagte: "Ihr könnt ja noch schnell reinschauen, wenn es Euch interessiert. Ich will noch kurz etwas anderes sagen. Der Dialog macht ja eigentlich keine Voraussetzungen, aber natürlich müssen Menschen zu einem bestimmten Zeitpunkt an einem bestimmten Ort zusammenkommen. Ich war einfach so beeindruckt von der Idee, dass ich ohne grosse Pläne und Zielsetzungen einfach einmal anfangen wollte. Ich habe also nicht viel überlegt oder gar organisiert, sondern einfach alle Leute, die ich kenne, angesprochen und für heute eingeladen. Ich wusste natürlich auch nicht, wer dann wirklich kommt und was passieren würde. Wenn wir jetzt irgendwie weitermachen wollen, müssen wir das organisieren. Ich schlage vor, wir gehen noch etwas trinken und sprechen dort darüber, wie man das organisieren könnte. Wer jetzt nicht mehr mitkommen kann oder will, bekommt dann von mir eine Nachricht. Wir sollten jetzt hier ohnehin raus, weil der Raum nur bis halb zehn Uhr reserviert ist. Wenn niemand einen anderen Vorschlag hat, könnten wir in den Vorbahnhof gehen, der ist nahe beim Bahnhof."

\* \* \*

Im Restaurant Vorbahnhof waren wir dann noch sieben. Renate sagte ins Sprechwirrwarr hinein: "Also ich habe mir wirklich noch nichts überlegt. Ich glaube, wir müssten eine gewisse Regelmässigkeit hineinbringen, damit es funktionieren könnte." Peter sagte: "Klar, die Organisation des Dialoges braucht Regeln. Da würde sogar ich zustimmen. Wir könnten uns beispielsweise wöchentlich treffen, immer donnerstags, heute ging es ja allen." Ich war ziemlich erstaunt, dass ausgerechnet Peter so viel Dialog suchte. Elmar sagte: "Ich dachte eher an einmal im Monat, oder vielleicht auch jeden zweiten Monat, dafür sollten wir uns dann wirklich den ganzen Abend reservieren." Renate sagte: "Wir müssen vor allem auch einen Raum haben. Den Raum heute an der Uni habe ich ja nur bekommen, weil eine andere Veranstaltung ausgefallen ist. Und wir wissen noch nicht, wie viele Leute dann wie oft kommen. Die Organisation gibt schon etwas zu tun und zu überlegen. Der Dialog ist ganz einfach, aber die Organisation der Veranstaltung nicht unbedingt - oder eigentlich doch auch, aber man muss es eben tun."

Lisa fragte Renate: "Was ich eigentlich schon lange fragen wollte, wo bist denn Du im Dialog gewesen? Wie bist Du dazu gekommen und war das eine einmalige Geschichte wie heute, wenn wir nicht weiter machen würden?"

Renate antwortete: "Das war in München. Ich ging zu einer Konferenz über lernende Organisationen, weil wir ja eine solche Veranstaltungsreihe organisieren wollten. Also da waren ein paar berühmte Leute aus dem Umkreis von Peter Senge, die allerhand neue Methoden vorstellten, open space und solche Sachen und einer sprach eben über den Dialog. Das heisst, er sprach eben nicht darüber, sondern machte einen Workshop und das lief dann eigentlich ziemlich ähnlich wie heute bei uns. Damals erklärte ich mir den etwas umständlichen Anfang damit, dass die Leute ja an eine Konferenz gekommen waren und vielleicht etwas anderes erwartet hatten. Aber mittlerweile weiss ich, dass die Leute immer etwas anderes erwarten, egal wohin sie kommen. Der Workshop in München war dreiteilig. Den ersten Teil, wohl eine Einführung habe ich verpasst. Der zweite Teil war eine praktische Übung, um das Dialogprinzip kennenzulernen, und am Nachmittag gab es dann einen Dialog zum Thema „Kommunikation in Lernenden Organisationen". Es ging darum, Kommunikationsmodelle zusammenzutragen, wobei eben keine fertigen Modelle präsentiert, sondern kollektiv Modelle entwickelt wurden. Wenn Ihr das Buch von David Bohm lest, seht Ihr schnell, dass die wesentliche Funktion des Dialoges in einem kollektiven Denkprozess besteht, der weit über die individuellen Möglichkeiten der Beteiligten hinausgeht. Mich interessierte aber der Dialogprozess plötzlich viel mehr als das, worüber wir sprachen. Und das ging nicht nur mir so. Am Schluss dieses Seminarblockes sagten einige der Teilnehmenden, dass sie gerne noch einen weiteren Dialogteil machen möchten. Das war für die Organisatoren etwas kompliziert, weil sie schon die ganze Zeit mit Referaten verplant hatten. Schliesslich trafen wir uns am späten Abend nochmals zu einer Dialogrunde. Dort wurden dann aber vor allem die Hintergründe erklärt, es war eigentlich kein Dialog mehr, eher eine Vorlesung, die auf viele Fragen einging. Aber interessant war es schon. Jedenfalls habe ich danach das Buch gekauft, nur gelesen habe ich es dann immer noch nicht."

Ich fragte Renate: "Und wie bist Du denn auf die Idee gekommen, mit uns einen Dialog zu versuchen? Ich weiss ja noch nicht, was in dem Buch steht, aber ich finde wunderbar, dass Du das mit uns so informell einfach gemacht hast. Wird das im Buch so vorgeschlagen oder haben die in München das so vorgeschlagen?"

Renate antwortete: "Ich weiss jetzt nicht mehr, wer was gesagt hat. Das gehört wohl mit zum Dialog. Ich weiss nur noch, was ich behalten habe, und dass ich eben motiviert war und bin, den Dialog selber weiter zu erforschen. Vor München habe ich nie etwas von solchen Dialogen gehört, aber seit ich weiss, dass es diesen Dialog gibt, scheint es ihn überall zu geben. Ich besuchte jedenfalls noch weitere Dialogveranstaltungen, die aber ziemlich verschieden waren, obwohl sie sich auch auf das Buch von David Bohm bezogen. Erst dann habe ich angefangen, im Buch herumzulesen weil mich überraschte, wie verschieden das Buch gelesen wird, obwohl das nach dem Dialog ja gerade nicht überraschen sollte."

Peter sagte: "Ein bestimmtes Potential sehe ich in diesem Verfahren schon. Aber mir scheint, wir müssen das nicht erforschen, wenn es andere schon getan haben. Ich schlage vor, dass Du nächstes Mal einen kleinen Vortrag über das machst, was Du schon weisst, aus dem Buch und von den Veranstaltungen. Das wäre vermutlich ziemlich viel effizienter, als was wir heute gemacht haben."

Elmar sagte: "Effizienter schon, aber wohl nicht so effektiv. Vorträge haben mich jedenfalls noch nie so reingenommen, wie jetzt dieses kleine und nicht einmal sehr geglückte Experiment."

Renate sagte: "Also mir ist es eben auch so gegangen, damals im München. Von den Vorträgen weiss ich praktisch nichts mehr, obwohl es gute Vorträge waren. Aber dieser Workshop hat mich verändert und das ist immer noch sehr deutlich in meinem Gedächtnis. Es hat etwas gemacht mit mir. Danach konnte ich sogar den Vortrag über den Dialog halbwegs so anhören, dass ich noch einiges davon weiss."

Peter sagte: "Also ich glaube bei ganz vielen Menschen ist das anders. Für uns ist es effizient und effektiv, wenn wir zuerst eine Einführung bekommen und dann vielleicht etwas probieren können. Sonst müsste man ja gar keine Vorträge machen."

Renate sagte: "Ja, vielleicht ist es für verschiedene Menschen sehr verschieden. Ich kann nur über mich sprechen. Und ich habe es vorgezogen, mit Euch einen Dialog anzufangen, statt Euch zu erzählen, was ein Dialog ist. Wir sind ja in der glücklichen Lage, dass es ein Buch gibt, in welchem alle, die das effizient finden, nachlesen können. Wir haben beide und noch weitere Wege. Ich musste für Euch nicht den richtigen Weg finden, weil Ihr selber am besten wisst, was Ihr braucht. Ich musste mich nur für den heutigen Anlass entscheiden. Und dabei habe ich ganz auf mich gehört, also nicht auf statistische Vorstellungen darüber, was für die Menschen gut ist. Wenn Du weiter mitmachen willst, kannst Du", sagte sie an Peter gerichtet, "ja mal schauen, wie sich das Buch zusammenfassen liesse, oder was wir allenfalls falsch oder nicht so effizient machen. Ich kann Dir das Buch gerne ausleihen". Sie kramte in ihrer Tasche und legte dann das Buch auf den Tisch, wie wenn sie nicht sehr daran hängen würde.

Peter griff nach dem Buch und sagte: "So habe ich es eigentlich nicht gemeint. Aber ich kann ja mal anfangen zu lesen und wenn es mich dann packt, erzähle ich Euch gerne etwas davon. Aber versprechen will ich nichts."

Lisa sagte: "Ich will gar keine Vorträge hören. Wenn Du gesagt hättest, dass Du heute Abend einen Vortrag gibst, wäre ich nicht, oder nur Dir zuliebe gekommen. Aber ich würde gerne noch etwas über München hören und wie es dort gelaufen ist. Vielleicht können wir ja davon Nutzen ziehen für unseren Dialog. Wir machen doch weiter?"

Renate antwortet: "Von München erzähle ich Dir später oder wenn es sich ergibt, in einem Dialog. Für unseren Dialog bräuchten wir einen Termin und einen Raum. Ich glaube, beides ist nicht ganz einfach, aber wir fangen wohl besser mit dem Raum an. Ihr habt ja gesehen, wir brauchen ein paar Stühle und weiter nichts. Wo könnten wir uns treffen? Hat jemand eine Idee?"

Es gab viele Ideen und Vorschläge und wir einigten uns darauf, zunächst monatlich eine Dialogveranstaltung durchzuführen. Elmar sagte, er würde einen Raum besorgen. Zur Not könnten wir uns im Sitzungszimmer seiner Firma treffen, er werde aber sicher noch etwas Geeigneteres finden. Jeder von uns sollte etwas Reklame machen. Peter sagt: "Also ich komme gerne, aber wie ich dafür Reklame machen könnte, ist mir noch schleierhaft. Soll ich den Leuten erzählen, dass wir einen Dialog über Dialogregeln machen?" Renate sagte: "Also ich mache es so wie bei Euch. Ich lade einfach alle ein, die ich kenne, wenn ich ihnen begegne. Wenn sie fragen, worum es geht, sage ich, das würden sie eben sehen, wenn sie kommen. Ich sage einfach, dass es mir gefällt, eben wie ich es bei Euch gemacht habe. Das habe übrigens nicht ich erfunden. Es passt meiner Meinung nach perfekt zum Dialog, da man ja nicht voraus festlegen kann, wie der Dialog sein wird. Das ist eben das Risiko einer Begegnung. Oder das Vertrauen, das wir geben und bekommen im Dialog."

Ich sagte: "Ich kann einen e-mail-Versand machen, wenn Ihr mir passende Adressen schickt, die Ihr habt. Ich mache dann einfach eine Art Rundschreiben mit dem Ort und Termin und schreibe, dass alle eingeladen sind". Lisa sagte: "Dann sind wir plötzlich hundert Leute." Renate sagte: "Das Optimum soll bei etwa vierzig Teilnehmenden liegen, aber ich befürchte eher, dass niemand kommt, als dass so viele Leute kommen. Ich finde die Idee mit den e-mails gut." Wir verblieben eigentlich recht unverbindlich. Aber in der darauf folgenden Zeit bekam ich hin und wieder mail-Adressen und dann eine Ankündigung von Elmar, der einen Bibliotheksraum an einem Institut einer Fachhochschule reservieren konnte, weil er dort zeitweise unterrichtete, und mit Renate einen monatlichen Termin abgesprochen hatte.

## 4 Fragen im Dialog

Wir trafen uns etwa einen Monat nach der ersten Dialogveranstaltung in dieser Bibliothek, die offenbar auch sonst als Arbeitsraum genutzt wurde. Elmar hatte etwa zwanzig Stühle in einen Kreis gestellt und Renate brachte ihre Dialogutensilien wieder mit und legte sie in die Mitte des Kreises. Elmar sagte laut, weil die meisten noch in kleineren Gruppen standen: "Lasst uns anfangen." Wir setzten uns. Viele Stühle blieben leer, es waren nur wenige mehr gekommen als das erste Mal, aber ein paar Gesichter waren neu. Renate sagte: "Komm wir stellen die leeren Stühle weg". Als wir im Kreis sassen, sagte Elmar: "Wie Ihr seht, haben wir einen Ort und eine Zeit für einen Dialog gefunden. Ich freue mich, dass es geklappt hat und offenbar den meisten im Prinzip so geht."

Renate holte den Sprechstab aus der Mitte, setzte sich wieder und sagte: "Auch ich begrüsse Euch herzlich zum Dialog. Wie ich sehe, sind ein paar neue Leute da, das freut mich sehr. Ich habe noch ein paar Leute, die auch interessiert sind, aber den Termin nicht frei hatten. Aber das wäre wohl bei jedem Termin so. Ich sage zuerst noch einmal ganz kurz, worum es in diesem Dialog geht, aber ich will keine eigentliche Einführung machen. Ich schlage eher vor, dass Ihr alle gerade anfügt, was Ihr für wichtig hält. Also. Zuerst das, was uns letztes Mal und vielleicht auch heute viel zu schaffen gegeben hat: Wir haben Dialogregeln, wir haben drei, später gibt es noch mehr. Erstens sprechen wir in die Mitte des Kreises, also nicht zu einzelnen Personen, die hier sind. Zweitens spreche ich in der Ich-Form, ich spreche über mich und über meine Wahrnehmungen und nicht über andere Personen und nicht über die Wirklichkeit. Und drittens darf nur sprechen, wer diesen Sprechstab in den Händen hat." Dabei hielt sie den Stab hoch. "Ich will jetzt diese Regeln nicht genauer erläutern." Sie schaute die Neuen an und sagte: "Vielleicht habt Ihr ja schon etwas mehr darüber gehört und wenn nicht, macht das auch nichts, Ihr merkt dann schon, wie es geht. Eigentlich ist es für alle noch neu. Ich finde auch wunderbar, dass wir diesen Raum benutzen können. Ach, das noch. Ich habe mit Elmar abgemacht, dass wir uns vorerst einmal pro Monat treffen, immer am zweiten Dienstag im Monat. Wir haben das mal so festgelegt, aber wir können das jederzeit ändern, Raum,

Zeit und Häufigkeit, alles - wenn es uns und zusammenpasst. Und Rolf verschickt jeweils Einladungsmails. Und bringt Leute mit, je mehr desto besser."

Sie hielt den Sprechstab noch etwas in den Händen ohne etwas zu sagen. Als sie ihn zurücklegte, schoss Peter förmlich nach vorne. Er packte den Stab und sagte noch im Stehen: "Renate hat mir ja letztes Mal aufgetragen, das Buch von Bohm zu lesen und hier dann eine kurze Zusammenfassung zu geben. Ich glaube, es ist sinnvoll, wenn ich das gleich zu Beginn mache, dann sind auch die Neuzuzüger auf dem Stand der Dinge." Er schaute in die Runde und schien auf Zustimmung zu warten. Lisa ging in die Mitte und schlug ziemlich kräftig auf die Klangschale und setzte sich wieder. Peter stand immer noch und schien ziemlich verwirrt. Er schaute Renate an und wartete. Ich konnte nicht erkennen, ob er auf das Ausklingen der Klangschale wartete oder darauf, dass Renate etwas sagen würde. Der Klang der Schale verschwand, ohne dass ich erkennen konnte, wann er nicht mehr da war. Ich glaube, wir alle schauten auf Renate, sie sagte aber nichts. Schliesslich sagte Peter: "Ich verstehe jetzt wieder nicht, was hier läuft. Soll ich nun meine kurze Einführung in das Buch geben oder nicht?" Lisa sagte: "Lieber Peter, ich verletze jetzt wieder einmal alle Regeln, ich spreche zu Dir und ich habe den Sprechstab nicht und ich spreche nicht über mich: Du musst den Sprechstab in die Mitte legen, wenn die Klangschale angeschlagen wird. Und absitzen solltest Du ohnehin. Dann könnte jemand von uns ..." Peter zuckte die Achseln, legte den Stab zurück und setzte sich. Niemand holte den Stab. Wir sassen im Kreis und schwiegen.

Nach wirklich langer Zeit, es muss mehr als eine Minute vergangen sein, nahm Elmar den Stab und sagte ohne sich zu setzen: "Ich finde, wer die Schale anschlägt, sollte nachher auch sagen, warum er das getan hat. Vielleicht habe ich das mit der Schale auch noch nicht richtig verstanden, dann sollte Renate uns noch etwas über diese vierte Spielregel aufklären." Er legte den Stab zurück und setzte sich. Lisa holte den Stab ohne Eile und setzte sich bevor sie sagte: "Ich habe das mit der Klangschale so verstanden: Wenn mich etwas ernsthaft stört, kann ich die Schale klingen lassen. Das ergibt dann eine Art time-out, in welchem ich darüber nachdenken kann, was mich stört und weshalb. Und unbescheiden wie ich nun einmal bin, glaube ich, dass die andern dann auch darüber nachdenken können, was gerade läuft." Sie legte den Stab zurück.

Peter holte den Stab und betrachtete ihn ganz demonstrativ. Dann sagte er: "Erstens habe ich von einem solchen Stab im Buch von Bohm gar nichts gelesen und von der Klangschale auch nichts. Ich glaube, das Buch richtet sich mehr an Erwachsene als an Kindergartenschüler. Ich weiss gar nicht, woher Du die Idee mit diesem schlauen Sprechstab hast, aber vielleicht hat er ja am Anfang einen bestimmten Sinn. Das will ich nicht beurteilen. Ich wollte eigentlich nur erzählen, dass mir das Buch ziemlich anders vorgekommen ist als unsere Dialogveranstaltung, eben erwachsener. Jetzt geht es aber um etwas anderes. Wenn mich jemand beim Sprechen unterbricht und sei es mit einem Gong, dann wüsste ich schon gerne warum. Im Anschlagen einer Klangschale kann ich gar nichts von einem Dialog erkennen, nicht das kleinste bisschen. Dafür sehe ich ein paar ganz praktische Probleme in Bezug auf die Organisation unserer Veranstaltung. Ich kann mir nicht vorstellen, wie wir hier weiterkommen wollen, wenn wir uns weiterhin an unsere Dialogregeln halten." Vielleicht bekam er wieder keine Antwort, weil er den Stab nicht freigab, aber ich weiss nicht, ob jemand geantwortet hätte, wenn er den Stab hingelegt hätte. Nach einer kleinen Pause fuhr er selbst weiter: "Vielleicht sollten wir jeweils vor dem Dialog in einer, wie soll ich sagen, normalen Sprache abmachen, wie wir den Abend gestalten wollen. Also ich bin davon ausgegangen, dass ich heute zuerst ein kurzes Referat über das Buch halte. Ich gehe eigentlich immer noch davon aus, weil wir das so abgemacht haben." Er schaute in die Runde. "Also, soll ich jetzt anfangen?"

Lisa ging wieder zur Klangschale. Bevor sie den Schlagstock aufheben konnte, drückte ihr Peter den Sprechstab in die Hand und sagte: "Also bitte, sag jetzt, was Du willst." Lisa nickte leise und setzte sich. Sie sagte: "Ich bin hier, weil ich an einem Dialog teilnehmen will, nicht weil ich einen Vortrag über einen Dialog hören will. Ich habe mir das Buch von Bohm auch gekauft, aber ich bin beim Lesen rasch stecken geblieben. Das ist offenbar nicht mein Weg. Über dieses Buch wäre ich niemals zum Dialog gekommen. Vielleicht muss ich jetzt sagen, zu einem Dialog, wie ich ihn mir jetzt vorstelle, aufgrund unserer ersten Veranstaltung vor vier Wochen. Ich sage nochmals, was ich mir vorstelle. Ich stelle mir vor, dass wir hier zusammen sprechen und uns dabei an die Regeln halten, die wir abgemacht haben. Seit meiner Erfahrung letztes Mal habe ich mir fast in allen Gesprächssituationen überlegt, wie es gehen würde, wenn wir uns an diese Regeln halten würden. Ich weiss noch nicht, wo das hinführen würde, aber alleine schon die Beobachtungen, die ich mit meiner neuen Sensibilisierung mache, sind ungemein spannend. Irgendwie ist es verrückt, wie wir sprechen. Das erinnerte mich an Heiners Bericht." Sie stand auf um den Stab wieder hinzulegen. Dann sagte sie zu Peter: "Ich kann es natürlich auch zu Dir direkt sagen. Ich will keinen Vortrag hören und ich kann mich überhaupt nicht erinnern, dass wir so etwas abgemacht haben." Sie setzte sich wieder und sagte: "Es kann ja sein, dass Ihr etwas abgemacht habt, wovon ich nichts weiss. Wenn es heute einen Vortrag gibt, gut, dann gehe ich einfach wieder nach Hause. Das ist kein Problem, dann komme ich einfach nächstes Mal wieder. Ich hätte nur gerne, wenn Du im mail schreiben würdest, ob wir einen Dialog machen oder ob es einen Vortrag gibt." Sie schaute dabei mich an.

Ich sagte: "Ich weiss auch nichts von einem Vortrag" und merkte, dass ich den Sprechstab nicht hatte und überdies mit einer Antwort zu einer Person sprach. Das war mir peinlich, aber ich sagte nichts mehr, auch keine Entschuldigung.

Renate sagte: "Hört mal, wir sind kein Kindergarten, das sieht man auch daran, dass wir nicht einmal die einfachsten Kindergartenregeln einhalten können. Aber uns zwingt ja niemand, irgendwelche Regeln einzuhalten. Ich will das noch einmal ganz klar sagen: Wir geben uns die Regeln und wir können die Regeln jederzeit wieder abschaffen. Wir können das gemeinsam tun, oder ich kann es für mich selbst tun. So wie jetzt gerade. Ich habe keinen Sprechstab, aber ich spreche, weil ich es jetzt gerade wichtiger finde, als Regeln einzuhalten. Ich werde später genau darüber nachdenken, was ich so wichtig finde, dass ich die Regeln über Bord werfe. Es muss wohl sehr wichtig sein oder mir sehr wichtig scheinen. Lasst mich nochmals sagen, worum es mir in diesem Dialog hauptsächlich geht. Ich will hier erfahren, ob wir wie Menschen miteinander sprechen können oder ob das unmöglich ist, sobald es um ein noch so kleines Problemchen geht. Die Regeln sind gar keine richtige Regeln oder seht Ihr etwa einen Schiedsrichter oder gar einen Polizisten? Wir geben uns nur ein paar Regeln, damit wir uns im Gespräch bewusst bleiben, dass wir wie Menschen miteinander sprechen wollen." Sie wurde ziemlich laut, und als sie aufhörte, war es plötzlich ganz still.

Peter räusperte sich und sagte dann leise: "Ok, ich weiss einfach nicht, was wir jetzt machen, respektive wie wir klären, was wir machen. Ich habe jetzt verstanden, dass nicht alle am Buch von Bohm interessiert sind, obwohl das die Grundlage unseres Dialoges bildet. Ich finde, wenn es um ganz praktische Fragen geht, sind die Regeln, die wir jetzt gerade haben, einfach ganz unpraktisch, weil man nicht schnell fragen und antworten kann."

Heinz, der das erste Mal dabei war, sagte: "Ich verstehe überhaupt nicht, worum es hier geht, ich verstehe gar nichts. Was hat das alles mit einem Dialog zu tun? Warum kann man in einem Dialog nicht einfach fragen und Antwort bekommen? Und was willst Du denn überhaupt fragen? Für mich ist das hier wie in einem ..." Dabei verdrehte er seine offene Hand vor seinem Gesicht.

Peter klärte ihn auf: "Gemäss unseren Dialogregeln, die ja schon genannt wurden, sprechen wir immer in die Mitte, nicht zu einer Person. Ich kann dich deshalb nicht fragen, wie Du die Sache siehst oder was Du denkst. Das wäre ein Gespräch zwischen uns statt ein Gespräch mit allen. Und ausserdem dürfte ich nur sprechen, wenn ich diesen Sprechstab hätte." Er zeigte auf den Stab in Lisas Hand, worauf ihn Lisa in die Mitte legte. Peter sagte: "Ich könnte Dir also aus mehreren Gründen nicht antworten." Heinz schüttelte den Kopf und sagte: "Ich glaube, das ist mir eine Nummer zu hoch".

Elmar holte den Stab und sagte: "Wir sprechen jetzt ja ohne unsere Regeln und das geht ja auch, wenn es uns nötig scheint. Mir scheint, es gab ein Missverständnis. Peter hat einen kleinen Vortrag vorbereitet, und Lisa wusste nichts davon. Ich übrigens auch nicht, aber das ist jetzt ja egal. Die Frage ist für mich, wie man in einem Dialog mit solchen Missverständnissen umgehen kann. Das Problem ist tatsächlich, dass man mit unseren Regeln nicht einfach fragen kann, was der andere verstanden oder nicht verstanden hat. Und selbst wenn man das noch fragen könnte, dauert es eben extrem lange, bis das kleinste Missverständnis geklärt ist, weil wir ja mit dem Sprechstab das Gespräch absichtlich extrem verlangsamen. Mir scheint, wir müssten noch zwei oder drei Regeln hinzunehmen, um in solchen Situationen Ausnahmen machen zu können."

Lisa und Renate riefen gleichzeitig: "Nein!" Sie schauten sich an und lachten. Renate machte eine Geste, um Lisa das Wort zu geben. Lisa stand auf und holte den Stab. Sie hielt ihn gebieterisch in die Höhe, wohl um uns an die Regeln zu erinnern. Als sie wieder sass, sagte sie: "Wenn wir uns wegen diesen drei Regeln nicht verständigen können, dann steht es ziemlich schlimm um uns. Und ich befürchte fast, es steht wirklich ziemlich schlimm. Für mich war der Dialog schon letztes Mal eine riesige Entdeckung, über unsere Fähigkeiten zu kommunizieren. Oder auch über unsere, ich meine, über meine Unfähigkeit. Was so ein kleiner Sprechstab mit uns anstellen kann. Das finde ich ungeheuer. Ich dachte, dass es uns ganz leicht fallen würde, einander nicht ins Wort zu fallen. Ich verstand zuerst nicht, wozu dieser Sprechstab gut sein könnte. Aber jetzt sehen wir, ich meine ich, dass wir diesen Sprechstab brauchen. Ich schlage Euch vor, dass wir jetzt wieder mit dem Dialog weitermachen und herausfinden, ob wir dialogfähig sind, und zwar auch dann, wenn diese Kindergartenregeln gelten." Sie hielt den Stab immer noch relativ hoch und schaute alle der Reihe nach an. Dann fügte sie an: "Und vor allem, wie Renate sagte, auch dann, wenn wir ein Problem oder ein Missverständnis haben. Dialogfähigkeit zeigt sich ja eigentlich nur dann. Wenn alles gut läuft, braucht man ja keine speziellen Fähigkeiten." Dann legte sie den Stab mit einem gewissen Nachdruck wieder in die Mitte.

Renate nahm ihn ohne Eile auf: "Ich wollte das Gleiche vorschlagen. Wir haben zwei Möglichkeiten, wir können diskutieren oder dialogisieren. Mich interessiert, wie wir im Dialog miteinander umgehen. Ich würde sehr gerne im Dialog verweilen und schauen, was uns das bringt. Diese Veranstaltung hat für mich den Sinn, praktische Erfahrungen mit dem Dialog zu machen, Diskussionen und auch Vorträge kenne ich schon ziemlich gut. Mir scheint, dass die Verlangsamung, die wir mit diesem Stab üben, kein Grund von Problemen sein kann, ausser natürlich von Zeitproblemen. Langsam kommen wir nicht so schnell vorwärts, aber dafür vielleicht sogar weiter, wer weiss. Ich merke durch die Verlangsamung immer besser, was ich in der sogenannt normalen Hektik des Alltages alles unter den Teppich kehre, hunderte von kleinen Missverständnissen, so dass ich am Schluss rein gar nichts verstanden habe. Die Verlangsamung macht mir allenfalls das grosse Problem, dass ich Missverständnisse viel leichter erkenne und deshalb nicht so tun kann, als ob alles klar wäre. Ich will jetzt nochmals langsam und laut überlegen, was uns hier bisher so sehr beschäftigt hat. Offenbar hat Peter eine Abmachung im Kopf, wonach er das Buch von David Bohm zusammenfassen soll. Ich weiss natürlich nicht mehr genau, was ich vor einem Monat gesagt habe, aber ich weiss ganz sicher, was ich auf keinen Fall sagen wollte. Ich wollte nie einen Vortrag über das Buch hören, zumal ich es schon gelesen habe. Ich wollte Euch das Buch nicht einmal empfehlen, ich wollte nur sagen, dass David Bohm solche Dialogveranstaltungen gemacht und in seinem Buch seine Hintergründe beschrieben hat. Ihr erinnert Euch vielleicht, dass ich Euch von dem Buch erst im Nachhinein erzählt habe. Ich glaube auch, dass das im Sinne des Buches ist. Wir haben unsere Dialogideen selbst entwickelt. Ich will die grosse Bedeutung von David Bohm kein bisschen schmälern, aber weder er noch sein Buch ist für unseren Dialog verantwortlich. Wir machen unseren Dialog." Sie wandte sich an Peter und fuhr weiter: "Ich wollte nicht, dass Du das Buch liest, geschweige denn, dass Du es für uns zusammenfasst. Aber ich wollte natürlich auch nicht, dass Du das nicht tust. Ich wollte weder das eine noch das andere. Denn dazu habe ich doch eigentlich gar nichts zu wollen. Was ich dagegen sehr gerne hätte, wäre, wenn Du, und ich meine jetzt natürlich uns alle, also wenn Du im Dialog einfach erzählst, was für Dich wichtig ist. Und das könnte ohne weiteres ein Buch sein, das Du gelesen hast. Und natürlich könnte es auch das Dialog-Buch sein. Der Punkt ist, mich interessiert im Dialog, was Dich interessiert. Aber ohne Abmachung und ohne Auftrag. Hier gibt es keine Pflichten, aber auch keinerlei Fahrpläne und gesetzte Programme, also insbesondere keine abgemachten Vorträge. Alle sagen, was sie im Moment sagen wollen." Sie drehte sich zu Lisa und fuhr weiter: "Ich war sehr glücklich darüber, wie Du unsere Klangschale benutzt hast, anstatt einfach zu reklamieren. Das hat mir grossen Eindruck gemacht, weil genau dazu ist diese Schale ja da. Sie hat eine Funktion in unserer Veranstaltung. Das war prima umgesetzt, ein sehr schönes Beispiel, also für mich, in meinen Augen, weil ich es gerne so gemacht hätte. Ich habe nämlich schon studiert, wie ich Peter unterbrechen soll und dabei das Naheliegendste, eben unsere Klangschale nicht gesehen, obwohl sie nicht nur vor meinen Augen stand, sondern sogar von mir mitgebracht und aufgestellt wurde." Sie stiess einen Seufzer aus und ihr Körper entspannte sich sichtbar. Erst nach einiger Zeit schien sie zu realisieren, dass sie den Stab noch in den Händen hatte. Sie legte ihn zurück.

Heinz nahm den Stab: "Ich glaube, ich habe jetzt wenigstens ein bisschen verstanden, worum es geht. Ich hätte aber noch ein paar Fragen. Wen oder wie soll ich jetzt fragen? Einfach in die Mitte?"

Ich hatte mir schon nach dem ersten Dialog ziemlich lange überlegt, was Fragen sind. Und jetzt hätte ich Heinz sehr gerne geantwortet. Ich realisierte, dass ich dabei einen kleinen Vortrag halten würde. Renate hatte ja ausdrücklich gesagt, dass im Dialog Vorträge ohne weiteres Platz hätten, aber jetzt war ich hin und her gerissen. Wäre mein Beitrag nicht ein kleiner Monolog?

Während ich abwog, holte Peter den Stab: "Ja, das mit den Fragen liegt mir auch sehr am Herzen. Ich kann ja nicht gut in die Mitte fragen, 'Wie hast Du das gemeint?'." Elmar nahm den Stab aus den Händen von Peter und sagte: "Ich glaube, wir sollten das mit den Fragen klären. Ich mache einmal einen Anfang, ich sage, wie ich es sehe." Er schaute in die Runde, als ob er Zustimmung suchte. Dann sagte er: "Fragen scheinen mir der wichtigste Motor jedes Gespräches zu sein. Ich kann mir ein Gespräch ohne Fragen fast nicht vorstellen. Aber ich unterscheide zwischen verschiedenen Fragen. Ich nehme einmal die Frage von Peter. Wenn ich frage: 'Wie hast Du das gemeint?' spreche ich logischerweise eine einzelne Person an. Und das geht in unserem Dialog eben nicht. Aber wenn ich etwas nicht verstanden habe, kann ich das natürlich kundtun, ohne eine bestimmte Person anzusprechen. Ich kann einfach sagen, dass ich dieses oder jenes nicht verstehe. Dann ist meine Frage implizit und sie kann an alle gerichtet sein."

Peter nahm nun seinerseits den Stab wieder aus der Hand von Elmar, der sich noch gar nicht gesetzt hatte, und sagte: "Das wird jetzt interessant. Ich bin gespannt, wie weit wir hier mit dem Dialog kommen. Ich ...". Die Klangschale klirrte mehr als dass sie klang. Lisa hatte wie wild drauf geschlagen. Peter verdrehte seine Augen und sagte: "Das dachte ich mir. Es geht nicht."

Renate stand auf und sagte: "Ich spreche als Moderatorin und ich weiss, dass ich den Sprechstab nicht habe. Hört mal zu. Im Buch von David Bohm kann man lesen, dass man vernünftigerweise den Begriff Dialog und das Verfahren erklären soll, bevor man einen Dialog beginnt. Ich habe solche Erklärungen im Buch gelesen und auch an Dialogveranstaltungen gehört. Sie haben mir aber nicht viel gegeben, deshalb habe ich darauf verzichtet. Ich könnte natürlich einen kleinen Vortrag halten, der da hiesse: Was ist ein Dialog? Oder Peter könnte einen Vortrag halten, der hiesse: Was steht im Buch von David Bohm? Aber mir bringt das alles nichts. Es bringt abstraktes Wissen in den Intellekt, aber nichts für meine Intelligenz. Vorträge anhören oder vortragen macht mich nicht intelligenter, sondern im besten Fall intellektueller. Aber verschiedene Menschen sind halt verschieden. Deshalb will ich jetzt doch etwas klären im Sinn von klarstellen. Ich will an einer Dialogveranstaltung teilnehmen. Aber nicht an irgendeiner Dialogveranstaltung, sondern an einer Dialogveranstaltung, an welcher sich alle an Regeln halten. Ich weiss selbst, wie schwer es ist, sich an Regeln zu halten. Für mich ist kein Problem, wenn jemand eine Regel verletzt. Aber wenn Ihr lieber ein Gespräch ohne Regeln führen wollt, dann ist das etwas anderes, etwas, was ich jetzt hier nicht will. Ich brauche Euer Einverständnis, dass wir hier einen Dialog üben wollen und dass Ihr Euch deshalb an die Regeln hält. Wir wollen so erleben, was geht und was weshalb nicht geht. Wenn ich von vornherein weiss, dass ein Dialog nicht möglich ist, dann muss ich es nicht versuchen. Aber ich will es hier nicht nur versuchen, sondern bewusst üben. Ich will herausfinden, was möglich ist."

Peter unterbrach sie: "Liebe Renate, lass mich nur einwenden, dass Du nicht gerade dialogisch sprichst: ich will, ich will, ich will".

Der Dialog im Dialog 47

Renate antwortete: "Ich sagte ja, dass ich jetzt moderiere, aber Du hast recht, ich moderiere auch nicht. Ich muss etwas klären. Ich bin immer noch der Ansicht, dass es vor einem Dialog keinen Vortrag braucht, aber ich meine, dass es ein Einverständnis braucht. Beim Fussballspielen gelten auch Regeln, da kann man auch nicht unterwegs einfach die Hände nehmen. Ich will Euch nichts befehlen oder aufdrängen, ich will an einem Dialog mit Regeln teilnehmen. Ich schlage vor, wir machen jetzt eine kurze Pause und alle überlegen sich, was sie wollen. Dann sehen wir weiter." Alle blieben sitzen.

Nach kurzer Zeit sagte Eva, die wie Heinz zum ersten Mal dabei war: "Ich staune sehr. Ich hatte keine klare Vorstellung, als ich hierher gekommen bin. Lisa hat mir zwar vom letzten Mal ein wenig erzählt, aber ich konnte mir nicht vorstellen, dass sich das heute alles noch einmal wiederholt. Ich verstehe gar nicht, wo das Problem ist. Vielleicht braucht das Verfahren eine Moderation. Beim Fussball gibt es ja auch einen Schiedsrichter, weil sich die Fussballer nicht an die Regeln halten können oder wollen." Sie lachte und fügte an: "Ich weiss gar nicht, wie das beim Frauenfussball ist. Braucht es dort auch einen Schiedsrichter?" Dann fuhr sie weiter: "Mir scheint ziemlich klar, dass wir uns zu diesem Dialogverfahren getroffen haben und auch damit einverstanden sind. Vielleicht sollten wir aufhören, über die Regeln zu sprechen und dafür einen Schiedsrichter wählen, der aufpasst und gelbe Karten verteilt. Ich gebe mir mal eine gelbe Karte, weil ich jetzt ohne den Stab gesprochen habe. Ich schlage vor, ab sofort gelten wieder die Regeln."

Peter legte den Stab zurück und sagte: "Einverstanden." Der Stab blieb ziemlich lange liegen, dann nahm Elmar den Stab und sagte: "Ich will nicht über Regeln sprechen, aber die Frage mit der Frage beschäftigt mich eben sehr. Nicht nur hier, sondern generell. Und auf dieses Problem bin ich eben doch wegen dieser Regel gestossen. Ich versuche jetzt nicht an irgendwelche Regeln zu denken, sondern einfach zu erzählen, was ich mir zur Frage überlegt habe. Ich fasse mich kurz. Wie ich schon sagte, ist mir bewusst geworden, dass es verschiedene Fragen gibt und dass Fragen ganz verschiedene Funktionen haben. Am besten hat es für mich Heinz von Foerster auf den Punkt gebracht. Er unterscheidet eigentliche und uneigentliche Fragen. So wie ich den Dialog bis jetzt verstanden habe, sind eigentliche Fragen erlaubt, aber uneigentliche nicht. Aha, ich muss natürlich sagen, was eigentliche Fragen sind. Also, bei eigentlichen Fragen weiss der Fragende die Antwort nicht, bei uneigentlichen Fragen weiss er sie. Beispielsweise wenn der Lehrer den Schüler etwas frägt, ist das praktisch nie eine Frage, weil er nicht an der Antwort interessiert ist, sondern nur prüfen will, ob der Schüler die Antwort weiss. Ich kann mich also im Dialog immer fragen, ob meine Frage echt ist. Oft kann das natürlich nur ich selbst wissen. Aber wenn meine Frage echt ist, kann ich sie gut in die Mitte stellen. Ich habe noch ein paar Unterscheidungen, die mir wichtig scheinen, aber ich will ja keinen Vortrag halten. Ich wollte nur mal einen Anfang machen." Er legte den Stab zurück.

Peter stand auf, aber er winkte ab und setzt sich wieder. Ich holte den Stab und sagte: "Ich habe auch über die Frage nachgedacht. Ich bin aber zu einem anderen Resultat gekommen, das ich Euch vortragen, sozusagen aufs Büfett stellen möchte. Ich habe im Verkaufstraining gelernt, dass ich als Verkäufer immer fragen muss. Dabei muss ich natürlich eigentliche Fragen stellen und mich für die Antworten auch interessieren. Ich muss herausfinden, was der Kunde will und braucht, und was ich ihm auch noch verkaufen könnte. Meine Frage ist echt, aber ich verfolge damit ein bestimmtes Interesse hinter der Frage. Ein andres Beispiel. Wenn mich ein Polizist bei einer Verkehrskontrolle frägt, wie viel ich getrunken habe, weiss er es ja auch nicht, aber auch er verfolgt damit nicht sein Interesse, oder sagen wir, ein strategisches Interesse, das nur an seine Rolle gebunden ist. Ich glaube, es geht im Dialog darum, dass ich keine solchen Fragen stellen darf, keine strategischen Fragen, keine Verhörfragen wie ein Staatsanwalt. Ich darf nur fragen, was mich interessiert. Das ist jetzt etwas wenig ausformuliert, aber vielleicht könnt Ihr trotzdem sehen, was ich meine. Ich glaube, ich verfolge ein ähnliches Anliegen wie Elmar. Ich frage mich, welche Fragen in einem guten Gespräch vorkommen können und welche nicht."

Nach mir sagte Renate: "Also ich habe mir das bisher noch nie überlegt. Ich finde das spannend. Und obwohl wir nicht mehr über die Regeln sprechen wollen, muss ich das trotzdem sagen. Die Regeln führen oft dazu, dass Fragen auftauchen wie jetzt. Es geht mir jetzt nicht um die Regel, sondern darum, dass wir uns überlegen, was ein gutes Gespräch oder eben was ein Dialog ist. Die Regeln sollten ja einfach ein gutes Gespräch bewirken. Ich merke jetzt, dass ich diese Regeln wie Tricks sehen kann. Sie haben einen tieferen Sinn, den ich aber nicht kennen muss. Das wird mir jetzt bewusst. Ich habe folgende Regel gelernt. Wenn ich eine Frage habe, kann ich sagen, dass ich mich frage, ob dieses oder jenes so oder so sei. Das heisst, ich frage nicht, sondern berichte darüber, welche Fragen mich plagen. Weil ich nicht frage, muss niemand antworten, aber natürlich können alle etwas zu diesem Thema sagen. Und ich kann dann das, was ich höre als Antworten nehmen, wenn es mir passt. Also das ist die Regel, aber was hinter dieser Regel steckt, wird mir erst jetzt klarer."

Danach sagte Heinz: "Ich habe noch nicht über die Fragerei nachgedacht, weil ich bis jetzt immer noch über unseren Dialog nachdenken muss. Ich glaube, nachdenken ist dafür nicht das richtige Wort, eher hinterherdenken. Ich bin immer noch dabei, zu verstehen, wie das Spiel hier läuft. Aber ich habe jetzt anhand der nicht erlaubten Fragen angefangen, eine Vorstellung vom Dialog zu entwickeln. Und das hat auch mit Fragen zu tun. Soweit ich jetzt verstanden habe, geht es weniger um Fragen, als darum, was wir mit Fragen machen. Rolf hat einige Beispiele gegeben, vom Verkäufer bis zum Staatsanwalt, es geht immer darum, den anderen zu bestimmten Antworten zu führen. Plato, oder wenn Ihr wollt, Sokrates hat daraus ein grundlegendes Prinzip gemacht. Er hat die dümmsten Menschen durch richtiges Fragen zu den besten Antworten geführt. Das wird gemeinhin als der sokratische Dialog bezeichnet. Ich glaube, das hat mich jetzt die längste Zeit blockiert. Ich hatte diesen Dialog im Kopf und Ihr macht das Gegenteil und sagt dem auch Dialog."

Lisa schlug an die Klangschale. Und Peter fragte, ohne Sprechstab: "Was ist denn jetzt wieder nicht gut?" Lisa hielt den Zeigefinger vor ihren Mund, wie eine Kindergärtnerin es tun mag, wenn eines der Kinder vorlaut ist. Der Klang dieser kleinen Schale bleibt fast ewig in der Luft, wenn ich darauf warte, dass er sich verflüchtigt.

Lisa nahm den Stab: "Mir wird das alles jetzt einfach viel zu schnell. Es ist für mich jetzt wie in einem Vortrag, es rauscht vorbei und ich merke, dass es interessant wäre, aber dass ich nicht nachkomme. Würde ich das in einem Buch lesen, würde ich an dieser Stelle das Buch und auch meine Augen kurz schliessen. Ich glaube, ich würde einfach etwas warten. Das mache ich oft beim Lesen. Ich denke dann gar nicht so viel, sondern mache eher eine Pause. Es ist so eine Art Wachschlafen, damit sich mein Gehirn wieder organisieren kann. Mit dem Sprechstab ist schon alles etwas langsamer, aber es ist mir manchmal doch zu schnell. Ich glaube, die Schale ist auch dafür da." Sie blieb mit dem Sprechstab ziemlich lange sitzen. Ich versuchte, mich an das bisherige Gespräch zu erinnern, dann merkte ich, dass mich die Idee des Wachschlafes aufmerksam gemacht hatte. Deshalb versuchte ich, mich an nichts zu erinnern, sondern einfach zu warten, wie es Lisa vorgeschlagen hatte.

Peter war mit Lisa zusammen in der Mitte, um den Stab zu kriegen. Er sagte wieder im Stehen: "Endlich läuft ein interessantes Gespräch und sofort kommt wieder eine so ulkige Regel und macht das Gespräch kaputt. Diese Regeln sollten wir jetzt wirklich abschaffen, damit ein Dialog möglich wird." Er legte den Stab hin und setzte sich.

Renate holte den Stab, sie liess sich viel Zeit: "Wenn wir eine gute Diskussion über Fragen oder über irgendein anderes Thema wollten, dann wären unsere Regeln vielleicht störend, ich weiss es nicht. Aber wir sind hier - und ich sage jetzt bewusst wir - um uns im Dialog zu üben, nicht um über irgend etwas zu diskutieren. Und die Klangschale ist hier, damit jeder von uns die Möglichkeit hat, im Dialog zu bleiben. Was ist das für ein Gespräch, bei welchem ein Teil der Sprechenden schon längst abgehängt haben, weil sie nicht mehr mitkommen? Gerade wenn die Sache interessant wird, will ich dabei sein und nicht überrannt werden. Ich bin froh, dass Lisa die Schale klingen liess. So konnte ich mich auch nochmals etwas orientieren. Und Lisa hat offenbar perfekt verstanden, wozu die Schale gut ist. Ich habe das bisher nicht so deutlich gesehen, ich habe sie einfach mitgebracht, weil mir die Idee im Prinzip gefallen hat."

Elmar nahm den Stab: "Mir ist jetzt noch etwas anderes aufgefallen. Wir sind eine Gruppe von Leuten mit sehr verschiedenen Voraussetzungen. Wenn ich mich mit einem Thema schon etwas befasst habe, andere aber nicht, dann ist logisch, dass ich schneller vorwärtsgehen kann. Ich kann ja auch schneller Skifahren als Ihr, weil ich es öfter mache als Ihr, nehme ich mal an. Wenn wir aber zusammen bleiben wollen, müssen wir ein gemeinsames Tempo finden. Das ist eine schwierige Sache, denn wir können ja auch nicht nach jedem Beitrag die Schale anschlagen. Wir üben hier vielleicht hauptsächlich, das richtige Tempo zu finden. Also ich bin auch froh, dass Lisa die Schale angeschlagen hat."

Ich nahm den Stab: "Das Skirennen müssten wir erst noch austragen, wer weiss, anstelle eines Rennens einen Dialog im Schnee? Das Tempo im Gespräch hat verschiedene Aspekte. Ich habe vorher beispielsweise etwas von Sokrates gehört. Dabei sind in mir schlechte Emotionen, die ich mit diesem Name verbinde, hochgestiegen. Dann kann ich natürlich nicht mehr so gut zuhören und dann wird es mir zu schnell, weil ich in Emotionen stecke. Ich habe also etwas vom sokratischen Dialog gehört und sofort angefangen, darüber nachzudenken. Dabei hätte ich wohl den Gesprächsfaden verloren, wenn mich die Klangschale nicht gerettet hätte. Wenn ich all diesen An- und Nebenbemerkungen folgen will, habe ich keine Chance. Mir scheint, dass der Witz des Dialoges darin besteht, viel mehr Möglichkeiten und Zusammenhänge zu erkennen, als wenn ich alleine in meinem Kämmerchen nachdenke. Aber die ganze Vielfalt überfordert mich natürlich. Deshalb erlebe ich dann das schon stark verlangsamte Gespräch als doppelt schnell. Wenn wir den Stab nicht hätten, wenn es deshalb schneller ginge, würde ich vielmehr überhören. Dann würde ich besser nachkommen. Genau besehen ist es natürlich gerade umgekehrt, aber in meinem Erleben ist es so. Je schneller das Gespräch an mir vorbeizieht, umso besser kann ich folgen. Das habe ich jetzt bemerkt, diese Klangschale hat etwas an sich."

Lisa unterbrach mich: "Deshalb sprechen wir ja auch vom Zauberstab und wohl deshalb sieht der Redestab auch wie aus einem Zauberkasten aus. Es ist eine Zauberklangschale. Oh, Entschuldigung, das ist so rausgesprudelt."

Ich sagte: "Ja, Zauberei. Ich merke jetzt auch, dass ich an ganz anderen Orten solche Erfahrungen machen könnte, und dass diese Erfahrungen nicht nur den Dialog schwierig machen. Wenn ich beim Video auf Zeitlupe schalte, sehe ich plötzlich mehr, dann verlangsame ich das Bild noch mehr, weil ich noch mehr sehen will, bis das Bild stehen bleibt. Dann merke ich, dass ich so nie ans Ende der Aufzeichnung komme. Diese Tempo- und Effizienzfragen sind kompliziert. Man muss sich nur vorstellen, dass wir den Videofilm gemeinsam anschauen und jeder dort auf Zeitlupe stellt, wo er gerade etwas mehr sehen will."

Renate sagte: "Ich finde das gar nicht kompliziert, man muss nur die Idee aufgeben, effizient sein zu müssen. Effizient kann ich ohnehin nur sein, wenn ich ein Ziel habe, das ich möglichst rasch erreichen muss. Vielleicht unterscheidet das den Dialog von einer Diskussion, vielleicht habe ich im Dialog noch keine Ziele, sondern suche sie erst."

Lisa nahm den Zauberstab in ihre Hände: "Jetzt hat für mich der Spruch 'Der Weg ist das Ziel' einen konkreten Sinn bekommen. Ich will gar nicht das Ende des Videos oder unseres Dialoges sehen. Ich will den Dialog oder den Video sehen. Im Kino lese ich oft plötzlich den Nachspann und weiss dann gar nicht, warum der Film zu Ende ist. Wie Du gesagt hast, er ist an mir vorbeigezogen, vorbei eben. Und im Dialog finde ich wunderbar, dass man anhalten kann." Nach einer kleine Pause fügte sie an: "Dass man anhalten kann, ohne dass das Bild dann stehen bleibt. Es ist nicht wie beim Video, der Dialog geht weiter, wenn er angehalten wird. Aber ich spüre jetzt deutlich, dass es mir auf den Dialogprozess ankommt, nicht auf ein Thema. Der Weg ist mein Ziel."

Elmar übernahm: "Mich erinnert das an eine irgendwie umgekehrte, verkehrte Geschichte, die mich oft ziemlich nervt. Früher gab es den Briefwechsel. Darin erkenne ich jetzt auch einen sehr langsamen Dialog. Und in Briefen schreibt man ja oft sogar über verschiedene Themen, die gar nicht zusammengehören, ohne dass der andere etwas dazwischen sagt, man bleibt oft nicht bei einem Thema. Ich muss noch etwas darüber nachdenken, was Dialog mit Briefschreiben zu tun hat. Jetzt meinte ich etwas anderes, nämlich die wahnsinnige Beschleunigung des Briefes in e-mails. E-mails machen mich manchmal wahnsinnig. Ich habe immer das Gefühl, man müsse augenblicklich antworten und Antwort bekommen. Ich glaube, ich schreibe jetzt wieder einmal einen ganz langsamen Brief." Er schien Papier und Feder zu sehen. "Kennt Ihr das auch beim

Mailen. Ich schreibe etwas in zwei oder drei Absätzen in einer mail. Dann bekomme ich Antwort. Aber die Antwort ist nicht auf meine mail, sondern ich bekomme zu jedem Abschnitt eine Antwort, eingefügt in meine mail. Manchmal antworte ich dann auch so, und so werden die Texte immer verrückter, ich glaube schneller oder hektischer. Es ist, wie wenn ich den anderen nicht ausreden liesse. Das ist das genaue Gegenteil von unserem Setting." Er schaute Peter an und sagte: "Das ist super effizient."

Der Stab blieb dann ziemlich lange in der Mitte, so dass wir Zeit hatten, über das Tempo im Dialog nachzudenken. Dann nahm Peter den Stab: "Ok, das war jetzt für mich auch eine Lektion. Es geht oft zu schnell. Was mich aber hier immer wieder stört, ist dass wir auch unabhängig vom Tempo, nicht bei einem Thema bleiben können. Ich meine die Frage, was Fragen sind, die interessiert mich sehr und wir haben einen guten Dialog darüber angefangen und jetzt sind wir bei etwas ganz anderem gelandet. Ich frage mich, ob das Euch nicht auch stört und was man im Dialog dagegen tun könnte. Natürlich könnte ich einfach jedesmal diese Schale benutzen, wenn jemand das Thema verlässt, aber ich glaube, das ist nicht der Sinn der Sache. Ich möchte jedenfalls nochmals auf die Frage zurückkommen. Und Ihr?"

Ich nahm den Stab und sagte: "Der Weg ist das Ziel. Ich sage das manchmal in Bezug auf eine Fahrt mit meinem Motorrad. Ich fahre meistens des Fahrens wegen, nicht weil ich irgendwo hin muss oder will. Aber jetzt sehe ich wie Lisa eine tiefere Bedeutung, indem ich alternativ sagen kann: Das Ziel ist das Ziel. In einer Diskussion wollen wir ans Ziel kommen. In einem Dialog dagegen nicht, obwohl ich natürlich auch im Dialog nicht ziellos bin. Vielleicht könnte man sagen, dass in der Diskussion das Ziel ausserhalb der Diskussion liegt und im Dialog eben im Dialog selbst. Dieses Ziel scheint mir dann gerade nicht an ein Thema gebunden."

Renate holte den Stab: "Ich will nochmals etwas moderierend oder grundsätzlich zu unserem Dialog sprechen. Es spielt im Dialog keine Rolle, worüber die andern gerne sprechen würden. Genau deshalb gibt es kein Thema ..."

Eva unterbrach: "Also jetzt kann ich einfach nicht still sein. Du sagst, dass es keine Rolle spiele, worüber die andern gerne sprechen würden. Das kann doch nicht Dein Ernst sein, das ist doch das Gegenteil eines Dialoges; selbstsüchtig und egozentrisch, um nicht zu sagen, einfach blöd."

Renate sagte ganz ruhig: "Nein, gar nicht blöd. Im Dialog sagen alle immer genau das, was sie sagen möchten, nicht das, was andere gerne hören möchten. Ich glaube, dass sich so ganz gute Gespräche entwickeln und dass Themen viel umfassender behandelt werden, als wenn man Themen festlegt. Ich glaube beispielsweise, dass es Grundthemen gibt, denen man im Dialog gar nicht ausweichen kann. Das hat nichts mit den Themen selbst zu tun, sondern viel mehr mit der dialogischen Haltung, die in unserer Kultur oft kollidiert. Das Fragen ist für mich ein solches Grundthema. Man könnte vielleicht sagen, dass das Fragen das Thema schlechthin sei, wenn man wie Elmar meint, ein Gespräch ohne Fragen sei gar nicht denkbar. Wenn wir uns die Zeit nehmen, werden wir diese Grundthemen finden und erkennen. Für mich besteht darin der Sinn des Dialoges. Wir setzen keine Themen, wir finden sie im Dialog. Und die Dialogregeln bremsen das Gespräch so, dass wir diese Grundthemen auch wirklich erkennen können. Wir haben sozusagen als Regel, dass wir kein Thema haben. Man könnte die Regel so verstehen, dass kein Thema abgemacht oder vereinbart wird, aber das ist nur die Oberfläche, eben die Dialogregel. Die Sache geht viel tiefer. Es geht darum, dass ich innerhalb des Dialoges wach bleibe und nicht einem zufälligen Thema verfalle, weil das gerade im Gespräch zu sein scheint. Wir machen nicht nur kein Thema ab, wir haben auch keines und mein Anspruch ist, dass ich das unterwegs immer merke, also mir nicht plötzlich einbilde, wir würden über Fragen oder so etwas sprechen, und ich müsse deshalb auch darüber sprechen. Es ist wichtig, dass wir im Gespräche bewusst darauf achten, dass wir kein Thema haben."

Eva sagte: "Aha. Das leuchtet mir ein, aber das ist schon alles extrem, radikal. Entschuldigung, mein etwas vorlauter Angriff war ein Missverständnis meinerseits. Mir fehlt natürlich auch die Übung und wohl auch die Geduld, die für den Dialog nötig wäre."

Ich holte den Stab: "Ich will noch etwas zur Deiner Moderation sagen. Ich glaube, Du könntest ... ich meine, ich könnte, alles was Du moderierst, auch im Dialog sagen. Anstatt zu sagen, wie es im Dialog oder in der Dialogveranstaltung wirklich ist, würde ich einfach sagen, was ich gerne hören würde und was ich nicht so gerne höre, sozusagen unabhängig von Dialogregeln. Ich verstehe Deine Moderationsbeiträge eigentlich gar nicht als Moderation, sondern eher als Belehrungen. Du sagst uns dann jeweils, was Dialog ist und was nicht." Renate schien mir etwas frustriert, deshalb sagte ich: "Ich will nicht sagen, dass Du schulmeisterst, ich nehme schon wahr, dass Du uns einfach die Spielregeln erklärst. Das wurde ja schon mehrfach gewünscht, dass Du oder eben die Moderation am Anfang jeweils eine kleine Einführung machst. Mir gefällt aber eigentlich, dass Du das nicht machst, sondern erst unterwegs also im Dialog sagst, wie Du den Dialog verstehst. Mir fällt einfach ein Unterschied auf, den ich zur Sprache bringen wollte. Ich glaube, Du siehst den Unterschied auch, denn Du sagst ja dann jeweils, dass Du moderieren würdest." Ich merke selbst, dass ich zu Renate gesprochen hatte, deshalb sagte ich: "Bitte entschuldige, ich wollte gar nicht zu dir sprechen, sondern in die Mitte. Mir ist jetzt einfach das Problem des Moderierens in den Sinn gekommen. Ich will das auf unser Büfett legen. Wir brauchen, ich brauche keine Moderation und keine Einführung. Man kann alles innerhalb des Dialoges sagen. Ich weiss nicht, ob das effizient ist, aber es geht sicher ohne Probleme. Ich glaube jetzt vielmehr, dass Moderation immer ein Effizienzproblem lösen soll."

Lisa sagte: "Ich will auch noch etwas zum Moderieren sagen. Ich habe ja bisher geglaubt und auch gesagt, dass eine Einführung am Anfang gut wäre. Jetzt aber glaube ich, es nützt nichts, wenn man sagt, was ein Dialog ist, oder beispielsweise, ob ein Dialog ein Thema hat. Ich habe beschlossen, dass ich nicht weiss, ob Dialoge ein Thema haben oder nicht, sondern dass ich nur darauf achte, ob ich selbst in ein Thema verstrickt bin und deshalb nicht hören kann, was andere sagen. Vielleicht haben alle immer ein Thema, nur nicht dasselbe. Vielleicht geht es ja genau darum zu hören, was andere für Themen haben."

Elmar nahm den Stab: "Jetzt erkenne ich das Muster schon wieder. In normalen Diskussionen können die meisten Menschen nicht hören, was der andere sagt, weil sie nur an das oder vielmehr an ihr eigenes Thema denken. Also sagt man im Dialog, also in der Antidiskussion, der Dialog hat kein Thema. Ich beobachte uns einmal etwas von aussen. Dann würde ich sagen, dass wir kein Thema abgemacht haben, aber dass wir ein ganz eindeutiges und klares Thema haben. Wir sprechen die ganze Zeit immer und ausschliesslich über den Dialog, also ich nehme unseren Dialog wenigstens so wahr." Er drehte sich zu Lisa, die neben ihm sass und sagte: "Du bist übrigens nicht alleine mit der Unsicherheit, ob der Dialog eine Einführung braucht oder nicht. Im Buch von Bohm steht, es sei nicht klug, einen Dialog zu beginnen, ohne davor wenigstens die Grundzüge des Dialoges zu erklären ..."

Peter rief dazwischen: "Deshalb wollte ich am Anfang einen kleinen Vortrag machen. Ich hätte dann auch gesagt, dass Bohm das wichtig findet."

Elmar winkte mit dem Stab und fuhr weiter: "Nein, eben nicht. David Bohm sagt, wenn man der Gruppe vertraue und darauf vertrauen könne, dass der Dialog fortgesetzt werde, könne man ohne Einführung beginnen, weil dann im Dialog zur Sprache komme, was ein Dialog sei. Oder genauer, man müsse es zur Sprache bringen. Ich glaube, wir verwenden eben genau diese zweite von ihm beschriebene Möglichkeit." Peter wollte offensichtlich wieder etwas sagen, aber Elmar hielt den Sprechstab hoch. "Ich weiss nicht, was besser wäre, Lisa weiss es nicht und David Bohm offenbar auch nicht."

Renate sagte ohne den Stab zu holen: "Ich sehe ein, dass ich weder am Anfang noch unterwegs moderieren muss, dass das eigentlich nur eine Art Ausrede ist, wenn ich etwas ungeduldig werde, weil sich jemand nicht an die Regeln hält. Ich will versuchen, den belehrenden Ton und das Moderieren abzulegen. Mir gefällt der Vorschlag von Lisa und Rolf, ich muss eigentlich niemandem sagen, was ein Dialog ist, es scheint mir besser, wenn ich sage, was ich gerne habe und was nicht. Aber davon unabhängig geht es mir natürlich um eine Veranstaltung, in welcher ich das Dialogsetting wiedererkennen kann. Wenn also die Mehrzahl der Teilnehmenden lieber keine Regeln beachten will, werde ich mich zurückziehen, und davor, bevor ich einfach nicht mehr komme, will ich schon klar sagen, was mir vorschwebt. Ich will die Regeln nicht einfach vergessen, sie haben nämlich schon einen tieferen Sinn, das ist mir jetzt schon mehrmals bewusst geworden. Ich will jetzt sogar noch eine Regel sagen, an welche ich mich halten will. Im Dialog sage ich nicht, was irgendwelche berühmten Leute gesagt haben, sondern was ich sage. Ich zitiere also nicht, weil ich nicht meine, dass etwas wahrer oder besser wird, weil ein Philosoph oder beispielsweise David Bohm das auch oder vor mir schon gesagt hat."

Elmar hatte den Stab in der Zwischenzeit wieder in die Mitte gelegt.

Heinz nahm den Stab: "Ich sage Euch einmal, wie ich mir vorkomme. Ich komme mir vor wie ein Banause, der mitten in ein Streitgespräch unter sophistischen Experten geraten ist. Ihr alle wisst, was ein Dialog ist, aber leider wisst Ihr nicht dasselbe, und deshalb streitet Ihr mindestens verdeckt oder unbewusst die ganze Zeit darüber, was ein Dialog ist. Und ich weiss auch, was ein Dialog ist, aber ich weiss etwas so anderes als Ihr, dass ich gar nicht mitstreiten kann. Ich habe auch Eure Bücher nicht gelesen, ich habe noch nicht einmal von diesen Büchern gehört. Ich glaube nun, dass es sehr nötig wäre, am Anfang zu sagen, was ein Dialog ist, wenn man eine so extreme, idiosynkratische Definition von Dialog hat, die mit dem, was der gesunde Menschenverstand als Dialog bezeichnet, offensichtlich gar nichts zu tun hat. Man müsste am Anfang, den Neuen wenigstens, mindestens sagen: 'Vergesst alles, was Ihr über den Dialog wisst, hier ist alles ganz anders.'" Er legte den Stab zurück und sagte dann: "Na ja, dass es hier ganz anders ist, muss man vielleicht nicht sagen, das merkt wohl jeder sofort."

Peter nahm den Stab: "Also jetzt muss ich doch etwas über die Dialogtheorie sagen. Und ich glaube immer noch, dass man das voraus sagen müsste. Bohm hat gesagt, dass wir verschiedene Vorstellungen über die Welt haben, die eben im Dialog zutagetreten, wenn wir nur hinreichend ernsthaft miteinander sprechen. Und heute haben wir eben über den Dialog gesprochen und so unsere Differenzen in Bezug auf den Dialog gefunden. Alle haben verschiedene Bücher gelesen und wir wurden ja auch von verschiedenen Eltern erzogen. Da ist es klar, dass wir verschieden sind. Im Dialog sollten wir diese Verschiedenheiten ergründen und prüfen, wo und warum sie den Dialog verhindern. Nach Bohm zeigen sich Differenzen in den Auffassungen zuerst als Missverständnisse, ..."

Renate unterbrach ihn: "Ja, Missverständnisse. Das ist der Punkt. Der Punkt ist, wie wir mit Missverständnissen umgehen. Ob wir sie aus dem Weg räumen, oder ob wir sie als Zeichen nehmen, als Anzeichen für verschiedene Vorstellungen ..."

Peter fuchtelte mit dem Stab: "Lass mich bitte aussprechen, schliesslich habe ich diesen Sprechstab, aber auch sonst. Also, Bohm sagt ganz am Anfang seines Buches, dass es zwei Arten von Kommunikation gibt. Eine praktische oder technische, in welcher es darum geht, den andern etwas mitzuteilen, und eine mehr dialogische, in welcher es darum geht, Neues zu schaffen. Also ich - und ich glaube auch Bohm - finde beide Seiten dieser Unterteilung sehr wichtig. Wenn man oder ich etwas mitteile, dann weiss ich es schon und der andere muss es genau verstehen. Dabei sollte es eben gerade keine Missverständnisse geben. Dabei soll eben nicht etwas Neues entstehen, weil ich falsch verstanden werde ..."

Lisa holte sich den Stab bei Peter, der ihr den Stab mit eine gewissen Theatralik übergab. Lisa sagte: "Ja, das ist wirklich sehr interessant, was Herr Bohm da gesagt hat, und Du gibst uns eben ein Beispiel. Du hältst einen Vortrag über etwas, was Du schon weisst und wir erst noch lernen sollen, ohne dass dabei etwas Neues entstehen könnte. Genau deshalb mag ich keine Vorträge, nicht einmal so ganz kurze wie Deiner jetzt war." Sie behielt den Stab wieder relativ lange ohne noch etwas zu sagen.

Renate holte dann den Stab und wartete nochmals lange, bevor sie zu sprechen begann: "Ich versuche es ganz ruhig. Ich weiss nicht, ob ich das alles richtig verstanden habe, aber ich weiss, dass es darauf jetzt gerade nicht ankommt. Die Unterscheidung zwischen einer technischen und einer dialogischen Kommunikation ist das, worum es mir hier geht. Es gibt vielleicht Orte oder Momente, wo es sehr wichtig ist, dass der andere mich genau versteht. Dort findet meines Erachtens kein Dialog statt. Dort ist ein Dialog gerade nicht nötig und nicht sinnvoll. Hier aber haben wir den Freiraum und die Musse für einen Dialog. Hier können wir es uns leisten, nicht wie Computer zu denken, sondern auch vage und unsichere Ideen zu formulieren. Ich erzähle Euch, wie ich die Sache verstanden habe. Im technischen Sinne geht es um Mitteilungen, die müssen genau sein, Missverständnisse sind Fehler ..."

Peter rief: "Also, das sage ich doch!"

Renate fuhr fort: "Aber im Dialog sprechen wir so, dass aus dem ungenauen Verstehen neue Ideen entwickelt werden. Ich will das etwas genauer sagen, damit niemand meint, wir suchen hier Missverständnisse, weil wir glauben, dass Missverständnisse gut seien. Im Dialog passe ich auf. Und weil der Dialog langsam ist, merke ich vieles, darüber haben wir ja heute gesprochen. Wenn ich nun ein Missverständnis erkenne, versuche ich nicht, das Missverständnis aus der Welt zu schaffen, wozu eben direkte Fragen gut wären, sondern ich versuche zu erkennen, wie das Missverständnis überhaupt entstehen konnte. Dabei kann ich merken, dass ich andere Grundannahmen gemacht habe als mein Zuhörer oder umgekehrt. Diese Grundannahmen beeinflussen, wie wir etwas verstehen. Verschiedene Grundannahmen führen dann unter Umständen zu verschiedenen Verständnissen, was eben technisch als Missverständnis erscheint. Solche Missverständnisse sind aber nicht einfach Fehler wie in der technischen Kommunikation. Man könnte vielleicht sagen, ich habe jedenfalls auch David Bohm so verstanden, oh ..., dass es im Dialog darum geht, sich genau die Grundannahmen bewusst zu machen, die sich in Missverständnissen zeigen."

Heinz sagte: "Ok, ich verstehe das Ganze allmählich besser. Anstelle von Missverständnissen, was eben bereits technisch tönt, könnte man ja wie in anderen Theorien von Paradoxien sprechen. Dann wäre auch gleich ausgeräumt, dass da jemand einen Fehler macht."

Lisa sagte: "Ja, das müssten wir dann vor allem überall dort tun, wo wir Missverständnisse erkennen. Das tut mir jetzt aber wirklich gut, weil ich schon ein etwas schlechtes Gewissen hatte, weil ich die Klangschale benutzt habe." Sie schaute auf den Stab in Renates Hand und fuhr weiter: "Oh, ich bitte um Entschuldigung." Renate gab ihr den Sprechstab. Dann sagte Lisa: "Ich hatte vom Dialogbuch im Kopf, dass Missverständnisse produktiv seien, das hat mir aber nicht so recht eingeleuchtet. Jetzt würde ich sagen, dass das Erkennen und vor allem das Untersuchen von Missverständnissen sehr produktiv sein können. Ich würde gerne noch einmal auf unser Missverständnis von heute zurückkommen. Peter hat offenbar verstanden, dass er das Buch zusammenfassen sollte, und alle andern haben etwas anderes verstanden ..." Peter gestikulierte wild. Lisa reagierte: "Peter, lass es gut sein. Es geht ja gerade nicht darum, dass irgend jemand etwas falsch verstanden hat. Hier entscheidet auch ja keine Mehrheit darüber, was richtig wäre. Hier wollen wir nur die Differenz sehen und verstehen. Ich habe am Anfang ganz intuitiv die Klangschale benutzt, weil ich ein Missverständnis erkannte. Wenn es uns gelingt, offen zu lassen, wer verstanden und wer missverstanden hat, dann haben wir eine Chance zu verstehen, wie das Missverständnis zustande gekommen ist. Wie Renate sagte, dann können wir vielleicht sehen, was unsere Annahmen bewirkten. Ich mache mal einen provisorischen Vorschlag. Ich nehme mich und Peter als Beispiel." Sie schaute Peter fragend an, er nickte. Sie sagte: "Sagen wir es so: Es war die Rede davon, dass man das Dialogbuch in einem kurzen Vortrag vorstellen könnte oder sollte. Ich mag keine Vorträge und habe deshalb gehört, dass es keinen Vortrag gibt. Peter mag Vorträge und hat deshalb gehört, dass so ein Vortrag stattfinden sollte. Und als er das Buch von Renate bekommen hat, nahm er das als Aufforderung wahr. Ich glaube, dass ich dann noch gesagt habe, dass ich keinen Vortrag hören will, aber Peter hat das nicht auf diesen Vortrag bezogen, sondern vielleicht auf weitere Vorträge, weil er diesen Vortrag ja für abgemacht hielt. Es spielt jetzt nicht so eine genaue Rolle, wie es wirklich war. Wichtiger ist meines Erachtens, dass es Menschen gibt, die Vorträge mögen und solche, die das nicht tun. Und in diesem Fall hat diese Unterscheidung ein Missverständnis gemacht, weil wir im Gespräch die verschiedenen Voraussetzungen nicht erkannten oder vielleicht genauer, nicht ernst genommen haben. Für mich ist das ein exemplarischer Fall." Sie legte den Stab zurück.

Der Dialog im Dialog 61

Peter sagte ohne den Stab zu holen: "Ja, so kann man das wohl sehen." Dann blieb es wieder länger ruhig.

Dann holte Peter den Stab und sagte, in der Mitte stehend: "So kann man das sehen, aber gewonnen haben wir damit nicht sehr viel. Vielleicht ist dieses Problem als Beispiel für den kreativen Umgang mit Problemen einfach zu einfach."

Lisa nahm den Stab wieder und sagte: "Also ich habe jetzt ziemlich viel gewonnen. Vielleicht ist es wirklich einfach und trivial, aber mir ist erst jetzt bewusst geworden, dass wir mit unseren Haltungen oder Grundannahmen zu Vorträgen ein Missverständnis produziert haben. Ich glaube, dass wir jetzt beispielsweise darüber sprechen könnten, was Dir an Vorträgen so gefällt und warum ich Vorträge meistens langweilig finde. Das heisst, wir könnten ein vernünftiges Gespräch über unsere Annahmen führen, statt uns einfach die Schuld an einem Missverständnis zuzuschieben. Darin erkenne ich eine wesentliche Funktion des Dialoges."

Elmar sagte deutlich zu Peter gewandt: "So steht das ja auch im Buch von Bohm, oder? Missverständnisse sind Chancen, Grundannahmen oder Glaubenssätze zu entdecken. Im Dialog geht es darum, mit Missverständnisse so umzugehen, dass der Dialog weitergehen kann. Vielleicht sollten wir uns wirklich Gedanken darüber machen, wie sinnvoll Vorträge im Unterschied zu Dialogen sind, zumal wir damit auch wieder bei den Fragen wären. Im Vortrag kommen normalerweise keine oder nur uneigentliche Fragen vor, die im Dialog verboten sind, und die echten Fragen, die im Dialog erlaubt sind, kommen im Vortrag gerade nicht vor. Wir sind also sozusagen mitten im Thema, das Du so gerne hättest."

Peter sagte: "Ja, wenn man die Fragen, die zum Vortrag führen und jene, die normalerweise nach einem Vortrag gestellt werden, nicht zum Vortrag zählt."

Elmar sagte: "Die meisten Fragen nach einem Vortrag sind ihrerseits Vorträge. Echte Fragen höre ich jedenfalls nach Vorträgen sehr selten."

Lisa, die den Stab noch hatte und ihn in die Höhe hielt, sagte: "Ich finde auch interessant, warum verschiedene Menschen bezüglich Vorträgen verschiedene Vorlieben haben. Das könnte beispielsweise mit der individuellen Geschichte zusammenhängen. Es könnte ja sein, dass ich Vorträge nicht mag, weil ich schlechte Erinnerungen habe. Und wenn ich von anderen Menschen dann gute Erinnerungen an Vorträge kennenlerne, könnte sich meine Abneigung verändern. Darin sähe ich den Sinn von Dialogen. Erzählt mir doch einmal von guten Vorträgen, ich meine von Vorträgen, die gut für Euch waren!" Dann legte sie den Stab demonstrativ langsam zurück, so dass der Redefluss stoppte.

Nach einer Weile sagte Renate: "Ich frage mich, ob ich im Dialog andere zu etwas auffordern darf. Das ist im Prinzip das Gleiche, wie ihnen eine Frage zu stellen. Wir stellen ja genau deshalb keine Fragen, weil wir die andern nicht zwingen wollen, Antwort zu geben. Man könnte vielleicht sagen, dass es bei der Frage-Regel gar nicht um Fragen geht, sondern darum, den andern nicht zu drängen und schon gar nicht zu zwingen, über etwas zu sprechen, was nur mich interessiert. Fragen wären dabei nur ein spezieller Fall. Mit Fragen zwinge ich den andern immer."

Lisa übernahm den Stab direkt von Renate und sagte: "Ja, es kommt wohl sehr stark auf die Formulierung an. Ich wollte Euch nicht auffordern, zu nichts. Ich wollte nur erzählen, mit welchen echten Fragen ich mich jetzt echt beschäftige. Ich frage mich, warum ich Vorträge nicht mag, während andere Menschen Vorträge interessant und spannend finden. Einen wichtigen Hinweis habe ich jetzt ja bereits bekommen. In Vorträgen haben die Fragen eine ganz andere Bedeutung als im Dialog. Aber das erklärt mir nur, warum ich Vorträge nicht mag, es erklärt mir nicht, warum andere Menschen Vorträge mögen, oder sogar Vorträge halten. Das ist meine Frage, aber das muss deshalb nicht Eure Frage sein."

Peter und Heinz waren beide schon in der Mitte, bevor Lisa den Stab zurücklegte. Lisa spickte mit dem Fingernagel an die Klangschale. Der Klang war leise, aber sehr gut hörbar. Peter und Heinz schauten sich an, dann setzten sich beide wieder auf ihre Stühle.

Nach einiger Zeit sagte Eva: "Mir leuchtet das alles im Prinzip schon ein, aber es ist so unglaublich kompliziert. Ist es denn wirklich so schlimm, wenn ich jemanden zu einer Antwort zwinge, indem ich beispielsweise jemanden ganz direkt frage, wie spät es ist. Ich glaube, wir schütten hier das Kind mit dem Bade aus, wenn wir alle Fragen verbieten. Ich meine es gibt doch ganz viele Situationen, wo ich von andern etwas will. Das ist doch nicht generell schlecht. Ich glaube, wir machen den Dialog unmöglich, wenn wir ihn so radikal durchsetzen wollen."

Elmar sagte: "Wir haben ja deutlich zwei verschiedene Gesprächstypen unterschieden, wir sprachen von einer technischen und von einer dialogischen Kommunikation. Ich glaube, dass sich im normalen Leben diese beiden Gesprächsarten vermischen. Die Unterscheidung ist eben analytisch oder theoretisch, fiktiv. Und wir wollen hier nicht nur unterscheiden, sondern trennen, also nur das eine tun. Ich habe Renate oder unseren Dialog so verstanden, dass wir hier bewusst nur die eine Seite der Unterscheidung üben wollen. Mir scheint, wir drehen uns im Kreis, weil ... Also, wir oszillieren zwischen Dialog und Diskussion. Wenn wir uns hier nur auf den Dialog beschränken wollen, dann dürfen wir unser Gespräch nicht immer wieder an Effizenzkriterien bemessen." Er legte den Stab zurück und fügte dann an: "Ach, ich weiss es eigentlich auch nicht. Ich glaube, das war gerade wieder ein Versuch, Euch zu einer gewissen Disziplin zu überreden."

* * *

Renate stand auf und blieb in der Mitte stehen. Sie schaute alle an und sagte dann: "Ja, für mich geht es hier ganz eindeutig um genau diese Sache. Ich sehe natürlich auch, dass unser Dialog kein Alltagsgespräch ist. Unser Dialog ist in einer bestimmten Hinsicht künstlich, weil wir bewusst ein gewähltes Setting verwenden. Und ich sehe auch, dass uns das Schwierigkeiten macht, aber dieser Dialog innerhalb eines Settings ist ganz genau das, was ich mit Euch zusammen üben möchte, so radikal wie möglich. Ich glaube, wir haben jetzt alle ein bisschen gesehen, wie das gehen könnte, und jeder von uns kann sich überlegen, ob er darin einen Gewinn für sich finden kann". Dann schlug sie wieder eine Checkoutrunde vor und fragte, ob wir davor eine Pause machen wollen. Da sie keine rechte Antwort bekam, setzte sie sich wieder und sagte: "Also dann fange ich einfach einmal an. Ich habe erneut ziemlich gespaltene Gefühle, es ist überhaupt nicht so gelaufen, wie ich es mir vorgestellt oder erhofft habe. Als Heinz sagte, dass wir darüber streiten würden, was ein Dialog sei, bin ich richtig erschrocken. Ich habe heute viel gelernt, ich glaube auch über den Dialog, obwohl das für mich alles andere als ein idealer Dialog war, nicht das jedenfalls, was ich mir darunter vorstelle. Jetzt bin ich etwas betrübt, weil ich nicht recht sehe, wie wir dorthin kommen könnten. Wir haben jetzt zwei Anläufe genommen und ich frage mich, ob Ihr noch motiviert seid, jetzt, wo wir diesen schönen Raum haben und eigentlich alles organisiert ist. Ich habe mir alles viel einfacher vorgestellt."

Peter sagte: "In der Checkoutrunde kann ich ja ganz normal sagen, was mir aufgefallen ist. Du, Renate, Du willst keinen Dialog, sondern ein Setting. Dir geht es um dieses Setting, nicht um den Dialog. Deshalb fragst Du auch, ob wir noch oder überhaupt motiviert sind, denn diese Frage kann sich nicht auf den Dialog beziehen. Die Frage ist für mich in der Tat, ob ich mich für dieses Setting motivieren kann. Und das ist ja eine ganz andere Frage, als ob ich mich für einen Dialog à la Bohm motivieren könnte. Mit Bohm hat dieses Setting ja auch herzlich wenig zu tun."

Renate antwortete: "Eigentlich meinte ich eine Checkoutrunde, aber jetzt ist es mir doch wichtig, nochmals genauer zu sagen, was ich gesagt habe. Peter gibt mir präzisen Anlass dazu. Ich meine in der Tat einen bestimmten Dialog. Ich meine nicht den Dialog nach Bohm, sondern einen Dialog, in welchem wir uns ein Setting geben. Ich habe nie einen Dialog mit David Bohm erlebt, ich weiss also nicht, was dort passiert wäre. Ich weiss aber, was ich hier will. Und für mich ist deshalb die allererste Frage, ob ich Menschen finde, die etwas Vergleichbares wollen. Ich schlage vor, dass wir dieses Auschecken auch dafür verwenden, zu sagen, wie - falls überhaupt - die Sache weitergehen sollte. Nicht wie es sein sollte, sondern was ich mir wünsche. Ich wünsche mir einen Dialog in einem bestimmten, von uns bestimmbaren Setting, nicht einfach ein interessantes Geschwätz." Dann war es ziemlich lang ruhig.

Schliesslich fing Lisa an: "Ich will sagen, dass ich es wieder sehr eigenartig und faszinierend gefunden habe, und dass ich Euch herzlich danken möchte, dass Ihr dafür gesorgt habt, dass es weitergeht. Ich glaube, ich habe jetzt das Grundprinzip verstanden. Vielleicht wäre es sinnvoll, wenn wir neuen Leuten am Anfang sagen würden, dass wir Regeln haben und wie die Regeln gemeint sind. Ich meine damit keinen Vortrag darüber, was ein Dialog ist, sondern wirklich nur unser Setting und allenfalls noch die Regel, nicht immer über diese Regeln zu sprechen, nur weil es uns schwerfällt, uns an diese Regeln zu halten. Und dann will ich noch sagen, dass ich heute Mut gebraucht habe, und dass ich ein wenig stolz darauf bin, dass ich diesen Mut gefunden habe, um auf die Klangschale zu schlagen. Es ist mir nicht leichtgefallen, mitten in einem interessanten Gespräch diese Bremse zu ziehen, auch weil ich voraussahnte, dass dann das Thema wechseln würde. Ich bin jetzt immer noch etwas hin- und hergerissen, weil ich das Fragethema gestoppt habe, aber ich habe ein wirklich gutes Gefühl zu mir selbst, weil ich glaube, dass ich echt dialogisch gehandelt habe."

Elmar sagte: "Wir müssen hier nicht raus, wir können ohne weiteres länger hier bleiben, nach uns kommt niemand, ich habe den Schlüssel."

Eva sagte: "Ich bin ziemlich ... nicht enttäuscht, sagen wir überrascht. Ich habe etwas völlig anderes erwartet. Und jetzt denke ich, dass es schliesslich im Dialog auch um etwas ganz anderes gehen wird, dass ich jetzt aber weniger in einem Dialog war, als in einer Sitzung darüber, wie wir später den Dialog führen wollen. Ich dachte, es sei klar, was ein Dialog ist, obwohl mir Lisa ja vom letzten Mal erzählt hatte. Jetzt dünkt mich, dass wir eine Art Verfahren erfinden, eine Methode. Ich habe gemeint, diese Methode wäre bereits erfunden, sicher teilweise von David Bohm. Vielleicht ist das ja auch so, nur wir wissen noch nicht, ob wir diese Methode, die wir ja auch nicht recht kennen, wollen. Aber ich habe es auch sehr spannend gefunden, aber überhaupt nicht dialogisch, vielmehr als Diskussion. Ich bin sehr gespannt, ob wir so jemals zu einem Dialog kommen werden."

Heinz sagte: "Mir ist es ganz genau auch so gegangen. Vielleicht hat das ja etwas damit zu tun, dass wir das erste Mal hier waren."

Daniel, der auch das erste Mal dabei war und die ganze Zeit nicht gesprochen hatte, sagte: "Ich bin auch neu hier, aber ich habe schon eine andere Dialogveranstaltung besucht. Dort war alles ganz anders, aber ein Dialog war es auch nicht. Ich bin eigentlich gekommen, um zu sehen, ob hier die Methode schon etwas besser verstanden wurde. Mir hat theoretisch vieles eingeleuchtet. Jetzt glaube ich, dass wir noch viel Arbeit vor uns haben, wenn wir aus dieser Theorie eine brauchbare Praxis machen wollen. Ich komme gerne wieder und werde auch gerne mitarbeiten, wenn ich etwas beitragen kann. Ich bin auch etwas enttäuscht, aber durchaus positiv. Ich habe jetzt gesehen, dass dieser Dialog vor allem ein Projekt ist. Ich will noch etwas sagen. Vielleicht wäre es gut, wenn wir die vorhandenen Bücher lesen und einbeziehen würden. Das könnten wir ohne Vorträge und Zitate machen. Diejenigen, die lesen, das müssen ja auch nicht alle sein, könnten einfach einfliessen lassen, was ihnen eingeleuchtet hat, ganz informell."

Ich dachte spontan: Warum hast Du denn Dein Wissen nicht eingebracht? Dann merkte ich, dass das eine nicht ausgesprochene, aber ziemlich aggressive Frage war. Dann dachte ich, dass er vielleicht die zum Dialog mit uns nötige Geduld mitgebracht hatte. Ich sagte: "Ich habe gerade jetzt noch eine Idee, die mir aber als Zusammenfassung meiner heutigen Einsichten erscheint. Es geht nochmals um das Fragen. Wenn ich Geduld habe, kann ich warten. Wenn ich keine Geduld habe, stelle ich Fragen."

Heiner sagte: "Also für mich war das heute wie eine Erleuchtung. Ich kann Euch leider nicht recht sagen, was mich so stark bewegt hat, Andeutungen habe ich ja schon versucht, aber ... Erleuchtung ist halt nicht ohne weiteres beschreibbar. Ich finde unglaublich, dass so etwas möglich ist."

Dann sprach eine Zeitlang niemand mehr bis Renate sagte: "Ja, diese Checkout-Runde passt irgendwie zu unserer Dialogrunde. Ich glaube auch, dass ich noch ziemlich viel Übung brauche. Ich danke Euch ganz herzlich und nochmals Dir, Elmar, für den Raum und Dir Rolf, für den Mailversand. Wir treffen uns in einem Monat wieder, wenn Ihr Lust habt. Und Ihr dürft gerne weitere Leute mitbringen, Platz haben wir ja hier mehr als genug." Dann gingen wir zusammen zu einem Bier in den Vorbahnhof, was Peter oder Elmar als Tradition in unserer Veranstaltung bezeichnete, obwohl es das zweite Mal war. Im Vorbahnhof wurde dann neben den Getränken allerhand Wissen über den Dialog aufgetischt, das sich im Internet finden lässt. Das ist nicht wenig. Was erzählt wurde, hatte aber für mich wenig mit unserem Dialog zu tun.

## 5 Die Veranstaltung

In der nächsten Dialogveranstaltung waren wieder drei neue Gesichter, zwei Männer und eine Frau. Renate eröffnete die Runde, indem sie den Sprechstab aus der Mitte holte. Sie sagte: "Ich freue mich, dass wir neue Teilnehmerinnen und Teilnehmer gefunden haben. Ich will deshalb etwas über unseren Dialog sagen. Wir meinen mit dem Ausdruck Dialog etwas ganz Bestimmtes, aber wir bestimmen selbst, was wir meinen, und ich glaube, es ist uns noch nicht so ganz gelungen. Aber einige Dinge sind mir schon klar: Es geht hier nicht um eine Gesprächsrunde zu einem interessanten Thema, sondern darum, wie wir dieses Gespräch führen. Wir haben einige Regeln, an die wir uns halten, oder halten wollen. Ich will nur zwei Beispiele nennen, die andern Regeln ergeben sich dann im Dialog. Die Idee ist, dass alle aufmerksam auf die Regeln achten und so erkennen, welche Regeln gelten. Meine Beispiele sind eben Beispiele, die für das Prinzip stehen. Wir sprechen immer in der Ich-Form, Ihr hört ja bei mir, dass dieses immer relativ ist. Ich müsste natürlich sagen, dass ich immer in der Ich-Form spreche. Zweitens, ich spreche immer in die Mitte des Kreises, also nie zu einzelnen Personen, die hier sind. Es gibt ganz viele Regeln, wir entwickeln sie zusammen. Mehr möchte ich jetzt über den Dialog nicht sagen, ich bin sicher, dass wir im Dialog noch mehr über den Dialog hören werden." Sie stand auf um den Stab zurückzulegen, dann sagte sie: "Oh, natürlich die erste Regel noch: Nur wer diesen Stab hat, darf sprechen." Dann legte sie ihn nieder.

Peter holte den Stab. Er sagte: "Also ich bin ja eigentlich gegen diese Regeln, aber da das Spiel nun einmal so läuft, finde ich, wir sollten wenigstens die Regeln, die wir schon kennen und abgemacht haben, am Anfang nennen. So verhindern wir vielleicht auch, dass jemand immer auf diese Schale schlägt, weil es dann doch weniger Missverständnisse gibt. Eine für mich entscheidende Regel lautet, dass ich niemandem Fragen stellen darf. Ich glaube, der ganze Dialog ist am meisten von dieser Regel bestimmt. Letztes Mal sagte jemand, dass Fragen der Motor jedes Gespräches seien. Ich glaube, das stimmt. Wenn ich selbst keine Fragen habe, und auch nicht von anderen etwas gefragt werde, muss ich eigentlich gar nicht sprechen. Letztes Mal haben wir deshalb diese

Regel auch ziemlich relativiert. Es gibt eben verschiedene Fragen und verschiedene Motive beim Fragen. Hier sind nicht alle Fragen verboten, sondern nur solche, die mit einem, sagen wir mal, schlechten Motiv gestellt werden. Ich würde es sehr begrüssen, wenn wir diese Diskussion nochmals aufnehmen könnten, weil wir letztes Mal ja gerade durch unsere Regeln gestoppt wurden. Aber ich merke, dass ich jetzt schon wieder gegen Regeln verstosse." Er schaute die Neuen an und sagte: "Ein wichtige Regel ist nämlich auch, dass wir kein Thema abmachen."

Lisa nahm den Stab, nachdem Peter ihn zögernd zurückgelegt hatte. Sie schaute auch vor allem zu den Neuen: "Man muss sich hier von gar keinen Regeln wirre machen lassen. Man kann alle Regeln vergessen, wenn man dafür eine dialogische Haltung annimmt. In einer dialogischen Haltung folge ich keinen Regeln, aber wenn jemand will, kann er natürlich so viele Regeln darin erkennen, wie er will. Für mich gibt es so etwas wie natürlichen Respekt, der sich als Anstand zeigt, ohne dass ich mir der Regeln bewusst bin. Wenn ich jemanden grüsse oder jemandem die Tür aufhalte, mache ich das nicht, weil es Regeln gibt. Ich habe mir für unseren Dialog vorgenommen, auf alle Regeln zu verzichten und stattdessen zu versuchen, Euch allen mit dem grösstmöglichen Respekt zu begegnen. Ich will das an einem Beispiel verdeutlichen, das Peter angezogen hat. Er sagte, dass wir im Dialog kein Thema haben. Auch Renate sagte letztes Mal, dass es im Dialog kein Thema gibt. Mit solchen Aussagen definiert man das Sprechen der andern, man erlaubt oder verbietet. Man schreibt ihnen vor, was sie im Dialog sagen oder denken dürfen. Ich habe beschlossen, dass ich nicht weiss, ob Dialoge ein Thema haben oder nicht, sondern dass ich nur darauf achte, ob ich selbst in ein Thema verstrickt bin und deshalb nicht hören kann, was andere sagen."

Renate holt den Stab und sagte ziemlich lange nichts. Dann sagte sie: "Lisa, ich finde so schön, dass Du an diesem Dialog teilnimmst, weil Du immer sagst, was ich gerne sagen würde, wenn ich die Worte finden würde. Dass man den Dialog ganz ohne Regeln sehen kann, finde ich eine wunderbare Idee. Seit wir angefangen haben, sprechen wir immer nur über Regeln, das kann nicht die Idee des Dialoges sein." Sie behielt den Stab. Sie spielt aber auf eine Art mit dem

Stab, dass ich sehen konnte, dass sie den Stab absichtlich behielt und nicht einfach vergessen hatte, ihn zurückzulegen. Nach ziemlich langer Zeit stand Peter auf und schlug die Klangschale an. Der Klang verflüchtigte sich, dann war es wieder still.

Ich holte den Stab, nachdem ihn Renate zurückgelegt hatte. "Ich habe mir seit letztem Mal ganz viele Gedanken über unsere Veranstaltung gemacht. Hier erscheint mir zunächst alles irgendwie verkehrt und wenn ich es dann bedenke, scheint es mir doch richtig zu sein, ich finde das Wort Antidiskussion von Elmar trifft diese Verkehrung recht gut. Ich helfe mir jetzt durch eine Unterscheidung zwischen einem Dialog und einer Dialogveranstaltung. Den Dialog sehe ich jetzt genau so wie Lisa, ohne Regeln und ohne Vorschriften. Ich unterscheide aber eben die Dialogveranstaltung. Die Dialog-Veranstaltung verstehe ich als Übung. Und die Übung zeigt sich darin, dass wir in der Veranstaltung Dialog-Regeln einhalten oder einhalten wollen, obwohl Dialoge keine Regeln haben, die jemand einhalten müsste. Das heisst für mich, dass wir hier einen Übungsdialog führen, der eben kein richtiger Dialog ist, weil wir üben. Aber natürlich üben wir, indem wir an einem richtigen Dialog teilhaben. Das ist paradox, ich meine paradox formuliert. Aber es ist ja auch paradox, dass wir uns bisher fast nur mit Regeln beschäftigt haben, obwohl der Dialog gar keine Regeln hat. Also für mich sieht es so aus. Wir halten uns hier an Regeln. Das sind aber die Regeln der Übungsveranstaltung, nicht Regeln des Dialoges, obwohl wir uns hier im Dialog an diese Regeln halten. Mir hilft diese Vorstellung, deshalb habe ich sie Euch vorgetragen."

Renate und Lisa wollten beide den Stab holen. Renate sagte lachend: "Ach nimm Du ihn. Du sagst es sowieso schöner als ich." Lisa sagte: "Ich brauche diese Unterscheidung nicht, aber ich finde sehr gut, wenn wir uns erzählen, mit welchen Konstruktionen wir unseren Dialog begreifen. Ich habe ja letztes Mal gesagt, dass ich im Dialog keine Vorträge hören will. Ich will das aber nicht mehr gesagt haben. Denn ich will natürlich auch diesbezüglich keine Vorschriften machen. Es ist zwar wahr, dass ich die meisten Vorträge, speziell die kognitiven intellektuellen, langweilig finde, aber das sehe ich jetzt als mein Problem. Ihr könnt also reden, wie Ihr wollt, äh, ich meine, ich muss Euch natürlich auch dazu keine Erlaubnis geben." Sie hielt den Sprechstab Renate hin und fügte an: "Ich glaube auch nicht, dass ich schöner reden kann als Du."

Renate übernahm: "Mir hilft die Unterscheidung von Rolf. Vielleicht wisst Ihr, dass ich Volleyball spiele. Mir ist schon länger bewusst geworden, wie viele Regeln dieses Spiel hat, und dass wir in all den Jahren, die ich mitspiele, noch nie über den Sinn von Regeln überhaupt und über den Sinn von bestimmten Regeln diskutiert haben. Diskussionen gibt es in und nach jedem Spiel darüber, ob und wo Regeln verletzt wurden, vor allem darüber, was der Schiedsrichter nicht oder falsch gesehen hatte, aber die Regeln selbst, die waren noch nie Thema gewesen. Ich finde diesen Unterschied zu unserer Veranstaltung sehr erstaunlich." Sie machte eine kleine Pause und fuhr weiter: "Aber jetzt ist mir noch ein anderer Zusammenhang bewusst geworden, nämlich der Unterschied zwischen einem Training und einem Spiel. Seit ich nicht mehr in der Liga spiele, spiele ich in einem Plauschklub, da trainieren wir nicht für einen Wettkampf, sondern nur für uns, weil es uns Spass macht. Meistens trainieren wir gar nicht, sondern spielen einfach Volley. Jetzt erkenne ich diese Differenz auch in unseren Dialogveranstaltungen. Wir sind hier in einem Dialogtraining, aber wir spielen den Dialog." Sie legte den Stab zurück und sagte dabei: "Ich meine nicht, dass wir nur spielen, ich wollte mehr sagen, dass das kein richtiges Training ist."

Heinz übernahm: "Also mir hat das jetzt sehr geholfen. Ich war wirklich hin- und hergerissen. Aber mittlerweile kann ich viel besser einordnen, worum es hier geht. Vielleicht wäre es gut, wenn man das jeweils am Anfang sagen würde. Ihr erinnert Euch sicher, dass ich letztes Mal gesagt habe, dass ich ganz andere Vorstellungen von einem Dialog mitgebracht habe. Denn ich habe einen Kurs besucht, in welchem ich den Sokratischen Dialog kennengelernt habe. Da geht es fast nur um Fragen und die werden immer an eine ganz konkrete Person gerichtet, nämlich an jene, der man etwas beibringen oder die man von etwas überzeugen will. Das ist ein Kernelement der Rhetorik. Dialog habe ich als Gespräch zwischen zwei Personen verstanden, wobei es wie bei Sokrates um eine höhere Einsicht oder um die Wahrheit geht. Jetzt sehe ich schon, dass es hier um etwas ganz anderes geht, aber immer noch nicht recht, warum wir hier auch keine simplen Verständnisfragen stellen dürfen, abgesehen davon, dass wir jetzt laut Lisa ja wieder alles dürfen, was uns mit einer dialogischen Haltung vereinbar zu sein scheint. Mir schiene es sinnvoller, anstelle der Regeln Differenzen hervorzuheben. Solche Differenzen wie Dialog und Dialogveranstaltung oder eben wie dieser Dialog im Unterschied zum sokratischen Dialog. Unser Regelspiel scheint mir nämlich auch eher für den Kindergarten geeignet zu sein, während das Finden von Differenzen viel mehr hergibt, allerdings auch mehr verlangt." Er stand auf, um den Stab zurückzulegen, aber er setzte sich nochmals mit dem Stab und sagte: "Ich habe über den Sinn von Missverständnissen nachgedacht. Ich finde, es braucht keine Missverständnisse. Ich kann auch über Differenzen nachdenken, bevor sie sich als Missverständnisse zeigen. Im Dialog kann ich ja leicht erkennen, dass andere Menschen anderes beobachten als ich. Wir können darüber sprechen, ohne uns misszuverstehen. Und ich merke auch, wenn jemand mich bedrängt oder wildes Zeugs behauptet, wenn wir keine Regeln haben, die das nicht erlauben."

Peter rief: "Du sprichst mir aus dem Herzen!"

Dann holte Heiner den Stab: "Ich will noch etwas zum Training von Renate sagen. Ich habe mich in der Zwischenzeit etwas klug gemacht, indem ich ein paar Bücher angeschaut habe. Im Buch von Bohm steht ja wirklich nichts von dieser Art Veranstaltung mit Regeln. Aber sonst findet man beliebig viele Bücher und Aufsätze, die solche Regelspiele vorschlagen. Teilweise werden auch eigentliche Trainings beschrieben, in welchen man beispielsweise sogar paarweise bestimmte Übungen machen muss. Die Unterscheidung zwischen Dialog und Übungsveranstaltung wird in der Literatur sehr weit getrieben. Es ist ja klar, dass man diesen Dialog nicht verkaufen kann, während effiziente Kommunikationstrainings auf dem Markt seit langem ein Renner sind. Mir hilft es, um diese schöne Formulierung zu verwenden, mir hilft es, unseren Dialog gerade von solchen Kommunikationstrainings zu unterscheiden. Ich komme nicht hierher, um ein besserer Verkäufer oder Politiker zu werden."

Ich übernahm den Stab von Heiner und ein Thema von Heinz: "Ich würde gerade nicht sagen, dass wir hier wieder alles dürfen, sondern nur, dass Lisa uns keine Gebote für einen Dialog vorschreiben will. Aber ich komme hierher, um zu üben und finde deshalb, dass wir uns an Regeln halten sollten, ich meine, dass ich sehr froh wäre darüber. Vielleicht sollten wir uns den Sinn unserer Regeln bewusster machen, dann wären die Regeln nicht mehr so abstrakt und wir wüssten besser, was wir hier eigentlich üben. Ich will hier auch nicht als Verkäufer üben. Schon letztes Mal war kurz von den Dialogen von Sokrates die Rede. Ich habe auch einige Sokratesfragekurse hinter mir und die haben mir damals auch eingeleuchtet. Aber eben genau in dem Sinne, dass Fragen rhetorisch das beste Mittel sind, wenn man jemanden von etwas überzeugen will. Fragen können ja auch andere Funktionen haben, aber bei Sokrates geht es ausgesprochen darum, jemandem die Wahrheit beizubringen. Dazu muss man aber die Wahrheit schon haben. Also, wer die Wahrheit schon kennt, der sollte den anderen Fragen stellen, damit sie die Wahrheit auch kennenlernen. So hat es Sokrates uns vorgemacht. Im Dialog dagegen, ich meine, in unserem Dialog, so wie ich ihn bisher begreife, geht es darum, dass wir keine Wahrheit kennen und uns deshalb gerade nichts beibringen können. Es geht darum, dass wir zusammen erforschen, was für uns zu sagen möglich ist. Wir orientieren uns dabei an keinerlei Wahrheit, weil wir sie eben im Unterschied zu Sokrates nicht kennen, wir erforschen nur, was für uns angesichts der andern, angesichts eines Du, alles möglich ist."

Lisa sagte ohne den Stab: "Das sehe ich auch so. Es ist der Unterschied zwischen einer Lehr- und einer Lernveranstaltung, wenn ich auch eine Differenz erzeugen soll. Ist es nicht unglaublich, dass es das Wort Lernveranstaltung gar nicht gibt, ich meine im Wörterbuch. Diese Leute können sich nur Lehrveranstaltungen vorstellen. Ich verstehe den Dialog aber als Lernveranstaltung. Wenn Sokrates hier auftauchen würde, oder eine anderer, der uns belehren will, würde ich sofort gehen."

Peter war nicht schnell genug als ich den Stab zurücklegte, Elmar hatte den Stab zuerst. Er wollte ihn Peter geben, aber der sagte, dass er schon warten könne. Elmar sagte: "Ich will auch etwas zu Sokrates und seinen Dialogen sagen. Ihr, oder die meisten von Euch, kennt ja meine Auffassung, wonach man unseren Dialog als Antidiskussion auffassen kann, sozusagen als das Gegenteil von Diskussionen. Dafür habe ich jetzt noch ein zusätzliches Bild gefunden. Ich habe nämlich noch etwas nachgelesen und gefunden, dass der Dialog, so wie wir ihn hier verstehen, weitgehend auf Martin Buber zurückgeht. Martin Buber ist ein, wie soll ich sagen, ein radikaler Jude, der auch in der Zionismusbewegung sehr aktiv war. Er war Religionsphilosoph und hatte den Dialog vor diesem Hintergrund entwickelt. Ich unterscheide damit um auch eine Differenz zu machen - etwas oberflächlich - zwei verschiedene Kulturen, die ich gewissermassen durch Wissenschaft und Religion charakterisieren will. Sokrates führt wissenschaftliche Dialoge, Buber führt religiöse Dialoge." Es wurde etwas unruhig im Kreis. Elmar hielt den Stab hoch und sagte: "Wartet bitte noch einen Augenblick, ich will ja nicht missionieren. Ich will nur erzählen, dass man so zwei sehr verschiedene Dialogkulturen erkennen kann, was wir ja letztes Mal schon angesprochen haben. Der sokratische Dialog ist einfach eine ganz andere Sache, darum geht es mir. Es geht mir darum, anhand eines kulturellen Unterschiedes deutlicher zu machen, wie ich den Dialog verstehe. Die Griechen hatten zwar Götter, aber mit Hinblick auf Sokrates waren sie rational. Die Juden und mit ihnen die Christen dagegen haben einen Glauben, den sie in bestimmter Hinsicht über die Vernunft stellen. Daraus ergeben sich zwei verschiedene Denkstile und verschiedene Gesprächstypen, zwischen welchen wir hin- und her oszillieren. Historisch beschreiben wir uns ja auch so. Die Römer, die ich jetzt einfach zu den Griechen zähle, haben die Juden zunächst unterworfen und wurden dann von nun mehr christlichen Juden ihrerseits unterwandert, wenn man Jesus und sein Gefolge so zuordnen will. Die griechisch-sokratische Denkweise, die bei uns seit der sogenannten Renaissance wieder an der Macht ist, ist unterwandert geblieben, wir leben in diesem multikulti Kulturgemisch aus Religion und Wissenschaft, was gemeinhin durch Ethik bezeichnet wird. Und das bricht hier auf, in den zwei verschiedenen und eigentlich unverträglichen Auffassungen von Dialog. Das ist natürlich alles offensichtlich verkürzt, weil ich ja keinen langen Vortrag halten will. Ich hoffe, Ihr könnt das Bild trotzdem erkennen."

Peter war wieder aufgestanden und hatte sich wieder gesetzt, als er sah, dass Renate den Stab auch holen wollte. Renate sagte: "Ihr wisst ja, dass mir die

Regeln sehr am Herzen liegen. Aber die Regel, wonach wir keine Vorträge halten, sollte natürlich nicht dazu führen, dass jemand eine interessante Sache in nur zwei Sätzen erzählt, weil er meint, dass mehr als zwei Sätze ein Vortrag seien. Ich schlage vor, dass wir ohne weiteres viel länger sprechen und ich will nochmals auf unsere Klangschale verweisen, mit welcher wir ja jederzeit nach Unterbrüchen rufen können, wenn ein Vortrag langweilig wird. Ich würde jedenfalls gerne etwas mehr über diese Herkunft des Dialoges und über das Verhältnis der Kulturen erfahren." Als sie den Stab zurücklegte, fügte sie an: "Es muss ja nicht nur einer sprechen, vielleicht wissen auch andere noch mehr davon".

Peter rief laut: "Aha!" Das hatte ungefähr die gleiche Wirkung, wie wenn er die Klangschale angeschlagen hätte. Es blieb eine ganze Weile still. Dann holte Peter den Stab. Er sagte: "Ich bin wieder etwas überrascht, dass nun Vorträge doch gehen, und dass man offenbar auch ein Thema wünschen kann. Aber langsam gewöhne ich mich an solche Überraschungen. Vielleicht kommt es eben auf die Art des Vortrages oder des Themas an." Ich glaube, er sah dann die Gesichter im Kreis und reagierte: "Also ich will ja nicht immer nur kritisieren, aber Ihr macht es mir nicht leicht. Ich bin ja immer für Vorträge gewesen, und ich würde gerne auch etwas über die Geschichte des Dialoges in verschiedenen Kulturen erfahren. Im Buch von Bohm steht darüber jedenfalls nichts. Ich kann mich auch nicht daran erinnern, dass er den Dialog auf einen Buber, den ich nicht kenne, zurückführen würde. Und dass ausgerechnet die Zionisten diesen Dialog erfunden haben sollen, finde ich auch äusserst, äh seltsam. Ich muss immerhin zugeben, dass sich hier alle meine Vorstellungen laufend verdrehen und verkehren. Vielleicht finde ich es gleich auch noch völlig logisch, wie die zionistischen Israeli den Dialog mit den Palästinensern führen. Ich finde das wirklich alles sehr interessant." Er wollte den Stab offensichtlich Elmar in die Hand geben, aber Elmar zog seine Hände hinter seinen Rücken.

Avital holte den Stab. Sie war nicht zum ersten Mal im Dialog, aber ich konnte mich nicht erinnern, dass sie jemals etwas gesagt hätte. Ich finde überhaupt sehr eigen, ich glaube dem Dialog eigen, dass man am Dialog offenbar sehr gut teilnehmen kann, ohne etwas zu sagen. Das wäre aber andererseits auch zwangsläufig nötig, wenn mehr als fünfzig Personen teilnehmen würden. Avital sagte: "Ich bin jüdisch erzogen. Ich habe zu Hause viel über den Zionismus gehört und auch etliches dazu gelesen. Und ich kenne auch die Schrift von Martin Buber. Vielleicht ist es typisch, dass er mit dem Zionismus in Verbindung gebracht wird. Ich erkenne darin einen Hang zum Schubladisieren. Ich spüre hier in diesem Kreis keine Ablehnung des Judentums. Vielleicht fällt mir deshalb umso mehr auf, welche Schubladen geöffnet werden und welche nicht. Ich kann jetzt nicht aus dem Stegreif über diese Verhältnisse vortragen und für ein eigentliches, vorbereitetes Vortragen ist hier ja auch nicht der Ort, aber ich kann schon einige Aspekte in unseren Dialog einfliessen lassen, wenn es passt oder mir nötig scheint. Im Augenblick wollte ich nur auf Schubladen hinweisen, die man vielleicht geschlossen lassen könnte."

Renate sagte: "Ich will zwei Dinge sagen, die ich in einem Vortrag über den Dialog sagen würde, die hier aber einfach sehr gut passen. Natürlich handelt es sich um Regeln. Also die eine Regel lautet ..."

Peter rief: "Die Regel lautet, dass Du den Stab nicht hast."

Renate erschrak. Sie schaute nach dem Stab und liess ihn sich von Avital geben: "Ich bitte um Entschuldigung. Ich weiss nicht, was los ist mit mir. Ich habe einfach ein Gefühl von unerledigten Aufgaben, vielleicht, weil ich ja es war, die Euch zum Dialog eingeladen hat. Ich habe schon mehrfach erwähnt, dass es noch viele Regeln gibt, die wir beachten könnten, aber ich habe nie weitere Regeln genannt. Und jetzt ist mir das wohl als Unterlassungssünde bewusst geworden, weil das Gespräch gerade in eine bestimmte Richtung ging." Sie schaute in den Kreis, wie wenn sie Erlaubnis zum Sprechen suchen würde, obwohl sie nun den Sprechstab ja hatte. Dann sagte sie: "Ich will Euch weitere Regeln sagen, obwohl ich nicht mehr darauf insistieren will. Ich habe jetzt den Übungscharakter der Regeln erkannt. Die erste Regel lautet, dass wir nicht über Menschen sprechen. Wir sagen also nicht, was dieser oder jener ist oder war. Wir müssen nämlich nicht wissen, ob Herr Buber ein Jude oder ein Zionist oder beides war."

Peter rief: "Das Spiel wird immer verrückter." Und Elmar sagte leise: "Es wird eine immer konsequentere Antidiskussion".

Renate reagierte nicht darauf, sondern fuhr weiter: "Die andere Regel ist vielleicht gar keine Regel. Es geht darum, dass wir im Dialog, wie Avital sagte, unsere Schubladen erkennen. Und natürlich können wir dabei einander helfen, weil man die Schubladen der andern leichter erkennen kann, als die eigenen. Mir geht es jedenfalls so. In diesem Sinne war der Beitrag von Avital eine Art Moderation, die alle hier immer leisten sollten. Wir sollten uns sofort sagen, wenn wir Stereotypen oder Klischees erkennen." Sie setzte sich und sagte: "Ach, ich weiss jetzt gar nicht mehr, warum ich das unbedingt sagen musste, ich weiss nicht einmal genau, was ich damit sagen will. Ich entschuldige mich nochmals." Sie legte den Stab zurück und setzte sich. Es blieb ziemlich lange still.

Elmar sagte, während er den Stab holte: "Das Spiel ist sehr anspruchsvoll, ich weiss bald nicht mehr, was ich noch sagen darf und was ich trotzdem sagen soll". Als er sich wieder gesetzt hatte, sagte er: "Ich sage nochmals, was ich schon gesagt habe, dann wird es mir vielleicht auch etwas bewusster und vielleicht kann ich es dann klarer sagen. Ich meine, es gibt zwei verschiedene Gesprächskulturen oder es gibt viel mehr, aber ich unterscheide zwei. Eine der beiden Kulturen habe ich als wissenschaftliche bezeichnet und zu veranschaulichen versucht, indem ich von den Griechen und Römern gesprochen habe, aber im Grunde geht es um die Aufklärungszeit, in welcher das dunkle Mittelalter überwunden wurde. Ich will auch nichts darüber erzählen, wie es wirklich oder historisch war, das dient mir nur als Bild. Die Wissenschaftler haben keinen Gott, sie streiten mit Argumenten. Das bezeichne ich als Diskussion. Es geht darum, wer Recht hat, na Ihr wisst ja. Die andere Seite nannte ich Religion, die wir - oder ich - immer noch etwas mit dem dunklen Mittelalter verbinden. Aber hier geht es jetzt mehr darum, dass in der Religion anders gesprochen wird. Und Martin Buber hat das eben zugespitzt." Er schaute Renate an und fragte: "Oder spreche ich so über einen Menschen, was ich nicht tun sollte?"

Avital und Lisa sagten gleichzeitig: "Sprich doch einfach. Sag, was Du sagen willst." Und Renate nickte zustimmend.

Elmar sagte: "Ich will Martin Buber nicht Unrecht tun, ich sage einfach, was ich verstanden habe. Er sagt, also ich meine, ich habe verstanden, dass es nur eine Religion gibt, in welcher Gott mit Du angesprochen wird, und das ist eben die jüdisch-christliche Tradition, wobei wohl auch der Islam dazugehört, weil er auch auf dem Judentum aufbaut. Bei allen Differenzen ist das Entscheidende das Du. Also wenn ich es recht verstanden habe, würde das Wort Religion nur zutreffen, wenn ein Gott angesprochen werden kann. In anderen Religionen, die dann eben gar keine sind, kann man nur über die Götter sprechen, aber nicht zu ihnen. Nehmt das alles als grobe Idee, die nur dazu dienen soll, ein ganz bestimmtes Gespräch, eine bestimmte Art des Gespräches einzuführen, nämlich das Gebet. Das Gebet ist ein Dialog mit Gott. Im Beten spricht man ..., also ich bete nicht, deshalb kann ich nicht in der Ich-Form sprechen. Ich weiss gar nicht, wie das zum Dialog passt, aber jetzt merke ich auch immer deutlicher, dass das, was ich hier erzähle, ein Vortrag ist, in welchem ich über etwas spreche, was ich angelesen habe. Es ist ein Vor- oder Weitertragen, von etwas, wofür ich keine eigenen Worte finden kann." Er hörte auf zu sprechen und legte den Stab zögernd in die Mitte.

Peter sagte ohne den Stab zu nehmen: "Einmal mehr zeigt sich, wie diese Regeln jedes Gespräch unterbinden. Ich verstehe überhaupt nicht, weshalb das ein Vortrag sein soll und weshalb in diesem Fall, das im Dialog verboten sein soll. Das ist doch alles schlicht absurd."

Eine Zeitlang war es ruhig. Dann nahm Elmar den Stab wieder auf und sagte: "Ja, auf eine Art absurd. Aber absurd ist eine Relation. Absurd heisst einfach, dass wir es nicht gewohnt sind. Wir sind Vorträge und Diskussionen gewohnt, ich meine ich. Und ich bin nicht gewohnt zu beten, genau das meine ich ja mit Antidiskussion. Das eine ist absurd vor dem Hintergrund des andern. Irgendwie ist es doch komisch, wenn ich Euch etwas über das Beten erzähle, obwohl ich nicht bete. Das ist doch dann reines Bücherwissen, das nichts mit mir zu tun hat. Ich merke immer mehr, dass das mit den Regeln gar nichts zu tun hat, ich bin den Dialog nicht gewohnt. Der Dialog ist für mich fremd wie das Gebet."

Elmar war eher leiser als laut geworden, aber er sprach sehr bestimmt. Dann war es wieder ruhig. Nach einer Weile sagte ich ohne Stab: "Vielleicht sollten wir einfach nicht so hartnäckig sein. Wir stossen ununterbrochen an unsere Grenzen im Dialog. Wir, äh, ich lebe eben in einer Diskussionskultur und die kann ich nicht einfach weglegen. Wir sollten - davon abgesehen, dass ich nicht bestimmen kann, was wir sollten - wir sollten uns überlegen, wie wir mit diesem Problem umgehen. Ich glaube, wir sollten uns einige Sachen nochmals grundsätzlich überlegen. Wir würden so einen neuen Dialog erfinden, oder eher, eine neue Dialogveranstaltung". Elmar hatte den Stab wieder hin gelegt und ich hatte ihn aufgenommen und hielt ihn jetzt hoch. "Wir haben ja schon mehrfach erwogen, am Anfang eine Einführung zu machen. Ich habe dabei immer an eine Einführung für die Neuen gedacht, aber wir sind ja alle ganz neu hier. Wir könnten eine Einführung für uns selbst machen, indem wir uns selbst erklären, was wir hier tun. Und das, was wir dann beschreiben, das ist eben unser Dialog."

Daniela holte den Stab ohne Eile. Sie sagte: "Ich bete. Ich habe aber bisher keine Beziehung zwischen unserem Dialog und dem Beten gesehen. Ich finde jetzt sehr schade, dass ich Dich nicht einfach fragen kann, wie Du diese Beziehung siehst, oder eben dieser Buber. Das interessiert mich wirklich."

Ich sagte: "Ich bitte um Entschuldigung, aber ich muss das jetzt sagen, obwohl es vermutlich nur für mich wichtig ist. Ich muss diese Situation kommentieren. Elmar hat angefangen von etwas zu sprechen, was ihm vermutlich sehr wichtig ist. Dann hat er aufgehört, weil er nicht die richtigen Worte oder das richtige Verständnis finden konnte. Aber mir schien deutlich, dass er im Prinzip gerne über das Beten weitergesprochen hätte. Er hat aber aufgehört. Nun meine Frage: Was bedeutet es, wenn ich oder Daniela in dieser Situation durch einen Wunsch oder eine Frage Elmar veranlassen doch weiterzusprechen? Als Erstes erkenne ich darin eben eine Geduldfrage. Wir könnten annehmen, dass Elmar dieses Thema ohnehin und ganz sicher wieder aufgreifen würde. Mit etwas Geduld würden wir einfach warten, obwohl es uns sehr interessiert. Geduld ist ja immer die Kehrseite von Interesse. Es wäre also die Ungeduld, die mit der Frage drängt. Hier könnte man aber auch eine Unterstützung erkennen. Fragen geben dem anderen ja auch eine Chance, eine Einladung. Wenn wir merken, dass Elmar eigentlich gerne weitersprechen würde, aber sich aus welchem Grund auch immer nicht traut, dann kann man die Frage als Ermunterung oder Unterstützung sehen. Es geht gewissermassen um die Differenz im Interesse. Ich bin interessiert daran, dass er sein Interesse realisiert, weil mich das interessiert. Ich glaube, dass das die mustergültige Situation ist. Hier ergänzen sich in meiner Sicht zwei Interessen und genau hier verlangt der Dialog Geduld von mir. Ich darf die Frage nicht stellen, sondern muss Elmar vertrauen, darauf vertrauen, dass er die Geschichte von sich aus erzählen wird. Sorry, ich musste das jetzt für mich explizit machen. Und ich sehe deutlich, dass ich den Sprechstab nicht habe und vor allem, dass ich mich auch nicht in Geduld geübt habe."

Elmar nahm den Stab und sagte: "Also gut. Ich sage es in meinem Interesse und weil es Euch, also zwei von Euch interessiert. Ich habe das mit dem Gebet so verstanden. Das Gebet ist ein Gespräch mit Gott. Und Gott kann man in diesem Sinne auch nicht fragen. Das heisst, man fragt nicht, weil er keine Antwort gibt, oder? Mein Problem war oder ist ja, dass ich nicht weiss, was die Leute beten. Ich kenne das Konservengebet 'Unser Vater'. Das ist voller Bitten, aber nicht Bitten um Antwort, da sind keine Fragen."

Daniela sagte: "Ich bete das Vater unser, aber nicht als Konserve, sondern sehr bewusst. Ich habe zwei ganze Bücher über dieses Gebet gelesen, die ich Dir gerne ausleihen kann. Gott antwortet schon, aber es ist wahr, er antwortet nicht wie ein Mensch. Ich stelle ja auch Fragen, die ich nicht an Menschen richten würde."

Elmar sagte: "Ich habe Buber so verstanden, dass das, was ich im Gebet zu Gott sage, ich guten Gewissens auch zu Menschen sagen kann. Nein, das stimmt so nicht, umgekehrt. Ich glaube, alles, was ich im Gebet nicht sagen kann, sollte ich auch nicht zu Menschen sagen."

Daniela sagte: "Ich glaube, das kann er auch nicht gemeint haben. Ich frage im Gebet nie, wie spät es ist, aber sollte ich das deshalb auch keinen Menschen fragen ..."

Renate schlug auf die Klangschale. Als der Ton verklungen war, sagte sie: "Das sind sehr spannende Fragen. Ich verstehe auch, dass diese Fragen einen mitreissen können, aber wir sind hier im Dialog, nicht in einem Zweiergespräch. Sie holte den Stab ohne Eile und sagte dann: "Mir liegt jetzt noch mehr daran, dass wir uns an Regeln halten und uns nicht in interessanten Gesprächen verlieren. Ich finde die Idee, dass wir unseren eigenen Dialog erfinden schön. Natürlich können wir auch eine Dialogveranstaltung ohne Regeln erfinden. Es kommt ja nur auf uns an. Aber im Moment haben wir noch Regeln."

Peter rief: "Wenn wir normale Regeln hätten, müssten wir sie nicht durchsetzen, weil sich dann alle freiwillig daran halten würden. Daran, dass es uns so schwer fällt, kann man doch erkennen, dass die Regeln doof sind. Man kann eben nicht einfach Regeln begründen, indem man alles, was normalerweise geschieht, verbietet."

Heinz rief: "Was willst Du denn sonst verbieten? Man kann doch nur verbieten, was ohne Verbot gerade gemacht würde."

Renate liess ihre Schultern fallen. Dann raffte sie sich sichtbar auf und sagte: "Ich finde, wir sind jetzt an einem Punkt angelangt, wo wir uns wirklich entscheiden müssen."

Lisa nahm Renate den Stab aus der Hand und sagte: "Ich habe mich schon lange entschieden. Ich will an einem Dialog teilnehmen, aber mich interessieren weder Regelsysteme noch Vorträge darüber, wie ein Dialog vonstatten gehen sollte. Ich habe in den bisherigen Gesprächen sehr viel gelernt. Ich will Euch sagen, was ich vor allem gelernt habe. Ich habe gelernt, dass ich in unseren Dialoggesprächen, die mich meistens frustrierten, weil sie nicht so laufen, wie ich mir das vorstelle, sehr viel über mich gelernt habe. Daraus entnehme ich jetzt im Nachhinein, dass diese Gespräche das Gegenteil von frustrierend waren, obwohl sie mich frustrierten. Die Gespräche unterhalten mich. Sie sind nicht Unterhaltung wie seichte Fernsehprogramme, sondern Lebensunterhalt. Wie Elmar sagte, hier scheint alles verkehrt. Aber wenn ich darüber nachdenke, ist mein Alltag verkehrt und hier ist es eben genau umgekehrt. Jetzt frage ich mich, was mich frustriert hat. Ich meinte zuerst, dass mich Euer Herumdiskutieren um irgendwelche Regeln frustriert habe, aber wirklich frustriert hat mich, dass ich nicht verstanden habe, worum es Euch gehen könnte. Ich war frustriert über mich. Jetzt hat Renate oder Rolf die Sache schon wieder auf den Punkt gebracht. Wir suchen alle und zusammen den Dialog, und wir haben offensichtlich gut versteckte Vorstellungen vom Dialog, die den Dialog zwischen uns unmöglich machen, weil wir von diesen Vorstellungen nicht ablassen können oder wollen. Das Frustrierende ist für mich, dass ich eben solchen Vorstellungen aufsitze und deshalb nicht richtig wahrnehmen kann, was in unserem Dialog geschieht." Sie beugte sich vor und fuhr weiter: "Aber zum Glück stimmt das auch nicht. Denn wenn ich nur frustriert wäre, wäre ich schon lange gegangen oder gar nicht mehr gekommen. Ich merke oder noch viel mehr, ich ahne, dass ich meine Vorstellungen aufweichen und ändern kann. Ich meinte und meine immer noch, dass wir weder Regeln noch Vorträge brauchen, aber es ist mir gelungen und es gelingt mir immer besser, diese Vorstellung in der Schwebe zu halten. Ich dachte zuerst, dass ich Euch nicht verbieten könne, Vorträge zu halten und Regeln abzumachen. Das ist wahr, aber nicht entscheidend. Entscheidend ist für mich, ob es mir gelingt, auch dann zuzuhören, wenn Ihr Vorträge über Regeln haltet. Dann geht es für mich vorerst nicht darum, ob ich mit Euren Regeln einverstanden bin oder nicht, sondern darum, dass ich die Vorstellung, wonach Regeln notwendig sind, in der Schwebe halten kann."

Renate hob ihren Zeigefinger und Lisa sagte: "Ja, bitte". Renate sagte: "Ihr seht ja, dass ich meine Regeln auch nicht so wichtig finden kann, dass ich sie einhalten würde. Ich bitte um Entschuldigung, dass ich mich hier so vordränge, aber, Lisa, ich muss einfach nochmals sagen, wie sehr mir gefällt, was Du sagst. Ganz genau darum geht es auch mir in diesem Dialog, Du sprichst mir wieder aus dem Herzen. Du zeigst uns immer wieder, dass man das im Dialog sagen kann, wenn man das richtige Gefühl dafür hat. Und Du hast überdies genau gesagt, was David Bohm in seinem Buch auch geschrieben hat. Es geht darum, dass wir unsere Vorstellungen in der Schwebe halten, vor allem die Vorstellung, dass etwas ganz Bestimmtes notwendig sei. Was uns notwendig erscheint, wendet nicht immer die Not ab, sondern verursacht sie oft viel mehr, weil wir uns auf etwas versteifen."

Lisa sagte: "Ja, so habe ich das hier in unseren Gesprächen verstanden. Ich bin beispielsweise ganz sicher, dass wir keine Regeln brauchen. Entscheidend ist aber, ob ich - mit Geduld - warten kann, wohin uns unser Dialog über Regeln führen wird. Wenn ich weiss, dass wir keine Regeln brauchen, macht mich die Diskussion über Regeln nervös, weil ich sie dann unwichtig finde. Wenn es mir aber gelingt, mein Wissen in der Schwebe zu halten, kann ich zuhören, was alles über Regeln gesagt werden kann. Da ist viel Potential für Neues. Und im Nachhinein merke ich eben, dass ich viel gelernt habe, obwohl ich oft ziemlich nervös wurde." Sie lachte und fügte an: "Um das nochmals zu sagen, gelernt habe ich, dass ich es etwas aushalten muss, wenn ich merke, dass die andern, also Ihr mit andern Vorstellungen in den Dialog kommt als ich." Dann legte sie den Stab in die Mitte und sagte: "Diesen Stab würde ich auch nicht mehr brauchen, aber jetzt habe ich ihn lieb gewonnen, weil er als Relikt irgendwie zu meiner Dialoggeschichte gehört".

Peter holte das Relikt: "Ich muss jetzt zugeben, dass ich das alles im Buch von Bohm schon gelesen habe, aber ich glaube, ich habe es erst jetzt verstanden. Dabei sein ist schon etwas anders als darüber lesen. Das in der Schwebe Halten hat jetzt für mich eine viel praktischere Bedeutung, und auch das mit den vermeintlichen Notwendigkeiten, die uns plagen. Also ich habe jetzt auch eine Menge gelernt."

Heinz sagte: "Ich auch. Ich fragte mich schon ziemlich lange, ob wir je einen grünen Ast erreichen werden, jetzt sehe ich nur noch grün um mich. Jetzt bin ich total gespannt, ob wir uns endlich mehr den Inhalten zuwenden können. Aber sowieso", sagte er zu Lisa gerichtet, "will ich dir danken für die Einsicht, die Du mir ermöglicht hast."

Lisa holte den Stab und sagte: "Ich denke schon eine Weile über eine neue Regel nach. Die Sache ist noch unscharf, aber vielleicht hilft der Dialog dazu. Es geht um eine Art Selbstbeschreibung. Ich nehme gerade das Beispiel, das jetzt genannt wurde. Jemand sagt, dass er viel gelernt hat, aber er sagt nicht, was er gelernt hat. Interessant wäre für mich nicht dass, sondern was. Die Regel könnte vielleicht heissen: 'Sprich nicht über Dich', aber das ist eben noch nicht recht formuliert. Vielleicht 'beschreibe nicht dich'?. Ich weiss nicht."

Peter sagte: "Ich dachte, dass Du uns nichts mehr verbieten wollest."

Lisa sagte: "Ja, ich will niemandem etwas verbieten. Ich will mir nur bewusst machen, was bei mir ankommt, wenn jemand sagt, dass er viel gelernt habe. Ich habe eben bemerkt, dass ich dann gerne hören würde was. Bitte versteht das nicht als Aufforderung, es ist mehr eine Regel für mich." Sie lachte.

Nach einer längeren Pause sagte Heiner: "Ich will auch noch etwas sagen, um mir meine Vorstellungen bewusst zu machen. Ich habe das nicht jetzt gelernt, aber jetzt merke ich, wie der Dialog mit dem Konstruktivismus zusammenpasst. Wenn ich mit Euch spreche, weiss ich nie, ob Ihr mich verstanden habt, ich höre nur, dass Ihr widersprecht, falls Ihr widersprecht. Wenn jemand von Euch sagen würde, dass dieses oder jenes nicht stimme, wäre ich quasi gegen einen Baum gelaufen. Ich hätte etwas gesagt, was hier bei Euch nicht geht, nicht einfach durchgeht. Wenn aber niemand Einwände macht, heisst dass nicht, dass Ihr mich verstanden habt und schon gar nicht, dass Ihr einverstanden seid, sondern nur, dass ich das ohne Widerspruch sagen konnte. Es ist sozusagen eine negative Dialektik. Ich merke nur, was nicht geht." Er machte eine Pause, aber niemand reagierte. Dann sagte er: "Jetzt könnte ich denken, dass Ihr einverstanden seid, aber das denke ich nicht. Ich denke, dass meine Worte bei Euch jetzt gerade keine Störung verursachen, also dass Ihr mit meinen Worten leben könnt, weil sie irgendwie zu Euren Auffassungen passen, oder eben wenigstens in dem Sinne ganz unwichtig erscheinen, als sie für Euch keinen Unterschied machen. Es sind Worte, die jetzt hier durchgehen, von Euch durchgelassen oder eben in der Schwebe gehalten werden."

Eva sagte: "Bei mir gehen diese Worte nicht durch. So habe ich den Dialog nicht verstanden und auch das in der Schwebe Halten kann ich nicht so verstehen. Aber vielleicht habe ich Dich nicht recht verstanden."

Heiner nahm das als Einladung, nochmals zu erklären: "Nein, ich meinte ja gerade, dass es nicht darum geht, ob Du oder vielmehr Ihr alle mich versteht oder nicht. Es spielt also auch keine Rolle, ob Du mich in dieser Hinsicht verstanden hast."

Eva sagte: "Es ist Dir also nicht ... ich meine, um es unseren Regeln gemäss zu formulieren, im Dialog muss man sich nicht verstehen. Man probiert oder ich probiere einfach Sachen so zu sagen, dass andere nicht reklamieren ..."

Brigitte unterbrach sie: "Darin erkenne ich eine Art Gegenteil oder komplementäre Ergänzung zu meiner Frage, die ich früher, ganz am Anfang schon gestellt habe, und die mich immer noch beschäftigt. Ich fragte Renate, ganz am Anfang unseres Dialoges, ob sie nur höre, was ihr passe, weil sie mit Ihrem Speisebüfett so etwas Ähnliches sagte, für mich jedenfalls. Jetzt scheint es so, dass wir sogar gar nicht verstehen, was der andere sagt, sondern wir hören etwas in unserer Welt, die eine eigene Welt ist. Ich sage es vielleicht etwas undeutlich, aber ich finde diese Ideen wirklich schrecklich. Ich kann darin einfach nichts Dialogisches sehen, wenn keiner den andern verstehen will und auch keiner versucht, verstanden zu werden. Ich glaube, das könnte unsere chaotischen Gespräche hier erklären, aber ich bezweifle sehr, dass der Dialog, welcher auch immer, so gemeint sein könnte."

Heiner sagte: "Ich spreche ja nicht darüber, was ich gerne hätte, sondern darüber, was ich wissen kann und was nicht. Wenn ich naiv bin, glaube ich jederzeit, dass Ihr mich verstehen könnt und ich spreche ja auch immer so, als ob das möglich wäre ..."

Eva sagte: "Ich finde diese Idee auch schrecklich. Das tönt alles sehr autistisch. Ich meine, wir sind doch hier, weil wir miteinander sprechen wollen. Besagt denn Dein Konstruktivismus, dass das gar nicht möglich sei? Was machen wir denn Deiner Meinung nach hier?"

Heiner antwortete: "Also ich sehe das genau umgekehrt. Ich sehe, dass wir hier sind und miteinander sprechen. Deshalb kann mir kein Konstruktivismus der Welt sagen, dass das nicht möglich sei. Ich weiss nicht, wie gut wir uns verstehen, aber ich würde keinem Konstruktivismus glauben, wenn er sagen würde, dass wir uns nicht verstehen können. Ich verstehe den ganzen Konstruktivismus und damit verbunden den Dialog eben umgekehrt, sozusagen negativ. Der Konstruktivismus sagt ..., oder besser gesagt, ich sage, dass ich nicht wissen kann, ob Ihr mich verstanden habt. Ich weiss es gerade nicht, also kann ich weder das eine noch das andere behaupten. Mir sagt der Konstruktivismus vor allem, dass ich mir überlegen muss, wo und inwiefern es wichtig wäre zu wissen, ob wir uns verstehen oder nicht. Vielleicht spielt das doch überhaupt keine Rolle. Vielleicht können wir unabhängig davon sehr glücklich sein. Meine Kopfschmerzen und meine Depressionen bin ich jedenfalls losgeworden, seit ich solche Fragen bewusst in der Schwebe halte. Und dabei hilft mir eben die konstruktivistische Theorie." Er legte den Sprechstab in die Mitte. Dann hob er ihn nochmals auf, und legte ihn wieder hin, ohne etwas zu sagen.

Lisa holte den Stab und sagte ziemlich lange nichts. Dann sagte sie: "Ich kenne den Konstruktivismus nicht. Ich muss auch nicht wissen, was Konstruktivismus ist. Ich versuche zuzuhören, was hier gesagt wird. Mir ist egal, zu welchen Theorien das passt. Ich mache mir jetzt Gedanken über das, was gesagt wurde, nicht über Theorien, die ich vielleicht kennen müsste." Sie machte eine Pause. "Ich habe jetzt in unserem Gespräch gemerkt, das ich mir eigentlich nie Gedanken darüber mache, ob ich verstanden werde. Manchmal - oder eigentlich sogar sehr oft - merke ich, dass ich nicht recht verstanden wurde. Wenn ich kann, versuche ich dann, das Missverständnis zu klären. Aber im umgekehrten Fall, also wenn ich nicht merke, dass ich nicht verstanden wurde, hm ... dazu habe ich mir keine Gedanken gemacht. Wenn ich jetzt darüber nachdenke, merke ich aber auch, dass ich nie einfach angenommen habe, dass ich verstanden worden sei. Vielmehr habe ich dazu gar nichts angenommen, wozu auch. Ich würde nicht sagen, dass es keine Rolle spielt, ob ich verstanden werde oder nicht, aber ich merke jetzt schon, dass es in gewisser Hinsicht keine Rolle spielt. Ich muss noch etwas darüber nachdenken."

Elmar übernahm den Sprechstab: "Ich bin da anders als Lisa. Ich sehe in den Theorien oder in der Philosophie ein grosses Potential zu ganz praktischen Fragen. Oft hilft mir die Philosophie bestimmte Fragen als Scheinfragen zu erkennen, die man besser durch andere Fragen ersetzt. Ich meine, wenn die klügsten Köpfe schon lange darüber nachgedacht haben, können wir doch davon etwas profitieren. Ich nehme also theoretisch begründet an, dass wir nie verstehen werden, was verstehen heisst, und dass es deshalb gar nicht sinnvoll ist, danach zu fragen, ob wir uns verstehen. In der Praxis genügt es, wenn wir merken, wann und wo wir uns nicht verstehen. In diesem Sinn kann man sagen, dass es auch im Dialog darum geht, dass wir nicht nicht verstanden werden. Dieses nicht-nicht löst sich aber nicht einfach auf, das ist eben Logik ..."

Brigitte unterbrach auch ihn: "Das sind doch Spitzfindigkeiten. Ich will verstehen und verstanden werden, aber ich verstehe gar nicht, worüber wir jetzt eigentlich sprechen."

Peter sagte laut: "Ich bin wohl der, der am meisten gegen unsere Regeln ist, aber trotzdem; wir haben abgemacht, uns an unsere Regeln zu halten."

Elmar hob den Stab hoch und sagte: "Ich entschuldige mich, ich habe mich mitreissen lassen und bin deshalb etwas spitzfindig geworden. Ich wollte etwas über unseren Dialog sagen. Für mich ist der Dialog eine ganz eigenartige Sache, die ich besser verstehen möchte ..."

Brigitte unterbrach ihn wieder: "Eben verstehen!"

Elmar fuhr weiter: "Klar, verstehen. Aber das heisst für mich, dass ich den Dialog verstehe, nicht dass ich Dich verstehe. Wenn Du etwas sagst, sagen wir, wenn Du etwas auf unser Büfett stellst, kann mir das helfen, den Dialog oder etwas anderes zu verstehen. Dazu muss ich aber nicht Dich verstehen, denn ich kann den Dialog ganz anders verstehen als Du. Vielleicht könnten wir uns gar nichts sagen, wenn wir alles gleich verstehen würden."

Eva hob ihre Hand auf. Elmar gab ihr den Sprechstab. Sie sagte: "Du bist also offenbar auch ein Konstruktivist. Ich habe verstanden, dass wir den Dialog verschieden verstehen, aber ich habe noch nicht verstanden, wie Konstruktivisten den Dialog verstehen. Ich habe den Konstruktivismus nicht verstanden, aber das sehe ich wie Lisa. Ich muss nicht den Konstruktivismus verstehen. Ich würde gerne verstehen, wie Ihr - meinetwegen als Konstruktivisten - den Dialog versteht." Sie brachte den Stab Elmar zurück, welcher ihn Heiner hinhielt.

Peter stand auf und nahm den Stab aus Elmars Hand: "Es ist vielleicht etwas peinlich, dass ausgerechnet ich ... Ich kann jetzt aber den Sinn der Regeln immer besser sehen und bitte Euch deshalb, mit Euren Zweiergesprächen aufzuhören und wieder in die Mitte zu sprechen. Oder genauer gesagt, das habe ich von Lisa gelernt, ich bitte Euch nicht, ich sage in die Mitte, was mir gefallen würde. Mir würde gefallen, wenn wir uns an die Regeln halten würden."

Heiner nahm den Stab, den ihm nun Peter hinhielt, obwohl das gegen unsere Regeln war: "Da Ihr Euch nicht so sehr für Konstruktivismus interessiert, sondern mehr für den Dialog, sage ich einfach nochmals, wie ich den Dialog sehe. Was ich sage, passt einfach gut zu meinem Konstruktivismus, aber ich kann es gut ohne Konstruktivismus sagen. Ich sage es einfach mit unseren Regeln. Im Dialog spreche ich in die Mitte. Ich spreche also nicht zu einer bestimmten Person und es geht deshalb nicht darum, ob ich von einer Person richtig verstanden werde. Es geht darum, dass ich meine Aussagen auf unser Büfett stelle, und dass die Aussage dort von jenen genommen wird, die etwas damit anfangen können. Vielleicht werde ich verstanden oder eben nicht. Wichtig sind im Dialog meine Worte, nicht ich, und dass sie jemandem etwas nützen. Das wäre eben auch möglich, wenn ich nicht verstanden werde. Oder sagen wir es so: Es könnte sein, dass jemand meine Worte versteht, dass ich selbst aber etwas ganz anderes meinte. Wenn wir etwas schlau darüber reden wollen: Ich habe dann leider nicht verstanden, was ich sagte, aber der andere hat es verstanden, wobei er dann aber mich nicht verstanden hat."

Brigitte sagte: "Also gut. Ich verstehe nichts, aber ich verstehe, dass Dir das recht ist."

Elmar sagte: "Ich habe das genau verstanden, und ich kann darin jetzt auch den Konstruktivismus erkennen. Ich habe jetzt etwas gelernt und ich kann auch sagen was ich gelernt habe. Was Heiner zuletzt sagte, ist doch richtig paradox: Jemand versteht, was ich sage, wenn er mich nicht versteht, weil ich etwas anderes meine. Im Dialog haben wir eine Auflösung dieser Paradoxie, indem wir merken, dass eine bestimmte Art von Verstehen nicht nötig oder nicht überprüfbar ist. Im Alltag genügt es, zu merken, wenn ich nicht verstanden wurde. Im Dialog gehen wir aber noch weiter. Wir lassen ja bewusst mit einer Regel nicht zu, dass jemand zurückfragt und so ein allfälliges Nichtverstehen signalisieren kann. Mir ist jetzt durch diese Paradoxie auch ein guter Grund dafür in den Sinn gekommen. Wenn ich etwas selbst nicht verstanden habe und dann gefragt werde, liefere ich mein Missverständnis nach und verhindere so, dass wenigstens andere verstehen könnten, was ich gesagt habe."

Renate ging zur Klangschale, sie schlug sie aber nicht an, sondern sagte: "Ich finde das eine sehr interessante, aber ziemlich akademische Diskussion. Ich möchte Euch eine kleine Pause vorschlagen, eigentlich würde ich gerne die Schale zum Klingen bringen ..." Sie schlug die Schale an und fuhr weiter: "Aber der Klang ist zu kurz. Ich hätte gerne einen Klang von einigen Minuten. Wäre es möglich, dass Ihr diesen Wunschklang eine Zeitlang hört und wartet?" Sie setzte sich wieder.

Nach ein paar Minuten Stille sagte Renate: "Ich danke Euch. Mir war diese Verlangsamung jetzt sehr wichtig, weil sich wieder alle meine Vorstellungen gedreht haben. Ich verstehe noch nicht, was läuft, aber von mir aus könnten wir mit dem Dialog weiterfahren. Die Klangschale hat mir jetzt geholfen." Sie schaute in die Runde und holte den Sprechstab, den Heiner zurückgelegt hatte. "Ich merke immer wieder, wie sehr ich in meinen Konventionen gefangen bin, in meinen scheinbar normalen Vorstellungen darüber, was ein gutes Gespräch ist. Und ich merke immer besser, dass diese Regeln einen Sinn haben, der mir noch gar nicht richtig bewusst ist. Je mehr wir darüber nachdenken, desto paradoxer wird mir das alles."

Brigitte sagte: "Ja, paradox ist ein gutes Wort dafür. Es könnte sein, dass wir uns die Sache so unglaublich kompliziert machen, weil wir einfach kein echtes Gespräch wollen, äh, das meinte ich nicht so, ich meine, ... ich weiss selbst nicht recht, wie gesagt: paradox."

Heiner nahm den Stab und sagte: "Ja, paradox. Und kompliziert und komplex. Und zum Verrücktwerden. Was ich Euch sagen wollte ist, dass das alles ganz einfach ist, wenn man es auf eine bestimmte Weise betrachtet ..."

Eva sagte: "Du meinst, wenn man den Dialog konstruktivistisch betrachtet!"

Heiner sagte: "Lassen wir dieses Wort einfach weg. Es ist die Betrachtungsweise, die Paradoxien macht und löst. Wenn ich eine Sache auf eine bestimmte Wiese beobachte, sehe ich Paradoxien, und wenn es mir gelingt, die Sache anders zu sehen, lösen sich die Paradoxien auf. Mir hat der Konstruktivismus geholfen, aber jeder wird vielleicht mit seiner Theorie oder ohne Theorie glücklich. Ich fände schön, wenn wir die Wege zum Glück erzählen würden, auch wenn das Theorien wären. Mir ging es damals auch nicht um vermeintliche Paradoxien in einem Dialogspiel, ich war ernsthaft krank, ich war richtig depressiv, weil mich jedes Nachdenken immer in meine Verstrickungen führte. Jetzt sehe ich, dass einige Menschen mit dem Dialog, also mit unserem Dialog riesige Probleme haben, und das erinnert mich an meine Geschichte und vor allem daran, wie ich meine Probleme lösen konnte, indem ich die Perspektive wechselte. Ich habe keine Heilslehre für Euch, ich sage nur, dass es in solchen Fragen wohl immer auf die Perspektive ankommt. Es geht um Vorstellungen wie dass das Verstehen und das Verstandenwerden wichtig seien. Das entspricht einer bestimmten Perspektive. Und einer andern Perspektive zufolge kann ich gar nie wissen, ob ich verstanden wurde. In dieser Perspektive ist es logischerweise unwichtig."

Renate sagte: "Ganz logisch finde ich diese Schlussfolgerung nicht. Es könnte doch sein, dass ich es zwar nie wissen kann, dass es aber trotzdem wichtig ist. Mir würde diese Formulierung besser zusagen."

Heiner sagte: "Mir fällt auf, dass Du den Stab nicht hast. Mir scheint, der Stab diene der Verlangsamung und Dir liege sehr viel an der Verlangsamung unseres Dialoges. Ich will niemanden kritisieren. Ich sage nur, was mir auffällt. Ich habe den Stab gerade, weil ich ihn unanständigerweise nicht zurückgelegt habe. Also sage ich noch etwas, obwohl das nicht ganz anständig ist. Ich finde, im Dialog geht es ausgesprochen darum, dass jeder merkt, welche Formulierungen ihm gefallen oder besser zusagen. Es geht gerade auch ausgesprochen nicht darum, dass uns die gleichen Formulierungen gefallen sollten. Wir sollten - falls wir etwas sollten - uns nur an unsere Regeln halten. Aber vielleicht ist das meine Formulierung und Ihr findet andere Formulierungen besser." Er legte den Stab in die Mitte. Dann blieb es eine ganze Weile still.

Herbert holte den Stab und sagte: "Mir gefällt sehr, was Heiner sagt. Ich frage mich dabei nicht, ob ich ihn verstanden habe, und ich will ihm auch nicht zustimmen oder Recht geben. Mir gefallen seine Worte. Mir gefallen seine Worte in dem Sinne, dass ich sie unabhängig von ihm auch sagen würde, auch sage. Ich will dazu ein paar Worte sagen, aber zuerst will ich noch etwas über Emotionen sagen. Ich will Emotionen weder bestreiten noch wegreden, sondern hervorkehren, fokussieren, um sie so loszuwerden. Das Gefühl verstanden zu werden, ist für mich eine ganz starke, vielleicht die stärkste aller Emotionen. Im emotionalen Zustand mache ich deshalb sehr viel dafür, verstanden zu werden, aber hier sehe ich die Chance, bewusst zu üben, darauf zu verzichten. Mir ist, obwohl ich zum ersten Mal hier bin und mit ganz anderen Vorstellungen gekommen bin, sofort klar geworden, was diese Veranstaltung jenseits des Dialoges anbietet. Für mich ist sie eine Art Practise des Feelings. Es ist mir also hier sehr bewusst ganz unwichtig, ob ich Heiner verstehe oder nicht, ich will nur seine Worte aufgreifen. Ich finde dabei die Idee, dass ich seine Worte besser verstehen könnte als er selbst, eine wunderbare Paradoxie..."

Heinz sagte: "Ich auch, darüber müssen wir noch sprechen. Ich kann darin ein wichtiges Argument der Kunstkritik erkennen, die ja auch behauptet, dass Künstler nicht besser als andere Menschen wüssten, was ihre Werke bedeuten. Ich habe also nichts dagegen, dass irgend jemand mich besser versteht als ich selbst."

Herbert fuhr weiter: "Deine Worte, eben nicht Dich! Ich will Euch auf eine Analogie hinweisen, die mir in die Augen gesprungen ist. Das WWW hat eine Art Dialogstruktur. Es ist für mich der Inbegriff des In-die-Mitte-Sprechens, des Speisebüfetts, wo jeder bringt und jeder holt. Abertausende stellen Texte in verschiedensten Formen auf das Büfett, wo Millionen etwas holen, wenn es ihnen passt. Es gibt logischerweise kein Thema und fast keine Fragen. Und jeder Leser kommt von irgendeinem Link und springt dann über einen weiteren Link wieder irgendwohin. Es ist eine Kommunikation von riesigem Ausmass, ohne dass irgendeine Ordnung von aussen erkennbar wäre - wenn wir von den kapitalistischen Zwängen wie Google und MS einmal absehen."

Herbert machte eine Pause und schaute uns an. Ich sagte: "Deshalb nenne ich das gerne Hyperkommunikation. Es ist eine Art Supersuperkommunikation, in welcher ganz unklar bleibt, wer wann was in welchem Kontext und mit welchen Interessen liest. Deshalb kann auch nur entsprechend geschrieben werden. Hyper heisst darüber hinausschiessen und diese Kommunikation schiesst ja ziemlich über alle konventionellen Vorstellungen von Kommunikation hinaus. Wie unser Dialog."

Herbert fuhr weiter: "Ja, so kann man das sagen. Mich erinnert das jetzt aber vor allem sehr an unsere Veranstaltung mit unseren Regeln. Man kann im Internet sehr selten zurückfragen, wenn man etwas nicht versteht und man kann kaum feststellen, wer was wie verstanden hat. Trotzdem machen alle oder wenigstens immer mehr Menschen scheinbar ohne die Probleme, die wir hier haben, mit. Natürlich gibt es den Medienbruch. Was im Internet geht, kann man nicht ohne weiteres auf ein Gespräch unter Anwesenden übertragen. Ich dachte jetzt mehr analytisch, dass die Idee dieses Dialoges durch das Internet entstanden ist, oder mehr synthetisch, dass wir uns das Internet auch bewusst als Modell dafür vorstellen könnten. So wie wir das Büfettmodell haben. Mein Beitrag wäre dann nicht eine Speise, sondern eine Art Homepage, die alle lesen können, aber nicht müssen. Und weil es eine Homepage ist, kann man auch keine Fragen stellen. Jeder versteht eben, was er versteht. Und wer es nicht versteht, liest einfach eine andere Homepage."

Eva sagte: "Das scheint ja eine Männersache zu sein, aber ich muss zugeben, das ist interessant. So habe ich das Internet noch nie gesehen. Bis jetzt habe ich eigentlich die vielen Homepages von privaten Personen eher doof gefunden. Ich dachte immer, wer soll das Zeugs überhaupt lesen. Aber wenn ich das Internet als Büfett sehe ... Und unseren Dialog als Internetbüfett ..."

Brigitte sagt: "Ich finde, das Bild passt sehr gut zum Internet und vielleicht zu unserer modernen Gesellschaft insgesamt. Es ist eine oberflächliche Form, keine Kommunikation. Und dass Ihr den Dialog so oberflächlich interpretiert, gibt mir sehr zu denken. Mir schwebt ein Dialog vor, in welchem wir uns ernst nehmen, ein Dialog mit Tiefsinn."

Herbert hob den Sprechstab hoch. Er wartete etwas und sagte dann: "Oberflächlich und tiefsinnig sind Wörter, die bei mir als Bewertungen ankommen. Ich fände es ein gutes Experiment, wenn wir neben den Dialogveranstaltungen an einem Hypertext im Internet arbeiten würden. Es gibt ja auch entsprechende Software, die Wiki heisst. Kennt Ihr die Wikipedia? Oh, das ist eine Frage. Na ja, vielleicht gehe ich jetzt etwas zu weit, es war nur so eine Idee, wie man den Dialog auch sehen könnte. Also ich sehe unseren Dialog ein bisschen so, oder sogar immer mehr." Er legte den Stab zurück.

Renate stand auf, schaute auf ihre Uhr und sagte: "Ich glaube, das waren perfekte Schlussworte. Wir lassen das so stehen und weiterwirken und schauen im nächsten Dialog, was daraus geworden ist. Ich danke Euch allen fürs Mitmachen und würde mich sehr freuen, wenn Ihr nächstes Mal wieder dabei wäret." Alle blieben sitzen und schauten Renate an. Ich wunderte mich sehr über dieses abrupte Ende und mir schien, die andern wunderten sich alle auch. Aber niemand sagte etwas. Schliesslich sagte Renate: "Man muss aufhören, wenn die Stimmung ganz oben ist. Lasst uns noch ein Bier trinken!"

\* \* \*

Im Vorbahnhof sagte Peter laut genug, um alle Aufmerksamkeit aus den vereinzelten Gesprächen abzuziehen: "Also mir ist jetzt ziemlich unklar, wie wir unseren nächsten Dialog gestalten wollen. Ich weiss nicht, ob wir diesbezüglich jetzt etwas beschlossen haben oder welche Konsequenzen wir aus der heutigen Erkenntnis ziehen."

Lisa: "Wir haben gar nichts beschlossen. Ich gehe davon aus, dass wir uns zu einem Dialog treffen und ich kann dir sagen, dass ich dort versuchen werde, mich nicht von der Vorstellung eines Vortrages irritieren zu lassen. Wir sagen einfach, was wir sagen und", sie machte ein Pause, hob ihr Bierglas und fügte lachend an: "Wir haben ja den Gong." Alle lachten zurück.

Etwas später sagte ich, dass ich für meine Ankündigungen von Dialogen e-mail-Adressen von potentiell interessierten Leuten sammle. Ich bat alle, mir entsprechende Adressen von Freunden und Bekannten zu schicken. Ausserdem erzählte ich, dass ich eine Homepage eröffnet habe, wo allfällige News zu lesen wären, wo aber vor allem auch Texte von uns zum Thema Dialog publiziert werden könnten. Die Texte könne man mir einfach mailen.

Renate sagte: "Das ist ja irre. So werden wir weltbekannt. Ich finde super, dass Du das für unseren Dialog tust."

Ich antwortete: "Ach, wenn man ohnehin eine Homepage hat, ist das kein Aufwand. Jetzt steht da noch fast nichts, eigentlich nur, wann und wo wir uns treffen. Aber vielleicht könnten wir mit der Zeit etwas über den Dialog schreiben. Ich finde auch die Idee, dass wir ein Forum oder ein Wiki einrichten könnten gut. Ein Forum werde ich sofort einrichten, ein Wiki kann ich nicht selber installieren. Aber wir können ja mit einer Homepage anfangen und schauen, was passiert. Wir könnten eine kleine Einführung entwickeln, die wir dann aufgrund unserer Erfahrungen laufend verbessern könnten. Peter, Du kannst mir ja mal Deinen Vortrag, oder Deine Vorträge schicken. Das wäre ein Anfang."

Peter winkte ab: "Ich habe das nicht ausformuliert, ich habe nur einige Stichworte".

Ich sagte: "Also an alle, es ist so etwas wie ein schriftlicher Dialog. Das WWW kann man ja eigentlich ohnehin so sehen, wie wir heute gehört haben."

\* \* \*

Ich bekam in kurzer Zeit etwa hundert weiter e-mail-Adressen und drei kurze Texte, die ich auf die Homepage stellte. Dieser kleine Aufwand veränderte sowohl meine Sicht auf den Dialog als auch meine Sicht auf das WWW. Mir schien es plötzlich kein Zufall mehr, dass ich den Dialog und das Internet zur gleichen Zeit kennenlernte. Den mail-Versand mache ich seit dieser Zeit immer jeweils eine Woche vor den Dialogterminen. Anfänglich hatten wir für diese Einladungen kleine Texte geschrieben oder Aphorismen gesucht, die dann im Dialog oft aufgegriffen wurden. Mit der Zeit wurden die Einladungen nüchterner, dafür entwickelte sich die Homepage, auf welche ich in den e-mail-Einladungen natürlich verweise, immer weiter.

## 6 Verheissungen

Unmittelbar vor dem nächsten Dialogtermin hatte mich Renate angerufen und gesagt, dass sie nicht an den Dialog kommen könne. Sie habe nur noch mich erreichen können und bitte deshalb eben mich, die Leitung der Veranstaltung zu übernehmen. Renate sagte: "Im Prinzip muss man ja nichts tun, man muss einfach dort sein und mitmachen. Die Klangschale und den Stab habe ich letztes Mal bei Elmar gelassen, der sicher dort sein wird, weil er ja den Schlüssel hat. Es geht ja nur darum, das jemand die Leute begrüsst und natürlich darum, dass mich jemand entschuldigt. Das kannst Du doch tun, oder? Bitte. Das ist wirklich blöd, aber es geht einfach nicht anders."

Ich antwortete: "Ja klar. Würdest Du denn am Anfang eine kleine Einführung machen?"

Renate antwortete: "Ich weiss es nicht. Ich glaube, ich würde es wieder so machen, wie letztes Mal, aber Du kannst natürlich machen, was in Deinen Augen Sinn macht. Vielleicht ist ja Lisa auch da, oder jemand anderer hat eine gute Idee. Ich glaube, wir können das jetzt ziemlich entspannt angehen, es werden ja wohl wieder mehrheitlich dieselben Leute sein, meinst Du nicht."

Ich antwortete: "Doch, doch, das meine ich auch. Ich habe jetzt übrigens ein Buch von Vilém Flusser, das Kommunikologie heisst, nochmals gelesen. Ich habe es vor ein paar Jahren gelesen, ich konnte mich aber nur noch schwach erinnern, dass er über den Dialog schreibt. Kennst Du das Buch?"

Sie antwortete: "Nein, sollte ich es lesen?"

Ich antwortete: "Mir hat es jetzt, wo wir unseren eigenen Dialog erfinden wollen, sehr viel gebracht. Ich glaube, ich werde im Dialog etwas davon erzählen, selbst wenn Lisa auch dort ist."

Renate sagte: "Ja, da werde ich ja wieder viel verpassen. Aber ich bin froh, dass Du zum Dialog schaust. Und vielleicht hast Du Lust, mir später davon zu erzählen."

Ich antwortete: "Was ich im Dialog erzähle, kommt zu Dir, ob Du nun gerade dabei bist oder nicht. Es gibt eine Art morphogenetisches Feld für alle Inhalte des Dialoges. Alle, die teilnehmen, hören alles, was dort gesagt wird, auch wenn sie einmal nicht dabei sind."

\* \* \*

Ich war bewusst etwas früher in der Bibliothek. Ich stellte die Stühle in drei Reihen. Ich musste ein paar Mal verhindern, dass die Stühle zu einem Kreis umsortiert wurden. Die meisten der Teilnehmenden standen in kleinen Gruppen zusammen. In die Stuhlreihen setzte sich niemand. Um halb sieben sagte ich laut: "Hört bitte mal zu. Renate kann heute leider nicht kommen. Sie hat mich gebeten, den Dialog zu leiten, das heisst, zu leiten gibt es hier ja nichts, aber, na Ihr wisst schon. Ich bitte Euch also Platz zu nehmen, damit wir anfangen können."

Peter fragte: "Warum willst Du nicht, dass wir einen Kreis machen?"

Ich antwortete: "Ich möchte heute mit einem Vortrag beginnen. Keine Angst, er dauert nur ganz kurz. Bitte setzt Euch. Wer gar keine Lust auf einen Vortrag hat, kann noch eine Zigarette rauchen, solange wird der Vortrag nämlich längstens dauern." Alle setzten sich und ich stellte mich vor den Reihen auf.

Ich sagte: "Dieser Vortrag handelt vom Vortrag. Wir haben ja im Dialog von Vorträgen gesprochen, jetzt kommt der Vortrag im Vortrag. Wenn jemand einen Vortrag hält, Ihr hört wohl, dass ich nicht in der Ich-Form spreche, sondern darüber, wie es wirklich ist, steht er vorne und die Zuhörer sitzen in Reihen und schauen nach vorne. Das ist die Vortragsarchitektur. Man kennt sie vom Theater, von der Kirche, vom Kino, von der Schule, etwas verstecktweise auch von Radio und Fernsehen. In diesem Setting besteht ein Gefälle, die Vortragenden wissen schon, was vorgetragen wird, die Zuhörer - das seid Ihr - wissen es noch nicht. Weil ich jetzt einen Vortrag halte, sitzt Ihr vernünftigerweise in Reihen und schaut nach vorne. In dieser Architektur kann man auch sagen, was vorne ist. Ich stehe vorne. Es gibt auch andere Vortragsarchitekturen, eine typische ist die Arena. In der Arena sitzen die Zuschauer in einem Kreis. In der Arena gibt es normalerweise keine Vorträge, aber es wird auch etwas vorgetragen. Man kennt die Arena vom Zirkus und von vielen Sportveranstaltungen und natürlich vor allem von den griechischen Römern, wenn ich an die Kulturgeschichte von Elmar anschliessen darf. Die Arena ist für Zuschauer, nicht für Teilnehmer. In der Arena schauen alle Zuschauer nach vorne, also nicht in den Kreis, in welchem sie selbst sitzen, wenn wir mal von den Operguckerguckern der feinsten Gesellschaften absehen. In der Arena interessiert mich, was vorne läuft, nicht was im Zuschauerkreis passiert. Ich bitte Euch jetzt eine Arena zu bauen. Wir bauen sie nicht kreisrund, sondern nur etwa drei Viertel eines Kreises, damit ich niemanden im Rücken habe." Alle blieben sitzen. Also sagte ich: "Das war ernst gemeint. Bitte baut die Stühle in eine neue Architektur, in eine Arena um. Wir brauchen nachher für den Dialog ohnehin einen Kreis, oder?" Jetzt standen alle auf und formten mit den Stühlen einen nicht ganz geschlossenen Kreis. Ich stellte mich in die Lücke und sagte: "Mein Vortrag neigt sich zu Ende. Jetzt ist wichtig, dass Ihr seht, dass ich immer noch vorne bin. Ich wäre es auch, wenn der Kreis noch mehr geschlossen wäre, weil Ihr immer noch alle zu mir schaut. In einem richtigen Kreis ist die Position, an der ich stehe, nicht besetzt. Im Kreis gibt es kein vorne. Die Arena ist in diesem Sinne kein Kreis, sondern ein Zuschauerkreis, der weiss, was vorne ist. Lasst mich noch ein letztes Bild anfügen. Die Vortragsarchitektur ist polar, sie steht unter einer anfänglichen Spannung oder unter einem Gefälle. Ein Kreis hat kein Gefälle, keine Spannung, keinen Druck. In einem Vortrag wird die anfängliche Spannung, der Unterschied im Wissen zwischen dem Vortragenden und den Zuhörern abgebaut, im Vortrag verschwindet das anfängliche Gefälle. Im Kreis wird mit Potenzialen gespielt, man könnte sagen, in einem Kreis wird durch jeden Beitrag Spannung aufgebaut. Das war, was ich Euch vortragen wollte: ein anschauliches, kulturell verankertes Bild für eine Differenz, die uns im Dialog viele Probleme schafft und die wir als Vortrag bezeichneten. Um meinen Vortrag ganz zu erfüllen, muss ich noch sagen, was ich von wem vorgetragen im Sinne von weitergetragen habe. Oder anders gesagt, woher das Gefälle stammt, das ich jetzt aufgehoben habe. Ich habe diese Anordnungen bei Vilém Flusser gelesen. Ich habe bei ihm unsere Problematik gut beschrieben gefunden. Gefallen hat mir, dass man die Architekturen einerseits in der Gruppe aufstellen und so körper-

# Der Dialog im Dialog 99

lich erfahrbar machen kann, und andrerseits, dass ich Institutionen wie Kino und Schule so durch eine Dialogarchitektur erkennen kann. Ich sehe, wo alle nach vorne schauen, auch dann, wenn sie wie in verkappt-modernen Schulklassen im Kreis sitzen. Ich schlage vor, dass wir uns jetzt in den Kreis setzen und den Dialog beginnen. Und natürlich bitte ich Euch um Entschuldigung dafür, dass ich Euch zuerst in die Gegenwelt transportiert habe."

Wir schlossen den Kreis und ich stellte die Klangschale in die Mitte. Den Sprechstab zeigte ich, ich behielt ihn aber bei mir. Ich hatte schon während meines Vortrages gesehen, dass auch zwei Frauen und ein Mann da waren, die in unserer Dialoggruppe neu waren. Ich sagte: "Eigentlich wurden wir von Renate zu diesem Dialog eingeladen. Es ist in gewisser Weise ihr Dialog oder genauer ihre Dialogveranstaltung. Sie hat mich gebeten, sie zu vertreten, aber das ist natürlich nicht möglich, weil ich nicht weiss, wie sie heute über diese Veranstaltung denken würde. Eine Frage betrifft den Einstieg. Braucht es am Anfang eine kurze Einführung? Ich möchte mit dieser Frage so umgehen, dass wir sie zusammen, aber individuell entscheiden. Jeder von uns sagt einfach, was er Einführendes sagen will. So gibt es eine Einführung oder, wenn niemand etwas dazu sagt, eben keine." Ich legte der Stab in die Mitte und sagte: "Das ist der Sprechstab, wer ihn hat, darf sprechen." Ich schlug leicht auf die Klangschale und wartete bis der Klang verklungen war, und sagte dann: "Das ist unsere Bremse. Wenn unser Gespräch zu hektisch wird, kann jemand da drauf schlagen, dann müssen alle schweigen, bis der Ton verschwunden ist."

Elmar holte den Stab und sagte: "Ich will keine Einführung für die Neuen geben, ich will nur sagen, dass ich den Vortrag sehr eindrücklich gefunden habe, weil ich nicht nur etwas hörte, sondern irgendwie ganzheitlicher involviert war. Ich konnte die Differenz richtig körperlich fühlen. Mir ist so bewusst geworden, wie undialogisch unsere Gesellschaft organisiert ist. Und weil Du von Kirche und Schule gesprochen hast, hat sich auch mein Bild vom letzten Mal etwas verschoben, wo ich Religion und Wissenschaft unterschieden habe. Ich glaube jetzt, die Trennlinie verläuft etwas anders, da die Institutionen der Religion und der Wissenschaft architektonisch beide auf den Vortrag orientiert sind. Ich glaube, meine Unterscheidung hat schon etwas sehr Wichtiges getroffen, aber wir müssten das noch genauer herausarbeiten. Wir haben ja schon letztes Mal gemerkt, dass das nicht recht passte. Spontan habe ich jetzt gedacht, dass Institutionen generell nicht dialogisch funktionieren. Der Dialog wäre dann umgekehrt wohl aber auch in der Wissenschaft zu finden, sofern es eine nicht institutionalisierte Wissenschaft gibt."

Lisa sagte, ohne den Stab zu holen: "Ja, der Vortrag war gut, aber es war ein Vortrag. Immerhin verstehe ich jetzt noch besser, was kein Dialog ist. Gute Vorträge helfen mir wenigstens so."

Christian, der zum ersten Mal dabei war, stand in der Mitte, wo er den Stab geholt hatte und sagte: "Vielleicht wäre ein kurze Einführung doch ziemlich gut. Ich verstehe nicht, worüber wir sprechen und welche Regeln, etwa mit diesem Stab, wann gelten." Er setzte sich mit dem Stab und schien auf eine Antwort zu warten.

Peter sagte: "Du musst den Stab in die Mitte legen, damit jemand anderer sprechen kann."

Lisa sagte: "Wie Ihr gesehen habt, kann man auch ohne diesen Stab sprechen. Ich habe mir vorgenommen, nur dann zu sprechen, wenn ich den Stab haben könnte. Aber dazu muss ich den Stab nicht jedesmal holen und zurückbringen. Ich weiss auch, dass dieses Prozedere der Verlangsamung dient. Also habe ich mir vorgenommen, langsam zu sprechen. Ich hoffe, Euch damit nicht zu verwirren. Ich will ein paar einführende Worte sagen, aber nicht zu den Neuen, sondern in die Mitte. Ich bin in dieser Dialogveranstaltung, um den Dialog zu üben. Ich habe letztes Mal realisiert, dass die Veranstaltung Regeln hat, die nicht den Dialog betreffen, sondern nur unsere Übungen. Für mich waren diese Regeln wichtig, um mir auch klar zu machen, was ein Dialog nicht ist. Aber jetzt brauche ich diese Regeln nicht mehr. Und ich glaube, dass wir alle diese Regeln nicht mehr brauchen. Ich finde schön, dass die Klangschale und auch der Sprechstab noch da stehen, ach, das sagte ich ja schon, es sind Erinnerungen. Ich glaube überdies, dass auch neue Leute in diesem Kreis keine Regeln mehr brauchen. Wenn wir uns dialogisch verhalten, werden sie sich auch dialogisch verhalten."

Christian hatte den Stab hingelegt. Und dann gleich wieder aufgenommen. Er sagte immer noch in der Mitte stehend: "Ich kann nicht beurteilen, ob Ihr Regeln braucht, zumal ich mir noch nicht vorstellen kann, von welchen Regeln die Rede ist. Die Regel, die ich schon verstanden habe, betrifft diesen Stab und auf diese Regel kann ich auch gut verzichten." Er legte den Stab wieder hin.

Nach einer Weile sagte Peter: "Dann könnten wir jetzt ja auch nochmals über die Frage und über das Fragen nachdenken. Vielleicht können wir, wenn wir jetzt den Stab nicht mehr holen, auch wieder Fragen stellen. Es ging ja wohl um bestimmte Fragen, die im Dialog nicht gestellt werden dürfen, nicht um alle Fragen. Vielleicht sollten wir das nochmals etwas erörtern. Vielleicht kennt ja Rolf auch dazu ein kleines Architekturspiel?" Er sah mich an.

Ich musste mich konzentrieren, um das Gefühl los zu werden, Peter hätte mir eine Frage gestellt. Ich stellte mir dazu ein riesiges Büfett vor, eine Art Schlaraffenland, voller Angebote, die nicht auf meinem kleinen Teller liegen. Ich überlegte, was ich auswählen sollte. Ich merkte, dass das für mich eine gute Hilfe war. So konnte ich wahrnehmen, dass Peter in die Mitte sprach, unabhängig davon, wie er formulierte und was er dabei wahrgenommen hatte. In einer Dialogveranstaltung schien mir meine Interpretation sinnvoll, weil sie ja eine vereinbarte Regel unterstützte. Ich sagte also nichts, ich nahm mir aber vor, später darüber zu sprechen, falls ich es nicht einfach vergessen würde.

Herbert sagte: "Ich habe jetzt natürlich das Buch von Bohm auch angelesen und mich auch etwas im kleinen Ich-Du-Buch von Buber umgesehen. Ich hatte aber nicht die Zeit oder die Priorität, mir alle diese Dinge zusammen zu denken. Wie der Ansatz von Buber hierher gehört, habe ich noch nicht erkannt, aber das Buch von Bohm hat mich schon aufgeklärt. Ich würde vorschlagen, dass wir ... ich empfehle allen Teilnehmern, das Buch zu lesen."

Lisa sagte sofort: "Ich mag nicht lesen, jedenfalls mag ich es nicht, wenn ich etwas lesen muss. Ihr könnt mir ja erzählen, was ich Eurer Meinung nach unbedingt wissen müsste. Ich erzähle Euch dafür, wie ich mir den Dialog vorstelle. Ich stelle mir vor, dass man gar nichts gelesen haben oder wissen muss, weil es hier nicht darum geht, kluge Vorträge zu halten, sondern darum, miteinander zu sprechen, miteinander. Ich habe darüber nachgedacht, inwiefern unsere Regeln dieses Miteinander unterstützen ..."

Heidi, die wie Christian das erste Mal in dieser Dialogrunde war, sagte: "Es tut mir leid, wenn ich dich unterbreche, aber welche Regeln? Mich macht das konfus, wenn Ihr immer von Regeln redet, und ich, wie Christian - das ist doch Dein Name - nicht weiss, von welchen Regeln Ihr sprecht."

Lisa sagte wieder sofort: "Ich will dazu unbedingt zwei Sachen sagen. Erstens will ich eine Antwort geben. Wir haben am Anfang dieser Dialogtreffen einige Vereinbarungen getroffen, die wir dummerweise als Regeln bezeichnet haben. Du kannst davon ausgehen, dass Du diesbezüglich rein gar nichts verpasst hast und von diesen Regeln überhaupt nichts wissen musst. Nur damit Du, ich meine alle, die zum ersten Mal hier sind, verstehen kannst, worum es dabei gegangen ist, wiederhole ich zwei dieser vermeintlichen Regeln. Also erstens spreche ich nur in Ich-Formulierungen und zweitens spreche ich immer in die Mitte des Kreises, also eben zu allen und nicht nur zu dir. Und drittens spricht man nur, wenn man den Sprechstab hat. Das sind die Regeln, die mich überhaupt nicht mehr interessieren." Sie machte eine Pause. Da niemand den Stab oder das Wort ergriff, fuhr sie fort: "Peter hat schon beliebig oft gesagt, dass diese Regeln jedes Gespräch verhindern. Ich glaube, der Sinn dieser Regeln ist es tatsächlich, Gespräche zu verhindern, aber natürlich nicht das Gespräch, sondern nur bestimmte Gespräche, nämlich solche, die vernünftigerweise verhindert werden, etwa Diskussionen, die zu nichts führen und kein Ende finden ..."

Peter rief dazwischen: "Ja, Bohm bezeichnet den Dialog als offenes Gespräch am Ende der Diskussionen ..."

Lisa zeigte mit dem Finger auf Peter und fuhr weiter: "Ja, genau. Blöde Diskussionen. Die Regeln brauchen wir also nicht, wenn wir keine blöden Diskussionen führen." Sie schaute Heidi an und fragte: "Hilft Dir das? Hast Du jetzt verstanden, um welche Regeln es hier geht oder besser gesagt gegangen ist? Ich will noch eine zweite Sache sagen, etwas zum Dialog ohne Regeln." Sie wartete einen Augenblick und sagte dann: "Man kann Dialog von Diskussion unterscheiden. Elmar begreift den Dialog sogar explizit als Gegenteil einer Diskussion, als Antidiskussion. In Diskussionen wird immer darüber gestritten, wie es wirklich ist. Wenn man diesen blöden Streit vermeiden will, kann man ganz ohne Regeln einfach nicht darüber sprechen, wie es wirklich ist. Natürlich könnte man darin schon wieder eine Regel sehen, aber ich will etwas anderes vorschlagen. Die klassische oder kulturell entwickelte Möglichkeit, nicht über die Wirklichkeit zu sprechen, sind Geschichten. Es gibt zwei Arten von Geschichten. Die einen Geschichten sind Märchen, sie erzählen, was nicht der Fall ist, und die andern Geschichten sind Utopien, die erzählen, was noch nicht der Fall ist. Über den Inhalt von Geschichten kann man nicht gut streiten. Man kann schlecht behaupten, dass Rotkäppchen nicht vom Wolf gefressen wurde, weil in der Geschichte ja steht, dass das der Fall war. Wenn wir uns im Dialog beispielsweise mit unserer Zukunft in Form von utopischen Geschichten befassen, brauchen wir keine Regeln, die das Streiten verhindern, weil das dann schon durch die Gesprächsform gegeben ist."

Peter unterbrach sie wieder: "Utopien stehen am Anfang jedes Streites. Im Streit geht es dann einfach um die Umsetzungen oder darum, was überhaupt realisierbar wäre. Beispielsweise möchten alle Menschen den Kommunismus, wenn er ideal zu haben wäre. Aber die Umsetzung solcher Utopien führt immer zu Krieg oder allermindestens zu heftigen Diskussionen."

Lisa sagte: "Lieber Peter, weisst Du, warum ausgerechnet wir die Regel mit dem Sprechstab so unbedingt brauchen?" Sie wartete. Peter winkte ab, er schien gemerkt zu haben, dass er sie unterbrochen hatte. Lisa sagte: "Du hast mich unterbrochen, aber das ist für mich ein kleines Problem. Aber Du hast gesagt, dass alle Menschen den Kommunismus möchten. Das heisst, ich bin in Deinen Augen kein Mensch und das stört mich ziemlich. Weisst Du, warum wir die Regel mit den Ich-Formulierungen so unbedingt brauchen? Wenn wir kein Kindergarten wären, bräuchten wir solche Regeln überhaupt nicht."

Avital holte den Stab und sagte: "Also lassen wir den Kindergarten doch den Kindern. Mich erinnert das, was Lisa über Utopien sagt, an eine eigene ganz private Geschichte. Als wir geheiratet haben, mein Mann ist ja ein Christ, erzählte die Pfarrerin in ihrer Predigt etwas sehr Interessantes. Ich nehme an, sie wollte auf mein Jüdischsein Bezug nehmen. Sie sagte jedenfalls, dass die hebräische Formulierung unserer gemeinsamen Gebote offener sei, als die lutheranische Übersetzung. Im Hebräischen gibt es den Unterschied zwischen 'Du sollst' und 'Du wirst' nicht. Es gibt den Unterschied natürlich schon, aber er wird nicht wie im Deutschen durch zwei verschiedene Worte ausgedrückt. Die Pfarrerin sagte, deshalb könne man die Gesetze hebräisch als Verheissungen lesen. Zum gebieterischen Ausdruck Gebot passe die Übersetzung, Du sollst dies tun und Du sollst das nicht tun. Zur partnerschaftlichen Beziehung einer Ehe passe aber besser, Du wirst dies tun und Du wirst das nicht tun. Ich kann ziemlich gut hebräisch, aber ich habe vor meiner Heirat nie gemerkt, dass man die Gebote so lesen könnte, weil ich sie davor eben immer als gebieterische Gebote verstanden habe." Sie machte eine Pause, ohne den Stab zurückzulegen. Peter hob seine Hand wie im Kindergarten. Avital sah ihn offensichtlich, sie fuhr aber selbst weiter: "Ich habe bis zu meiner Heirat nicht gesehen, was ganz leicht zu sehen gewesen wäre. Und jetzt, das ist noch schlimmer, habe ich grosse Mühe, die Sache wie früher zu sehen, also so, wie es die meisten Leute zu sehen scheinen, wenn sie von den Geboten sprechen. Und in unserem Dialog habe ich jetzt, erst jetzt erkannt, dass Gebot ein anderes Wort für Regel ist. Ich habe in unseren für mich etwas langweiligen Diskussionen über die Dialogregeln wieder nicht gesehen, welcher Vorstellung wir damit aufgesessen sind, obwohl das ja immer wieder angesprochen wurde. Wir geben uns die Regeln selbst und es gibt niemanden, der sie durchsetzen kann. Wenn wir anstelle von Regeln von Verheissungen sprechen, dann sprechen wir von einer Utopie. Wir sagen dann, dass wir, wenn wir so weit sind, nur noch Ich-Formulierungen verwenden werden, dass wir dann nur noch in die Mitte sprechen werden und so weiter. Wir beschreiben damit nicht, was wir tun sollten oder müssten, sondern was wir uns idealerweise, also utopischerweise vorstellen." Sie legte den Stab in die Mitte und setzte sich, während sie sagte: "Ich will Euch noch den Witz der Geschichte erzählen. Es ist in Wirklichkeit tatsächlich so, dass Moses zu einer

Zeit lebte, als es die hebräische Sprache noch gar nicht gab. Die Gebote, also hebräisch ist von den zehn Worten, nicht von Geboten die Rede, waren also gar nicht hebräisch. Durch die Übersetzung ins Hebräische ist verschwunden, ob die Formulierungen ursprünglich 'du sollst' oder 'du wirst' geheissen haben. Aber dass Moses gelebt hat, ist ja auch eine Geschichte und da wir sie nicht als Utopie erzählen, wird sie wohl ein Märchen sein."

Lisa sagte: "Jetzt müsste ich auf unsere Schale schlagen. Das war wieder zu viel für mich. Ich glaube, ich habe einiges verpasst, was mir wichtig wäre."

Avital sagte: "Es tut mir leid, dass ich so in Fahrt gekommen bin, aber ich glaube, ich habe jetzt ein Prinzip des Dialoges verstanden und auch, was die Pfarrerin an unserer Hochzeit sagen wollte. Jetzt machen mir diese Dialogregeln plötzlich ganz viel Sinn. Ich möchte jetzt alle Regeln kennenlernen, weil ich sie jetzt nicht mehr als Regeln begreifen muss, sondern Verheissungen sehen kann. Renate hat doch schon mehrmals gesagt, dass es ganz viele Regeln gibt, und dass wir nur die einfachsten verwenden. Ich bin jetzt sehr gespannt".

Elmar sagte: "Offenbar haben wir jetzt einen Ausgang aus diesem Regeldiskurs gefunden. Ich bin jedenfalls zuversichtlich ..."

Heinz unterbrach Elmar: "Ich glaube eher, dass wir damit noch einen Eingang gefunden haben. Jetzt können wir auch noch auf diese Weise über Regeln sprechen. Wir sind echt kreativ, wenn es darum geht, den Dialog zu vermeiden."

Elmar holte den Stab, den Avital zurückgelegt hatte und sagte: "Ok. Ich schlage eine neue Regel vor. Keine Dialogregel, aber eine Regel für unsere Veranstaltung. Ich schlage eine Superregel vor, die, wie Lisa sagte, alle anderen Regeln ersetzt. Wir sprechen in Geschichten und wir produzieren Utopien. Dabei können wir beobachten, ob wir dann tatsächlich mit den bisherigen Regeln übereinstimmen, ohne dass wir uns vornehmen, uns an diese Regeln zu halten."

Heidi holte den Stab und sagte: "Eigentlich brauche ich diesen Stab auch nicht. Ich bin auf unsere Utopien gespannt. Ich will Euch von einer Utopie erzählen, die seit einiger Zeit viele Menschen bewegt." Sie schaute in den Kreis und sagte dann: "Ich habe jetzt einfach angenommen, dass wir den Vorschlag von Elmar einmal umsetzen und schauen, was dabei rauskommt."

Peter sagte: "Ja, ja, mach nur. Mir scheint das zwar so etwas wie ein Thema zu sein, aber ich bin schon einverstanden."

Heidi schaute wieder in den Kreis, als ob sie noch weitere Zustimmung erwartete, dann sagte sie: "Ich nehme an, Ihr habt auch schon davon gehört, es geht um die Initiative Grundeinkommen." Sie wartete wieder. Dann fuhr sie weiter: "In meinen Augen ist das eine Utopie. Kennt Ihr sie, oder muss ich etwas dazu sagen?" Es gab keine klaren Antworten, einige nickten, aber niemand sagte etwas. Heidi sagte: "Ich kann es ja kurz machen. Es geht darum, dass alle ein Grundeinkommen bekommen. Wer mehr Geld braucht oder will, kann wie bisher arbeiten, wer mit dem Grundeinkommen leben kann, kann eben tun, was er sinnvoll findet. Man kann das als eine Art Altersrente sehen, die einfach bei zwanzig anstatt erst bei zweiundsechzig beginnt. Der Staat spart dabei alle anderen Arten von Versicherungen, vor allem die Invaliden- und Witwenrente und die Arbeitslosengelder und die Sozialhilfe. Die Organisation der Verteilung ist auch schon vorhanden, nämlich eben durch die staatliche Altersversicherung, wobei diese enorm vereinfacht werden könnte, weil keine verschiedenen Fälle mehr unterschieden werden müssen. Es gibt verschiedene ökonomische Modelle, die zeigen, dass das finanziell möglich wäre. Es gibt auch verschiedene Modelle dazu, wie man die Sache umsetzen könnte. Wir könnten uns beispielsweise eigene Gedanken dazu machen. Es gibt auch viele interessante Fragen, etwa was die Leute tun würden, wenn sie plötzlich nicht mehr arbeiten müssten. Ich finde das eine spannende Geschichte."

Lisa lachte und sagte: "Dann kämen wohl alle in den Dialog."

Peter sagte: "Das ist das allerbeste Beispiel, das Du bringen kannst. Diese Initiative ist der reine Schwachsinn, und zwar auf allen Ebenen. Erstens würde das ökonomisch gar nie gehen und zweitens wäre es verheerend für die Moral. Es wäre noch schlimmer als der reale Sozialismus. Ich ...

Lisa schlug auf die Klangschale. Peter verdrehte seine Augen und sagte: "Aha, doch wieder Regeln, nur um sicherzustellen, dass kein Gespräch in Gang kommen kann." Lisa hielt den Finger vor ihren Mund. Als sich der Klang der Schale verflüchtigt hatte, sagte sie: "Ich glaube, so habe ich das mit der Utopie nicht gemeint. Ich wollte keine Diskussion darüber, ob irgendetwas möglich ist. Das halte ich für eine Bewertung, nicht für eine Utopie. Ich würde mich gerne mit dem Inhalt dieser Initiative befassen. Ich habe noch nie davon gehört, das finde ich aber für unseren Dialog eher einen Vorteil. Es geht mir ja nicht darum, eine konkrete Initiative, die es schon gibt, zu verstehen, sondern darum, an einer Utopie weiterzuspinnen. Wir könnten uns überlegen, was wir gerne hätten."

Peter sagte: "Ja, natürlich können wir uns mit Utopien beschäftigen, die von vornherein nie realisierbar sind. Dann müssen wir uns auch nicht überlegen, wie man eine solche Utopie umsetzen könnte. Du hast ja auch von Märchen gesprochen. Wir können also erfinden, was wir wollen, auch Esel, die Gold scheissen."

Lisa sagte: "Ich würde es sehr interessant finden, wenn wir uns Gedanken darüber machen würden, was wir wollen und was wir gerne hätten. Ich möchte mich dabei gerade nicht dadurch einschränken lassen, dass ich nur wünschen darf, was auch realistisch ist. Mich interessiert, was wünschbar wäre, realistischerweise sogar das Unmöglichscheinende. Ich glaube, dass wir uns in einem solchen Dialog nicht in die Haare geraten. Ich habe mir noch nie überlegt, was es heissen würde, wenn alle eine Rente bekommen würden. Ich weiss nicht einmal, was ich dann tun würde."

Elmar sagte: "Ich weiss nicht einmal, ob das wünschenswert wäre ..."

Heidi sagte: "Die Umfragen haben ergeben, dass die meisten Menschen nach relativ kurzer Zeit ihre Arbeit wieder aufnehmen würden, einfach mit etwas weniger Stress und so."

Elmar holte den Stab aus den Händen von Heidi und sagte: "Jetzt muss ich eben trotzdem nochmals von den Regeln, ich meine, von den Verheissungen sprechen. Wir, also ich, ich spreche in der Ich-Form und deshalb nicht darüber, was die Menschen tun. Und ich spreche ja auch nicht über Fakten, die aus irgendwelchen mir fremden Umfrage-Statistik-Quellen stammen. In Bezug auf diese Utopie frage ich mich also, was ich tun würde." Dann blieb er aber still.

Lisa sagte: "Wir können auch darüber sprechen, wie wir uns unsere Gesellschaft utopisch vorstellen. Also ich stelle mir jetzt einmal nichts sehr Spektakuläres vor. Ich stelle mir vor, dass ich meine Altersrente einfach ab sofort bekomme. Wenn ich einmal davon absehe, wer das bezahlt, habe ich keine Probleme, weil das Verfahren mit Renten ja schon lange in Betrieb ist und offenbar problemlos funktioniert. Ich überlege mir also, was die Rentner so tun, äh ... nicht was sie wirklich machen, sondern welche Möglichkeiten sie für mich als Rentnerin vormachen." Sie schaute uns an und fuhr weiter: "Einige von uns müssen sich das ohnehin demnächst überlegen, diese vermeintliche Utopie kommt sowieso rasend schnell - wenigsten für einen Teil von uns."

Hubert sagte: "Ich muss mir das nicht demnächst überlegen, ich kriege seit einem guten Jahr die Altersrente. Was hat sich dadurch in meinem Leben verändert? Nun, ich habe einen Seniorenausweis, mit welchem ich allerhand Vergünstigungen bekomme. Das ist natürlich wunderbar. Ich nehme an, dass es diesen Ausweis nicht mehr geben würde, wenn alle Menschen eine Rente bekommen, ich weiss es nicht. Aber was hat sich sonst noch verändert? Ich weiss es nicht. Ich verdiene jetzt wegen der Rente einfach etwas mehr und muss deshalb etwas mehr Steuern bezahlen, so dass ein guter Teil der Rente gleich wieder verschwindet. Mir fällt nichts ein, tut mir leid. Für mich ist es ja auch keine Utopie."

Peter sagte: "Aber wenn wir diese Utopie realisieren würden, wäre es auch für dich sehr rasch eine Utopie im schlechten Sinne des Wortes. Nach kurzer Zeit würdest Du Deine Rente nämlich nicht mehr bekommen, weil kein Geld mehr da wäre. Aber ok, lassen wir das mal aussen vor. Ich glaube, Du würdest ziemlich viele Dinge, die dir jetzt ganz normal vorkommen, sehr bald schmerzhaft vermissen. Um nur einmal eine Sache zu nennen, was meint Ihr, wer noch in der Kerichtabfuhr arbeiten würde, wenn er ohne diese Arbeit gleichviel Geld bekommen würde?"

Elmar sagte: "Hör mal Peter, willst Du nicht oder kannst Du nicht? Verstehst Du nicht, dass wir hier keine Diskussion führen wollen. Es geht jetzt nicht darum, was der Fall ist und auch nicht darum, was der Fall sein wird. Es geht uns um Utopien. Und eigentlich bin ich auch nicht wegen der Utopien hier, sondern wegen dem Dialog. Die Utopie fungiert hier nur als Alternative zu unserem Regelsystem. Wir wollen sehen, ob es Gespräche gibt, die unser Regelsystem quasi automatisch erfüllen. Ich wäre sehr froh, wenn Du mitmachen würdest. Wenn Du eine Aversion gegen diese Initiative hast, kannst Du ja eine andere Utopie anziehen." Dann schaute Elmar die andern an und sagte: "Es tut mir leid, dass ich so gegen alle Regeln verstosse, aber Peter ..." Dann sagte er nichts mehr.

Ich sagte: "Ich habe mir auch gerade überlegt, wie wir Peter helfen könnten, mit seinen Emotionen umzugehen. Aber natürlich muss ich nur mir selbst helfen, mit meinen Emotionen umzugehen. Ich stelle mir also wieder vor, dass wir ein Büfett haben. Jemand bringt etwas mit, was ich überhaupt nicht mag. Er stellt es auf das Büfett, nicht in meinen Teller, wenn ich meinen Teller nicht gerade aufs Büfett gestellt habe. Ich kann alles, was ich nicht will, dort stehen lassen. Stehen lassen bedeutet aber in diesem Fall wirklich stehen lassen, also nicht wegräumen, nur weil ich meine, es passe nicht."

Elmar sagte: "Ja, das sehe ich auch so, nur gelingt es mir nicht immer. Aber wir sind ja hier zum Üben."

Peter sagte: "Das ist gut, dann darf ich ja wirklich sagen, was ich will. Diese Grundeinkommensgeschichte ist meiner Meinung nach eben wirklich Unsinn."

Elmar sagte: "Ja, Du kannst auf das Büfett stellen, was Du willst. Ich überlege mir, was ich auf das Büfett stelle. Bei einer Grillparty bringe ich keine Pflastersteine. Aber unser Büfett ist ja grenzenlos gross."

Lisa sagte: "Vielleicht könnten wir jetzt wieder zum Dialog zurückkehren. Ich finde sehr interessant, dass Hubert gar keinen Unterschied feststellen konnte, als er Altersrente bekam. Das scheint mir eine sinnvolle Utopie, ich würde das jedenfalls gerne auch so erleben. Darin sehe ich das Gegenteil von dem oft zitierten Fall, dass viele Menschen kurz nach der Pensionierung daran sterben, dass ihr Leben für sie keinen Sinn mehr hat. Bitte versteht mich nicht falsch, ich will nicht über diese Menschen sprechen, ich kenne nämlich gar keinen solchen Fall. Ich will über das Problem sprechen, dass ich mich fragen muss, was ich denn machen würde, wenn ich ab heute eine Pension bekommen würde."

Heidi sagte: "Ich bin in der Initiative engagiert, deshalb kann ich nicht einfach still sein. Ich will hier auch gar nicht darüber streiten, was möglich ist und was nicht, das wissen offenbar auch die besten Ökonomen nicht recht. Ich will nur sagen, dass die Initiative, oder jetzt sage ich die Utopie, ja gerade vorsieht, dass niemand etwas an seinem Leben ändern muss. Es ist gerade nicht wie bei der Pensionierung, die es dann logischerweise nicht mehr geben wird, es ist umgekehrt. Bei der Pensionierung verändert sich das Leben plötzlich radikal. Das ist ein grosses Problem. Wenn ich aber eines Tages plötzlich die Grundrente bekomme, ändert sich wie bei Hubert rein gar nichts. Es sei denn, ich will es. Dann kann ich auch selbst einteilen, wann ich wieviel Veränderung will. Wenn ich beispielsweise überraschenderweise ab heute diese Rente bekommen würde, würde ich morgen genau so zur Arbeit gehen, wie ich es morgen ohnehin tue. Ich würde aber anfangen, über mein Leben neu nachzudenken. Und das könnten wir doch hier zusammen tun."

Heinz sagte: "Ich finde das eine gute Idee. Ich finde aber auch sehr interessant, wie man so eine Utopie realisieren könnte. Ich verstehe nicht, warum Ihr darüber nicht auch einen Dialog führen wollt. Wir können doch gut beides tun."

Dann blieb es ziemlich lange still. Schliesslich sagte Christian: "Ich finde diese Dialogveranstaltung ziemlich speziell. Ich verstehe einfach nicht recht, was hier läuft. Zuerst habe ich über mir nicht bekannte Regeln nachgedacht, dann habe ich gehört, dass diese Regeln jetzt gar nicht mehr wichtig sind, und jetzt komme ich mir vor wie in einem Kreativitätstraining, wo ich einfach mal so eine Utopie erfinden soll. Ich muss zugeben, dass mir einfach nichts einfällt. Ich könnte ohne weiteres über diese Initiative diskutieren, ich glaube problemlos stundenlang, obwohl ich heute das erste Mal von dieser Initiative und nur in einem kurzen

Satz etwas gehört habe. Ich merke, dass ich eigentlich über fast alles diskutieren kann. Aber hier wird ja nicht diskutiert, wir sind ja offenbar in einer Antidiskussion. Nur weiss ich nicht, wie das geht. Ich finde das wirklich sehr speziell. Und Peter hat doch mindestens in einem Punkt recht. Hier wird jedes Gespräch immer und sofort unterbrochen, weil wir immer sofort an irgendwelche Regeln denken, von welchen wir dann noch sagen, dass wir sie gar nicht brauchen."

Lisa sagte: "Ja. Mir fällt jetzt auch auf, dass es mir recht schwerfällt, jetzt einfach etwas zu diesem Thema zu sagen, aber nicht, weil es ein Thema ist und ich gerade an etwas anderes denke. Mich interessiert jetzt dieses Thema, aber trotzdem kann ich spontan nichts sagen, ausser dass ich wie Christian natürlich über diese Initiative diskutieren könnte. Ist das nicht total verrückt? Ich könnte ganz viel darüber sagen, wie die Wirklichkeit ist, also darüber, warum diese Initiative realisierbar wäre oder warum nicht. Dabei habe ich eigentlich gar keine Ahnung von Ökonomie. Also über das, wovon ich keine Ahnung habe, könnte ich ganz viel sagen, aber über das, wovon ich wirklich etwas verstehe, nämlich darüber, was ich mir wünsche oder wünschen würde, wenn diese Initiative angenommen würde, fällt mir jetzt nichts ein. Ich glaube, ich werde hier noch wahnsinnig, so verkehrt ist alles."

Christian holt den Stab. Lisa fragte Heidi: "Gibt es diese Initiative wirklich? Werden Unterschriften gesammelt? Oder hast Du jetzt nur ein Utopie erfunden?"

Christian blieb mit seinem Stab stehen. Heidi fragte: "Christian, darf ich, nur ganz schnell? Diese Initiative gibt es wirklich. In vielen Ländern in Europa. Es ist aber keine Initiative, für die schon Unterschriften gesammelt werden. Es ist ... ich sage nachher etwas, jetzt ist ja Christian dran".

Christian sagte: "Ich wollte sagen, dass ich das Verkehrte nicht sehe, von welchem Lisa gesprochen hat. Ich wollte sagen, was ich tun würde, wenn ich ab sofort eine Grundrente bekommen würde. Für mich ist das kein Problem. Mein Problem ist viel mehr, dass das nur eine Utopie ist ..."

Heidi rief: "Warte ab, nicht mehr lange!"

Christian fuhr fort: "Natürlich ist das von der Höhe der Rente anhängig. Aber wenn ich einmal von einer existenzsichernden Rente ausgehe, also wenn ich annehme, dass ich ab sofort die jetzt aktuelle Altersrente bekommen würde, würde ich mein Arbeitspensum reduzieren. Vielleicht auf achtzig Prozent, am liebsten in Form von einigen Wochen Urlaub. Ich hätte noch ein paar Reisen, die ich gerne machen würde und für die ich mir auch gerne mehr Zeit nehmen würde. Warum erzähle ich das? Nun, ich glaube, das ist weder kreativ noch irgendwie speziell. Ich verstehe nicht, warum nicht alle, die hier sind, ohne weiteres so etwas sagen könnten. Wer wünscht sich nicht etwas mehr Ferien? Aber vielleicht darf man im Dialog nicht über so einfache Dinge sprechen? Oder vielleicht ist der Dialog nicht für Menschen gedacht, die so einfache Vorstellungen haben?"

Heidi sagte: "Ich glaube, das hat nichts mit dem Dialog zu tun, sondern etwas mit der Initiative. Ich glaube, dass die Initiative einfach nicht so gemeint ist, dass es doch schön wäre, wenn alle etwas mehr Urlaub hätten. Es geht nicht darum, dass wir die Arbeitszeit reduzieren wollen. Es geht um unsere sozialen Verhältnisse. Es geht ..."

Peter rief: "Es geht darum und Du sagst uns genau worum."

Ich sagte: "Heidi, vielleicht könntest Du ja etwas ich-bezogener formulieren. Oder meinst Du, diese Initiative würde sich mit dem Dialog nicht vertragen?" Und Lisa schlug einmal mehr auf den Gong.

Nachdem der Gong verklungen war, sagte Heidi: "Entschuldigung. Ich wollte nicht sagen, worum es in dieser Initiative geht. Ich wollte sagen, wie ich die Initiative verstehe. Unser Problem war ja, dass uns spontan nicht einfällt, was wir angesichts einer Grundrente gerne machen, also wie wir gerne leben würden. Ich glaube auch, dass ganz viele Menschen etwas weniger arbeiten würden. Aber man merkt doch ...Ich meine, ich merke, dass es bei dieser Initiative nicht darum geht. Also ich will es zuerst einmal ganz undialogisch sagen und nachher über Ich-Formulierungen nachdenken. Man merkt doch einfach, dass es um mehr geht und deshalb spricht man nicht über die eigenen Ferienwünsche. Im

Dialog schon gar nicht. Es geht um Freiheit, nicht um Freizeit." Dann wartete sie etwas und sagte: "Jetzt könntet Ihr mir dabei helfen, das dialogisch zu formulieren, dabei würden wir auch viel über den Dialog lernen."

Es blieb ruhig, alle schienen darüber nachzudenken. Dann sagte Elmar: "Ich habe jetzt gerade viel über den Dialog gelernt, wenn das Lernen ist. Ich merke nämlich, dass ich dieser Idee, dass man etwas dialogisch formulieren könne, auch oft nachhänge. Und jetzt ist mir das bewusster geworden, weil Du uns dazu aufgefordert hast. Ich glaube aber, diese Idee ist ziemlich falsch. Gemäss dieser Idee kann man im Dialog alles sagen, man muss es einfach dialogisch formulieren. Ich glaube aber, es ist eigentlich umgekehrt. Es geht im Dialog mehr darum, was man sagen kann, als darum, wie man es sagen muss. Der Dialog ist ja nicht einfach eine Diskussion, in welcher man schöner formuliert. Diese Idee des richtigen oder dialogischen Formulierens wird durch unsere Regeln, die eigentlich Formulierungsregeln sind, hervorgerufen. Unsere Regeln betonen ja, *wie* man sprechen muss. Das ist das Problem der Regeln. Es geht im Dialog nicht um das *wie*, sondern um das *was*."

Heidi sagte: "Ja, ich habe mich jetzt ertappt. Mir ist es jetzt gerade mehr um das was, also um die Initiative gegangen als um den Dialog. Das ist aber auch eine schwierige Sache. Wenn ich in einem Thema engagiert bin ... Es ist wirklich schwierig, dann einfach im Dialog zu bleiben und nicht zu diskutieren, wenn jemand etwas gegen die Sache sagt."

Herbert sagte: "Ja, das ist das Problem. Aber genau darum geht es in gewisser Weise. Ich habe gelesen, dass die Konversationssalons in Frankreich in der Aufklärungszeit eine sehr strenge Etikette darüber hatten, wie man sprechen muss. Der Grund dafür war aber genau, dass man so nicht einfach sagen konnte, was man wollte. Das habe ich auch in unseren Dialogregeln so wiedererkannt. Es geht nicht um Formulierungen, sondern wie Elmar sagte, darum, worüber man spricht. Die Regel mit der Ich-Formulierung ist in diesem Sinne eben viel zu oberflächlich. Es geht nicht um Formulierungen, sondern darum, dass ich tatsächlich über mich spreche. In den Salons und wohl auch im Dialog geht es darum, dass nicht das Thema bestimmt, was ich sage, sondern dass ich bestimme, was zu einem Thema gesagt werden kann. Darin sehe ich einen entscheidenden Unterschied."

Heidi sagte: "Also das war mir zu kompliziert. Ich weiss, gemäss unseren Regeln wäre es dialogisch, wenn ich Dir keine Frage stellen würde. Ich müsste dann eine andere Formulierung suchen, um Dich trotzdem zu fragen. Jetzt aber frage ich Dich ganz direkt, wie Du das mit dem Thema gemeint hast. Wann bestimmt das Thema, was ich sage?"

Herbert antwortete: "Jetzt gerade! Jetzt willst Du etwas unbedingt wissen oder verstehen und Du kümmerst Dich deshalb nicht um unseren Dialog, der Dir solche Fragen verbieten würde. Das Thema ist Dir wichtiger als der Dialog. Und hier sollte es eben genau umgekehrt sein ..."

Peter sagte: "Jetzt ist es wieder auf dem Tisch. Das sage ich ja die ganze Zeit schon. Ihr wollt eigentlich gar kein Gespräch."

Herbert fuhr fort: "... Es könnte auch sein, was Lisa schon sagte, nämlich nicht jedes Gespräch wird verhindert, sondern nur bestimmte Gespräche. Und das ist doch definitiv der Sinn des Dialoges, nämlich dass wir nicht in blöde Diskussionen verfallen. Aber wir drehen uns hier wohl auch etwas im Kreis."

Ich sagte: "Vielleicht ist es gar nicht der Dialog, der Gespräche oder bestimmte Gespräche verhindert, vielleicht sind wir es, die das tun. Ich will nochmals zusammenfassen, welche möglichen Gespräche ich heute nicht wahrgenommen habe, weil immer ein anderes Gespräch gerade wichtiger schien. Wir hätten über den Unterschied zwischen Vorträgen und Dialogen sprechen können oder darüber, warum in Organisationen keine Dialoge möglich scheinen, oder endlich einmal über die Frage der Fragen, oder über Utopien und Verheissungen, die unsere Regeln unwichtig machen, oder über die Grundeinkommensinitiative, oder darüber, wie wir am liebsten leben würden. Man könnte also meinen, dass alle diese Gespräche, die nur angezogen aber nicht geführt wurden - dass diese Gespräche verhindert wurden. Man kann, und ich tue es, das aber auch ganz anders sehen. Wir sind hier im Dialog und sprechen deshalb vor allem über den Dialog. Wir haben einfach ein Thema, das uns nicht loslässt, noch nicht loslässt, das uns noch gefangen nimmt. Mir leuchtet ein, was Herbert über Konversationssalons gesagt hat, und auch, dass es im Dialog um das Gleiche gehen könnte. Aber ich erlebe, dass wir hier von einem Thema beherrscht werden, wie von einer Sucht. Ich finde das aber einerseits ziemlich normal, weil wir ja eigens dazu hierherkommen. Wenn mich das Grundeinkommen interessieren würde, würde ich ja eine andere Veranstaltung besuchen. Ich will die Verheissung, von welcher hier die Rede war, etwas pointieren. Zuerst wie Moses, quasi als elftes Gebot: Du sollst nur Dialoge führen. Und dann wie Avital, als Verheissung anstelle eines Gebotes: Du wirst Dich nur in Dialogen unterhalten, wenn Du Deine Bestimmung als Mensch erkannt haben wirst."

Ich stand auf und sagte: "Weil wir hier so sehr von einem einzigen Thema beherrscht werden, gehen wir nach dem Dialog immer zu einem Bier, wo alle Themen in jeder Form erlaubt oder sogar erwünscht sind."

Peter, der auch aufgestanden war, sagte: "Ich habe mir vorgenommen, nächstes Mal einen Vortrag zu halten. Ich schlage vor, dass ich nächstes Mal am Anfang etwa zehn oder fünfzehn Minuten spreche." Er schaute Lisa an und sagte: "Wir können ja vereinbaren, dass die, die keinen Vortrag hören wollen, einfach etwas später kommen, sagen wir halb sieben. Vielleicht bin ich dann eine Viertelstunde allein hier, aber vielleicht hilft es wenigstens den Neuen als Einstieg. Ich würde über das Buch von Bohm sprechen. Ich lese es jetzt natürlich auch mit etwas anderen Augen, aber ich finde immer noch sehr grosse Differenzen zu unserem Dialog. Ist das gut so, oder seid Ihr wieder dagegen?"

Da niemand eine Antwort gab, sagte ich: "Das scheint ok zu sein. Dann lasst uns jetzt zu einem Bier gehen. Auch als Vertreter von Renate danke ich Euch für das Mitmachen in der Veranstaltung und ich danke Euch für den Dialog."

## 7 Wahrheit und Konflikt

Ich hatte in meinem Einladungsmail den Kurzvortrag von Peter angekündigt und auch die Option erwähnt, erst später zur Dialoggruppe zu kommen. Alle Teilnehmenden, auch wieder zwei Neue, kamen zur üblichen Zeit. Renate war wieder dabei. Sie sagte mir, dass ich doch den Dialog eröffnen solle, weil ich wisse, was letztes Mal gelaufen war. Ich sagte, dass ich versuche, jeden Dialog neu zu sehen, so, als ob ich das erste Mal dabei wäre. Ich würde vorschlagen, dass wir Peter einfach machen liessen. Die Stühle habe ich zusammen mit Renate in einen Kreis gestellt, noch bevor Peter gekommen war. Peter schien sich für die Architektur nicht zu interessieren, er setzte sich auf einen der Stühle und kramte aus einer Mappe, die er dabei hatte, einige Papiere hervor. Ich dachte, das könnte eine lange Rede werden. Dann dachte ich, dass ich eigentlich positiv denken wollte und stellte mir eine kurze Rede vor.

Etwas nach 18.15 Uhr schloss Peter die Türe und setzte sich wieder. Die Gespräche verstummten allmählich, dann blieb es still. Nach einer Weile sagte Peter: "Will denn heute niemand den Dialog eröffnen?"

Ich sagte: "In meinen Augen sind wir schon mitten drin im Dialog."

Peter sagte: "Wenn das so ist, dann werde ich jetzt mal meine Sicht auf den Dialog von Bohm vorstellen. Ich glaube, das ist nicht nur für Neue in diesem Kreis interessant." Er machte eine Pause und schien auf eine Bestätigung seines Anliegens zu warten oder allenfalls auch auf Widerspruch. Aber niemand sagte etwas. Dann fuhr er weiter: "Also, wenn es keinen Widerspruch gibt, fange ich jetzt an. Ich will noch sagen, dass Ihr mich jederzeit unterbrechen könnt, wenn Ihr etwas nicht versteht, und Ihr könnt natürlich auch Fragen stellen, weil es jetzt ja um den Dialog nach Bohm geht, nicht um den Dialog, den wir hier sonst pflegen." Er schaute auf seine Unterlagen und sagte: "Ich habe mir die wichtigsten Punkte rausgeschrieben. Ich fange mit dem für mich jedenfalls wichtigsten Punkt an. Soweit ich Bohm verstanden habe, geht es im Dialog weder um Regeln noch um Verheissungen. Gemäss Bohm geht es im Dialog darum, die Wahrheit zu finden. Wenn man die Wahrheit finden will, darf man sie natürlich nicht bereits schon besitzen, und man darf eben auch nicht sicher sein, dass man bereits auf dem richtigen Weg zur Wahrheit ist. Das Problem, das Bohm mit seinem Dialog lösen will, und er spricht auch wirklich von einer Problemlösung, besteht darin, dass viele Menschen die Wahrheit nicht finden können, weil sie glauben, die Wahrheit schon gefunden zu haben. In Wirklichkeit haben sie aber eine Theorie, nicht die Wahrheit. Als Beispiel nennt Bohm die beiden Physiker Bohr und Einstein, die nie einen Dialog miteinander führen konnten, weil beide meinten, ihre Theorien seien wahr. Sie identifizierten sich mit ihren Theorien so, dass sie alles, was gegen diese Theorien gesagt wurde, als Angriffe auf ihre Person erlebten. Nur nebenbei, das ist kein nur persönliches Problem. Ich habe gelesen, dass sich das Judentum so sehr mit der Theorie von Einstein identifiziert, dass Angriffe auf die Relativitätstheorie als antisemitisch empfunden werden."

Avital fragte: "Wo hast Du denn diesen Unsinn gelesen. Merkst Du, dass genau das eine antisemitische Verunglimpfung ist?"

Peter antwortete: "So habe ich es überhaupt nicht gemeint, ich wollte nur sagen, dass man sich nicht nur persönlich, sondern auch als Volk oder als Kultur mit etwas identifizieren kann. Das war wohl ein blödes Beispiel, es ist mir einfach wegen Einstein gerade in den Sinn gekommen, der eben selbst so argumentiert haben soll. Ich kann dir die Quelle schon geben, wenn Du willst. Aber es geht nicht um das Beispiel, sondern um den interkulturellen Dialog, der heute von allergrösster Bedeutung ist." Er schaute wieder auf sein Papier und sagte wieder mehr zu allen: "Bei Bohm geht es darum, diese Identifikationen mit vermeintlichem Wissen aufzubrechen oder wie er sagt, in der Schwebe zu halten, so dass die Wahrheit eine Chance bekommt. Wie gesagt, von unserem Setting mit diesen etwas eigenartigen Regeln schreibt er nichts, er schreibt viel allgemeiner von einem Containment, in welchem Dialoge stattfinden sollen. Dieser Container ist als eine Art Schutzraum gedacht, in welchem man nicht jedes Wort auf die Goldwaage legen muss. Bohm sagt, dass schon bei relativ zufällig ausgewählten zwanzig bis vierzig Personen - so viele waren wir ja leider noch nie - eine Art Mikrokosmos zusammenkommt, der alle Positionen der jeweiligen Kultur repräsentiert. Im Dialog können deshalb alle gesellschaftlichen Probleme so diskutiert werden, wie es die Gesellschaft als Ganzes tut, weil im Mikrokosmos eben auch alle Strömungen vertreten sind."

Lisa hielt die Hand hoch und fragte dann: "Peter, könntest Du jetzt zu Sache kommen und uns sagen, wie wir einen Dialog nach Bohm zu führen hätten. Wie würde das gehen? Was wäre anders als bei unserem Verfahren?"

Peter sagte: "Ja, ich will nur noch einen Punkt hervorheben, der mir wichtig erscheint. Ihr wisst ja, dass Bohm ein grosser Physiker war, bevor er sich mit dieser Dialogphilosophie zu beschäftigen begann. Und das kann man in seinem Buch noch sehr genau erkennen. Wenn man etwas genau liest, wird man sehen, dass er sehr naturwissenschaftlich argumentiert, ich betone beides, naturwissenschaftlich und das Argumentieren. Er ist kein Konstruktivist, sondern er ist der Wahrheit verpflichtet. Und diese Wahrheit kann nicht im Widerspruch zur Naturwissenschaft stehen. Er argumentiert deshalb auch mit der Funktionsweise des Gehirns und des Denkens. Er zeigt, dass das Denken einen eingebauten Fehler hat, der darin besteht, dass das Denken sein eigenes Tätigsein versteckt. Für mich ist das eine zentrale Erkenntnis. Bohm spricht von einer fehlenden Reafferenz oder Propriozeption. Reafferenz bedeutet, dass wir merken, wenn wir unseren Arm bewegen, aber wir merken nicht, wenn wir denken. Die Funktion des Dialoges besteht deshalb darin, uns klar zu machen, dass und wie wir denken."

Lisa sagte etwa lauter: "Wunderbar, und jetzt sagst Du uns noch, wie das geht, oder?"

Peter sagte: "Also konkrete Anweisungen habe ich im Buch nicht gefunden. Es scheint vielmehr so zu sein, dass der Dialog ein sich selbst organisierender Prozess darstellt, den man sich entwickeln lassen muss. Dazu sollten sich Menschen wie wir treffen, möglichst viele, Bohm spricht von idealerweise bis fünfzig Personen. Man hat am Anfang kein Thema und keine Traktanden, dafür aber Musse. Bohm sagt, dass am Anfang oft etwas um den Brei herum gesprochen werde, weil wir Dialoge einfach nicht gewohnt seien. Aber nach einer gewissen

Zeit würden sich vor allem anhand von Missverständnissen Gespräche entwickeln, in welchen unsere Grundannahmen sichtbar würden."

Elmar sagte: "Ich bin jetzt in einer etwas schwierigen Lage, weil ich nicht recht weiss, wie die Veranstaltung laufen soll. Ich sage es mal so, dieser Vortrag provoziert in mir eine Reihe von Widersprüchen, die vielleicht auf Missverständnissen beruhen. Wenn ich jetzt an einem Vortrag wäre, würde ich anfangen zu argumentieren. Da ich aber mit der Vorstellung hier bin, in einem Dialog zu sein, stelle ich das Gehörte auf unser berühmtes Büfett. Ich untersuche, was genau an diesem Vortrag mich zum Widersprechen reizt."

Peter sagte: "Ja, das ist genau der Punkt, auf den Bohm hinaus will. Du hast etwas gehört, was dir nicht recht passt, weil es nicht zu Deinen Vorannahmen passt. Wenn Du jetzt reklamierst, wird zuerst sichtbar, dass Du von anderen Annahmen ausgehst. Es ist dann unsere Aufgabe, Deine Annahmen aufzudecken. Bohm spricht davon, den Beobachter zu beobachten. Du bist der Beobachter, der mich beobachtet hat, und jetzt beobachten wir den Beobachter. Du müsstest jetzt also sagen, was von dem, was ich sagte, nicht zu Deinen Voraussetzungen passt. Aber an diesen Punkt kann unser Dialog gar nie kommen, weil wir uns mit unseren Regeln ja gar nicht widersprechen können. Es gibt einen fundamentalen Unterschied zwischen dem Bohmschen Dialog und unserem."

Renate sagte: "Mir geht es ein wenig wie Elmar. Ich verstehe auch nicht recht, wo wir hinzielen. Ich könnte Peters Vortrag auch ohne weiteres kritisieren, aber damit würde ich mich ja auf das Niveau von Peter begeben, ich müsste dann sagen, was wahr ist und wie es wirklich ist und was David Bohm wirklich geschrieben hat und so weiter. Ich weiss nicht, was Ihr letztes Mal abgemacht habt, ich habe nur im mail gelesen, dass es einen kurzen Vortrag gibt. Für mich wäre am besten, wenn wir nach dem Vortrag eine kleine Pause einlegen und danach einen Dialog anfangen würden."

Einer der neuen Teilnehmer sagte: "Ich heisse René, ich bin das erste Mal hier. Ich hätte auch ein paar Fragen zu diesem interessanten Vortrag. Er ist ja sicher noch nicht fertig, oder? Ich verstehe aber vor allem nicht, wie Ihr jetzt auf den Vortrag reagiert. Findet Ihr es nicht normal, dass man zu einem Vortrag Fragen stellt, vielleicht auch kritische?"

Renate war schneller als Peter, sie sagte: "Doch, zu einem Vortrag gehören schon Fragen, aber wir wollen hier ja einen Dialog machen. Das ist etwas anderes als Vorträge. Aber vielleicht habt Ihr ja für heute etwas anderes abgemacht."

Ich sagte: "Ich weiss nichts von einer Abmachung. Es ist alles wie immer. Ich habe letztes Mal einen Vortrag gehalten. Dann hat Peter gesagt, dass er heute auch einen Vortrag halten werde. Das habe ich in der Einladung angekündigt. Ich selbst habe den Vortrag von Peter als Beitrag zum Dialog gehört, weil ich nicht für einen Vortrag, sondern für einen Dialog gekommen bin. Ich habe gemerkt, dass ich selbst entscheide, ob ich einen Vortrag oder einen Dialogbeitrag höre, selbst dann, wenn Peter sagt, dass er einen Vortrag macht. Mir hat dieser vermeintliche Vortrag, der übrigens im Kreis vorgetragen wurde, sehr geholfen zu verstehen, dass ich als Zuhörer selbst bestimme, was ich wie höre. Ich habe alles, was ich gehört habe, auf unser Schwebebüfett gestellt."

Lisa sagte: "Mir geht es völlig gleich. Auch für mich war das eine gute Übung. Ich habe mir immer überlegt, unter welchen Bedingungen ich auch so sprechen würde. Ich habe einfach versucht zuzuhören, zu hören, was ein anderer Mensch sich vorstellen kann. Ich will Euch gerne sagen, was das bei mir bewirkt hat. Ich dachte immer wieder, dass Peter offenbar ein anderes Buch von David Bohm gelesen hat als ich. Ich stelle mir aber dabei vor, dass in seinem Buch alle Buchstaben in der gleichen Reihenfolge stehen wie in meinem und dann ist es sehr erstaunlich, wie es möglich ist, dass wir so verschieden lesen. Aber vielleicht habe ich Peter ganz falsch verstanden ..."

Peter unterbrach sie: "Ich dachte, Du würdest gar keine Bücher lesen."

Lisa sagte: "Es sieht jetzt jedenfalls wieder ganz so aus. Jetzt habe ich es wieder einmal versucht, aber ich habe so etwas anderes gelesen als Du, dass ich jetzt wieder ganz unsicher bin, ob ich gelesen oder einfach fantasiert habe.

Der Dialog im Dialog

Aber das ist ja der Grund, warum ich den Dialog suche. Bücher reagieren überhaupt nicht, wenn ich sie total falsch verstehe, oder noch genauer gesagt, ich kann Bücher nicht verstehen oder nicht verstehen, weil sie mir darüber keine Rückmeldung geben. Hier im Dialog kann ich aber hören, dass es ganz verschiedene Vorstellungen gibt. Wenn ich überhaupt zuhören kann. Während dieses Vortrages ist mir das teilweise sehr schwer gefallen. Immer wieder ertappte ich mich dabei zu denken, dass Peter das Buch nicht verstanden habe. Dann musste ich mir jedesmal einen Ruck geben, um zu sehen, dass er das Buch auf seine Weise verstanden hat, und dass das mir nur zeigt, wie verschieden das Buch gelesen und verstanden werden kann."

René sagte ziemlich energisch: "Vielleicht kann mich jemand darüber aufklären, was Eurer Meinung nach das richtige Verhalten nach einem Vortrag wäre. Was sollten wir tun, wenn nicht Fragen stellen oder Kritiken anbringen?"

Elmar sagte: "Ich habe einen ganz undialogischen Vorschlag, der mir aber jetzt gerade zu passen scheint. Peter soll René und uns auch noch über unseren Dialog aufklären. Nachdem er das Buch doch ziemlich anders verstanden hat als einige von uns, ist es ja möglich, dass er auch unseren Dialog ziemlich anders versteht. Wir könnten so vielleicht auch eine neue Sicht auf unseren Dialog gewinnen und darauf, wie er sich vom Bohmschen Dialog unterscheidet, obwohl mir noch nicht klar ist, wie Peter den Bohmschen Dialog genau sieht."

Peter sagte sofort: "Das mache ich gerne. Ich finde aber schon, dass wir die Frage von René beantworten sollten. Wir könnten dann auch gleich diskutieren, inwiefern Ihr das Buch so anders verstanden habt als ich. Vielleicht können wir so überhaupt zu klareren Vorstellungen über den Dialog kommen." Er schaute wieder abwartend in den Kreis.

Renate sagte: "Ich will einfach noch sagen, dass ich die Veranstaltung überhaupt nicht mehr wiedererkennen kann. Letztes Mal war wohl eine Revolution im Gange, in welcher alles, wirklich alles umgekrempelt wurde. Mir fällt auf, dass Ihr nicht einmal mehr den Sprechstab verwendet, von allem anderen ganz zu schweigen."

Lisa sagte: "Diese Revolution findet heute statt, letztes Mal war alles noch ganz normal."

Heinz sagte: "Ich bin noch nicht oft da gewesen, aber ich finde, es war jedes Mal eine Revolution. Das Normale habe ich noch nie gesehen. Ich staune jedes Mal von Neuem. Aber vielleicht lernen wir so mit komplexen Verhältnissen umzugehen. Ich würde den Vorschlag von Elmar unterstützen. Da wir jetzt ohnehin keinen Dialog machen, könnte doch Peter auch noch einen Vortrag über uns machen. Das hilft uns dann vielleicht wirklich, besser zu verstehen, was wir hier tun."

Peter sagte: "Also, ich mache es kurz." Er schaute René an und fing an: "Ich habe vorher erzählt, was im Buch von Bohm über den Dialog steht. Natürlich, wie Du gesagt hast, sehr kurz. Jetzt sage ich auch kurz, was ich bisher hier in unserem Dialog verstanden habe. Hier geht es darum, ein Gespräch nach bestimmten Regeln zu führen. Bis heute hatten wir einen Sprechstab und durften nur in Ich-Sätzen sprechen. Ich glaube, diese Regeln würden jetzt immer noch gelten, aber wir haben den Dialog heute eben noch nicht angefangen, weil ich einen kurzen Vortrag hielt. Aber dass mein Vortrag ein Vortrag ist, stimmt ja jetzt auch schon wieder nicht mehr. Die einschneidenste Regel hier lautet oder hat die Konsequenz, dass man keine Fragen stellen darf, wenigstens nicht an eine bestimmte Person. Deshalb kann man jetzt auch keine Fragen an mich richten, wenn man meinen Vortrag als Teil des Dialoges sieht, der hier üblicherweise stattfindet. Ich habe schon mehrfach gesagt, dass ich den Zusammenhang zwischen unserem Dialog und jenem von Bohm nicht erkennen kann. Hier scheint es um ein relativ unverbindliches Spiel mit Regeln zu gehen, bei Bohm geht es um Sinn und Wahrheit. Aber egal. Letztes Mal haben wir gehört, dass hier die Regeln unwichtig sind oder vielmehr, dass sie wichtig sind, aber keine Regeln, sondern Verheissungen. Das habe ich so verstanden, dass wir die Regeln nicht strikt anwenden, sondern eher tendenziell, dass die Regeln also eine Art Fernziel beschreiben. Man könnte jetzt also doch Fragen an mich richten, wenn man diese Regelabweichung verantworten kann." Er machte ein kurze Pause und sagte dann: "Ah, da ist noch eine weitreichende Regel. Der Dialog hat kein Thema. Man kann also immer über alles sprechen. Als Nächstes kann jemand etwas über Fussball und der Nächste etwas über die Galapagosinseln sagen. Ich, nur um ein Beispiel zu nennen, wollte schon mehrmals über das Problem mit den Fragen sprechen, aber weil das ein Thema wäre, habe ich nie Antworten dazu bekommen." Mit einer abwinkenden Handbewegung fügte er an: "Ja, das war jetzt natürlich etwas knapp und ein bisschen pointiert. Aber wohl schon ziemlich treffend, oder?"

Renate sagte ziemlich laut: "Ich weiss wirklich nicht, wo wir jetzt stehen. Das hat doch überhaupt keinen Sinn. Peter, ich weiss nicht, warum Du immer zu unseren Dialogen kommst, wenn es Dir so völlig unverständlich ist, was wir hier warum tun. Bist Du einfach hier, um uns zu stören?"

Dann war es auf eine laute Art still, bis Peter endlich antwortete: "Ich bin hier, weil Du mich zu einem Dialog eingeladen hast. Das tut dir jetzt offenbar leid, aber Du kannst mich ja wieder ausladen, falls Du das jetzt nicht schon getan hast. Ich merke selber auch, dass ich hier oft eine eigene Meinung vertrete, und dass das manchmal oder meistens störend wirkt. Nur dachte ich, das sei kein Problem, weil es im Buch von Bohm als Normalfall beschrieben wird. Im Dialog kommen fundamentale Vorstellungen zu Tage, und die erzeugen fast zwingend Konflikte. Es geht im Dialog darum, mit solchen Konflikten fertig zu werden, indem man die eigenen Annahmen in der Schwebe hält. Natürlich meinen jeweils beide Parteien, sie hätten recht und der andere würde die Sache nicht richtig sehen, aber eben genau das ist das Problem, das zu lösende Problem, wenn ich Bohm recht verstanden habe. Und wir meinen wohl beide, wir hätten Bohm richtig verstanden."

Renate schaute auf den Boden. Sie sagte lange Zeit nichts. Schliesslich sagte sie: "Ich habe das Gefühl, hier in einer Diskussion zu sitzen, die ich ziemlich blöd finde. Kann mir jetzt einmal jemand sagen, warum Ihr die Regeln abgeschafft habt, als ich nicht da war?"

Ich antwortete: "Wir haben keine Regeln abgeschafft. Wir haben lediglich eine neue Deutung für das, was wir bisher etwas unglücklich 'Regel' genannt haben, gefunden. Wir sprechen jetzt von Verheissungen. Ich habe gemeint, damit hätten wir einen grossen Fortschritt gemacht, weil es für mich ein grosser Schritt war. Ich habe für mich eine ganz neue Bedeutung des Dialoges erkannt, aber das scheint mir jetzt doch etwas ziemlich Privates gewesen zu sein. Ich finde den Dialog so erstaunlich, weil hier immer sichtbar ist, wie jeder und jede etwas anderes vom Büfett nimmt." Ich holte den Sprechstab, der in der Mitte lag, und sagte: "Peter war letztes Mal auch hier. So wie er jetzt unseren Dialog zusammengefasst hat, hat er aber letztes Mal etwas ganz anderes gehört als ich, oder ich habe etwas anderes gehört als er. Ich möchte überhaupt nicht entscheiden, was letztes Mal wirklich gesagt wurde. Ich möchte etwas darüber sagen, was sich für mich verändert hat. Am Anfang dachte ich, dass wir beim Sprechen im Dialog bestimmte Regeln beachten, jetzt achte ich darauf, dass ich so spreche, wie ich es am liebsten tun würde. Die Verheissung lautet, dass mir das eines Tages gelingen wird. Wenn ich so weit bin, wenn ich also quasi weise geworden bin, werde ich in der Ich-Form darüber sprechen, wie ich die Welt am liebsten sehen würde. Wir nannten das Utopie. Ich bin jetzt hier, um das zu üben. Ich will das mit Euch zusammen erleben, aber ich will nicht, dass Ihr das auch so erleben müsst. Mir ist es recht, wenn Ihr hier ganz andere Sachen übt. Am schönsten wäre für mich schon der Zufall, dass Ihr so üben würdet, dass wir einander helfen können. Aber das ist eben auch eine Utopie." Ich legte den Stab zurück und fügte an: "Ich brauche diesen Stab nicht mehr. Er erinnert mich nur noch daran, dass ich einmal die Regel erkannt habe, dass ich anderen Dialogteilnehmern nicht ins Wort fallen will. Ich kann das jetzt auch üben, ohne diesen Stab zu holen."

Renate holte den Stab und sagte: "Das ist alles sehr interessant, ich habe wohl das letzte Mal sehr viel verpasst. Aber jetzt fühle ich mich wieder viel wohler im Dialog. Vielleicht brauchen wir jetzt diesen Stab wirklich nicht mehr, er hat ja ohnehin nicht immer geholfen. Und die Vorstellung, dass wir keine Regeln, sondern Verheissungen haben, gefällt mir sehr gut, auch wenn ich das mit der Utopie noch nicht recht verstanden habe, aber das macht nichts, eine Ahnung habe ich schon. Ich bin gespannt." Sie legte den Stab zurück neben die Schale.

Elmar sagte: "Ich wollte nur sagen, was ich im Buch von Bohm dazu gelesen habe, weil es dabei für mich um etwas Entscheidendes geht. Man könnte darin leider eine weitere Regel sehen, aber ich sehe jetzt keine Regeln mehr, sondern Verheissungen, die ich gerne mit Euch teilen würde. Die Verheissung lautet, dass ich dahin kommen werde, nie mehr über die Wahrheit zu sprechen. Ich meine nicht, dass es keine Wahrheit gebe. Und ich meine auch nicht, dass jeder nur eine eigene, subjektive Wahrheit habe. Ich meine, dass man die Wahrheit im Dialog nicht sagen kann." Er lachte und fuhr weiter: "Ich meine natürlich, dass man die Wahrheit sagen kann, aber man kann nicht sagen, dass es die Wahrheit ist. Ich kann nie sagen, dass etwas Bestimmtes wahr ist. Ich meine, im Dialog kann ich das nicht sagen. Das ist der Unterschied zu einer Diskussion. Im Dialog spreche ich darüber, was ich wahrnehme, in der Diskussion darüber, wie es ist."

Peter fragte erstaunt: "Das hast Du im Buch von Bohm gelesen?"

Elmar antwortete: "Ja. Er hat geschrieben, dass ... Nein, nein, ich will etwas anderes sagen. Du hast mir jetzt eine Frage gestellt, und ich habe es beinahe wieder nicht gemerkt. Denn wenn ich es merke, gebe ich natürlich keine Antwort. Ich antworte nur auf Fragen, wenn ich nicht merke, dass ich gefragt, zur Verantwortung gezogen werde. Und natürlich auch, wenn ich gezwungen werde. Ein freier Mensch muss nie antworten. Wenn ich nicht bewusst realisiere, dass man mir eine Frage stellt, dann zwingt mich die Frage sozusagen unbemerkt zu einer Antwort."

René sagte, bevor Peter etwas antworten konnte: "Offenbar muss man dieses Buch gelesen haben, um hier mitmachen zu können ..."

Lisa sagte: "Ich hätte jetzt aus diesem Gespräch genau das Gegenteil gefolgert. Die beiden haben das Buch gelesen, aber sie haben ja zwei ganz verschiedene Bücher gelesen und ich habe vermutlich nur gemeint, das Buch auch gelesen zu haben. Ich vermute, sie haben das Buch verschieden gelesen, weil sie unabhängig vom Buch sehr verschieden sind. Das Buch fungiert als Spiegel. Das Buch lesen nützt also gar nichts, weil hier doch jede etwas anderes weiss oder gelesen hat. Vielleicht bringt uns aber die Geschichte über die Wahrheit weiter, wobei es mir völlig egal ist, was darüber im Buch steht und was nicht. Es wird ja nichts dadurch wahr, dass es in einem Buch steht."

Herbert sagte: "Lieber Elmar, in diesem Kreis neigt nicht nur Peter dazu, alle Prinzipien, die uns vorschweben, zu sistieren. Wir wollten doch darüber sprechen, wie es schön wäre, und gerade nicht darüber, was wirklich im Buch von David Bohm steht. Wenn Du das dann doch noch sagst, fallen wir augenblicklich in die Diskussion zurück, weil es dann eben stimmt oder nicht stimmt. Lasst uns doch lieber davon sprechen, wie wir gerne mit Wahrheit und Wirklichkeit umgehen würden. Mir gefällt, das was Du gesagt hast, egal von wem es ist."

Ich sagte: "Das finde ich auch. Sehr sogar. Ich finde aber auch, dass wir uns darin beobachten sollten, was wir über Wahrheit sagen. Also nicht, was Wahrheit ist, und nicht, was wir für wahr halten, sondern wie wir das Wort verwenden. Wann und wo wir das Wort überhaupt sagen. Diese Dialogveranstaltung sollte uns auch dazu dienen, unsere Sprache zu beobachten. Vielleicht könnten wir erkennen, wozu genau wir diese Wörter verwenden."

René sagte: "Ich kann mir eigentlich gar nicht viele Situationen vorstellen, in welchen jemand sagt, dass er die Wahrheit sagt. Gut, vor Gericht muss man sogar schwören, dass man die Wahrheit sagt, aber das ist ja eine ziemlich spezielle Situation, die ich überdies nur vom Film kenne, weil ich noch nie vor einem Gericht gestanden bin. Das ist übrigens wahr."

Renate sagte: "Wahr ist auch, dass ich den Faden verloren habe. Ich weiss, dass es auf einem Speisebüfett keinen roten Faden gibt, aber ich würde dem Gespräch trotzdem gerne folgen können. Ich versuche mal eine kurze Zusammenfassung, damit eine Art Pause entsteht. Wir sprechen jetzt über zwei Dinge, die wohl irgendwie zusammenhängen. Einerseits sagten wir, dass wir uns über das Wünschenswerte unterhalten wollen, weil wir so nicht von der Wirklichkeit sprechen. Und andrerseits sprechen wir darüber, wo wir denn normalerweise doch über die Wirklichkeit oder über Wahrheit sprechen. Ich habe das vorderhand so verstanden, dass wir im Dialog das eine und in der Diskussion das andere tun."

Lisa sagte: "Ja genau. Im Dialog will ich keine Wahrheit finden. Ich will sehen, wie mein Gegenüber die Welt sieht und ob ich sie auch so sehen kann. Für mich heisst Dialog jetzt ganz einfach, mein Gegenüber ernst zu nehmen. Das ist etwas ganz anderes als irgendeine Wahrheit zu finden."

Peter stand auf und sagte: "Also, jetzt kann ich den Unterschied benennen. Bei Bohm geht es ausgesprochen um die Wahrheit und hier geht es ausgesprochen darum, um Himmelswillen keine Wahrheit zu finden. Verschiedener können doch Dialogauffassungen gar nicht sein." Er setzte sich wieder hin.

Nach einer Weile sagte René: "Ich glaube, es ist nicht immer so einfach, das Gegenüber immer ernst zu nehmen. Ich glaube, das ist eine gewaltige Utopie. Mir gelingt es jedenfalls sehr oft nicht ganz, um es einmal so zu sagen. Das Beispiel mit dem Gericht habe ich nicht ganz zufällig gewählt, sondern eher als exemplarische Situation, die gerade dadurch charakterisiert ist, dass sich die dort Anwesenden allesamt nicht ernst nehmen. Oder etwas gemässigter formuliert, dass sie alle davon ausgehen, dass sie von den andern nicht ernst genommen werden. Der Angeklagte weiss, dass der Richter ihm nicht glaubt, der Richter weiss, dass der Angeklagte meistens lügt und Staatsanwälte und Verteidiger verdrehen alles von Berufs wegen. Es ist doch ganz typisch, dass gerade dort am meisten von Wahrheit gesprochen wird."

Lisa sagte: "Ja. Und wir sind eben weder ein Gericht, noch vor dem Gericht. Und da wir darüber sprechen wollen, was uns gefallen würde, kommen vielleicht Gerichte ohnehin gar nicht vor."

Elmar sagte: "Also, ich formuliere einmal versuchsweise die Verheissung. Es geht darum, dass ich im Dialog Wörter wie Wahrheit und Wirklichkeit nie ausspreche werde. Wenn ich sage, dass ich die Realität beschreibe, sage ich eigentlich zugleich zwei Dinge, die im Dialog nicht gehen. Ich sage erstens, dass ich nichts dafür kann, dass es so ist, wie es ist, weil ich nur beschreibe, was der Fall ist. Und ich sage zweitens, dass alle andern das auch so sehen müssen, oder andernfalls eben Phantasten sind. Ich glaube, so könnte man auch den Konstruktivismus als Theorie des Dialoges verstehen."

Ich sagte: "Wenn man das als Verheissung und nicht als Regel sieht, kann man sich überlegen, inwiefern es erst eine Verheissung ist. Warum komme ich jetzt noch nicht ohne die Wörter Wirklichkeit und Wahrheit aus. Oder was müsste anders sein, dass mir das gelingen würde. Avital hat ja einleuchtend erzählt, dass die Gebote Moses und darauf aufbauend unsere ganze Rechtsprechung mit allen Gerichten als Verheissung verstanden werden kann. Wenn ich mich frage, wo ich die Verheissung noch nicht erfülle, frage ich auch, wozu wir die gesellschaftlichen Verheissungen noch als Gesetze, Vorschriften oder Regeln auffassen. Ich kenne dazu eine kleine Selbstbeobachtungsübung. Man muss sich dabei zuerst an eine konkrete Situation erinnern, in welcher einer der Ausdrücke Wahrheit, Wirklichkeit oder Realität ausgesprochen wurde. Dabei ist unwichtig, ob ich es war oder mein Gegenüber, der das Wort gesagt hat. Dann muss man sich die Situation, in der das Wort gefallen ist, möglichst genau vergegenwärtigen. Worum ging es? Wie war die Stimmung, was war der Anlass? Einfach möglichst konkret."

Heidi sagte: "Also, lasst uns diese Übung spielen. Vielleicht kann ich anhand meiner Erfahrungen mit diesen Wörtern und nicht nur theoretisch verstehen, weshalb ich diese Wörter nicht verwenden sollte. Ich erzähle Euch eine Situation, die ich vor zwei Tagen erlebt habe. Mein Sohn ist sechzehnjährig. Er machte eine Lehre und ist deshalb beim Arbeiten auf dem Bau viel mit wesentlich älteren Männern zusammen. Wir haben darüber gesprochen, er sieht ein, dass er nicht alles machen darf, was die andern, die eben erwachsen sind, tun. Wir haben vereinbart, dass er seine Freiheiten durch etwas Selbstdisziplin begründen muss. Er hat versprochen, weder zu rauchen noch Alkohol zu trinken. Er darf dafür mit seinen Arbeitskollegen abends manchmal ausgehen, wenn sie ihn mitnehmen, zu Sportveranstaltungen oder so. Manchmal kommt er dann für sein Alter ziemlich spät nach Hause. Er muss ja dann mit den andern zurückfahren. Manchmal erzählt er dann etwas, was mir nicht die ganze Wahrheit zu sein scheint. Also ich fragte vorgestern wieder einmal zurück, ob das wirklich so gewesen sei. Hier sind also diese Worte. Aber ich bin schliesslich für ihn verantwortlich, er ist ja erst sechzehn. Ich muss schon wissen, wo er mit wem war, wenn es wieder spät geworden ist. Mir geht es nicht ums Rauchen, obwohl ich

Rauchen daneben finde. Mir geht es darum, dass er bewusst nicht einfach alles mitmacht, nur weil die andern das tun. Nun, jedesmal, wenn ich ihn frage, ärgert er sich. Er sagt, wir hätten ja eine Abmachung und er würde sich daran halten. Aber ich muss einfach wenigstens ungefähr wissen, was läuft. Nicht erst, wenn es zu spät ist. In diesem Fall habe ich nicht nur vor zwei Tagen das Wort wirklich verwendet. Ist das schlimm?"

Lisa sagte: "Ich habe mich auch an einen konkreten Fall zu erinnern versucht. Mir ist spontan nichts eingefallen. Ich werde künftig viel besser aufpassen, wo solche Wörter auftauchen. Mir ist an der Geschichte von Heidi aufgefallen, dass es nicht nur um Vertrauen, sondern auch um Verantwortung geht. Mir scheint, dass Vertrauen eine notwendige Voraussetzung für den Dialog ist. Vielleicht ist der Dialog sogar nur dort möglich, wo das Vertrauen vollständig vorhanden ist. Und dort müsste dann natürlich nie von Wahrheit oder Wirklichkeit gesprochen werden."

Heidi sagte: "Ich vertraue meinen Kindern sehr, aber ich habe einfach eine Verantwortung, die ich nicht weglegen kann. Was würdet denn Ihr an meiner Stelle tun?" Es blieb längere Zeit still.

Schliesslich sagte Elmar: "Ich will zwei Sachen sagen. Du hast jetzt eine Situation geschildert, in der Du unsere Dialogregeln nicht erfüllen kannst und dann hast Du uns mit der Frage bedrängt, was wir denn in dieser Situation tun würden. Das finde ich sehr bedenkenswert. Du bist mit Deiner Situation in einer gewissen Not und das führt Dich dazu, auch hier die Dialogregeln zu verletzen. Ich meine das überhaupt nicht als Vorwurf, sondern mir scheint, dass man in der Not diese Regeln nicht durchhalten kann. Das nur als Idee. Zweitens finde ich auch, dass sich der Dialog in der Praxis bewähren muss. Ich dachte jetzt, dass Wörter wie Realität oder Wahrheit Konflikte provozieren. Wenn wir verschiedene Vorstellungen oder verschiedene Erinnerungen haben, ist das ja solange kein Problem, bis jemand meint, dass seine Vorstellungen der Realität entsprechen, respektive bis jemand das sagt. Jetzt scheint mir aber umgekehrt eher der Fall, dass bestehende Konflikte diese Wörter provozieren. Das würde zum Gericht passen. Dort wird der Sache nach gestritten und deshalb werden diese Wörter verwendet."

Heidi sagte: "Ja, vielleicht. Aber was heisst das jetzt für meinen Fall konkret?"

Heiner fragte: "Darf ich etwas dazu sagen?" Er wartete einen Augenblick und sagte dann: "Ich weiss nicht, wie man das in eine Regel bringen könnte, aber bestimmte Fragen passen irgendwie nicht zum Dialog. Auch wenn Du keine einzelne Person frägst, so sagst Du mit Deiner Frage doch, dass Du eine ganz bestimmte Auskunft willst. Der Ausgangspunkt war aber Deine Geschichte, in welcher Du von Deinem Sohn wissen willst, wie es wirklich ist. Es geht also um Fragen nach der Wirklichkeit ..."

Heidi unterbrach ihn: "Willst Du jetzt etwas zu meinem Problem sagen, oder willst Du sagen, dass das im Dialog nicht möglich ist?"

Heiner sagte offenbar ganz unbeirrt: "... es geht um Fragen nach der Wirklichkeit, wobei keine Rolle spielt, wen Du frägst. Im Konstruktivismus gibt es keine Wirklichkeit, die erfragbar wäre. Wenn ich eine Frage nach der Wirklichkeit höre, nehme ich diese Frage sehr ernst und überlege mir, inwiefern eine Not herrscht, nach der Wirklichkeit zu fragen. Du hast gesagt, dass Du für Dienen Sohn verantwortlich bist. Wenn Deine Verantwortung der Grund ist, nach der Wirklichkeit zu fragen, dann ist Deine Verantwortung die Not ..."

Heidi unterbrach wieder: "Kannst Du jetzt bitte sagen, worauf Du hinaus willst?"

Heiner sagte: "Im Dialog brauchen wir etwas Geduld, was eben durch unsere Regeln substituiert wird. Ich soll nicht unterbrechen und ich soll keine Fragen stellen. Ich will darüber nachdenken, was Verantwortung heisst, wenn sie als Not erscheint. Wenn die Verantwortung, die ich gegenüber meinem Sohn habe, mich zwingt, ihn nach der Wirklichkeit zu fragen ..."

Heidi unterbrach ihn wieder: "Also gut, ich verletze unsere Regeln und ich bitte um Entschuldigung, aber ..."

Heiner sagte laut: "Nein, warte. Im Dialog höre ich nicht die Aufforderung, Dir Ratschläge und Lösungen zu geben. Ich höre, was Du erzählst. Ich höre, dass Du von einer Verantwortung berichtest und wie Du mit dieser Verantwortung umgehst. Ich überlege mir, wie ich mit meinen Verantwortungen umgehe. Wenn mir dabei etwas Erzählenswertes einfällt, werde ich berichten, was ich mit Verantwortung mache. Ich überlege mir beim Zuhören, von welcher Verantwortung im konkreten Fall die Rede ist. Ich höre also möglichst genau zu."

Ich sagte, eine Sprechpause von Heiner ausnützend: "Vielleicht kann ich etwas zum von mir vorgeschlagenen Experiment sagen. Mir scheint in allen Fällen, die ich bisher gehört habe, wird immer nur von Wirklichkeit und Wahrheit gesprochen, wenn es um Verantwortungen geht, die nicht einlösbar sind. Ich glaube, dass auch Heiner in diese Richtung zielt, während Heidi aus einer Betroffenheit heraus spricht. Man könnte vielleicht sagen, von Wahrheit wird gesprochen, wenn gestritten wird oder wenn ein Streit in einer Verantwortung aufgehoben ist. Aber es sind immer schlechte Momente, in welchen diese Worte fallen. Diese Wörter sind sozusagen Fluchwörter, Ausdruck der Überforderung oder der Entnervung."

Heiner übernahm wieder und sagte: "So würde ich das auch sagen, ganz allgemein. Aber ich wollte über die Situation nachdenken, die Heidi geschildert hat. Ich musste einfach einen Umweg machen, weil ich ja nicht eine Lösung zum gestellten Problem anbieten will, sondern über das Problem nachdenken. Wie sind wir eingerichtet, wie nehmen wir uns wahr, dass wir solche Verantwortungen als zwingend oder als naturgegeben erleben?"

Heidi sagte: "Also gut, das habe ich jetzt verstanden. Du fragst, warum ich meine, dass ich für mein eigenes Kind verantwortlich sei. Und Du stellst diese Frage ganz im Ernst."

Heiner sagte: "Ja und nein. Ich frage nicht Dich, ich frage mich. Ich frage nicht danach, wie es bei Dir ist, ich frage mich unter welchen Annahmen eine solche Verantwortung erscheint und welche Annahmen eine Alternative dazu böten. Darin sehe ich den Sinn des Dialoges. Wir machen uns Voraussetzungen und

Annahmen bewusst, die dazu führen, dass wir von Wahrheit und von Wirklichkeit sprechen, wo wir vielleicht besser von Verheissungen sprechen würden. Ich will über den konkreten Fall von Dir nachdenken, aber nicht in einer selbstverständlichen Betroffenheit."

Heidi sagte: "Also, bitte, ich bin sehr gespannt."

Elmar sagte: "Ich finde das eine spannende Frage. Wie müsste die Welt sein, damit die Mutter nicht verantwortlich für ihre Kinder wäre?"

Lisa sagte: "Für mich schliesst sich hier ein grosser Kreis. Wir wollten uns mit Utopien befassen. Heidi selbst hat damit angefangen, als sie von der Einkommensgleichheitsinitiative erzählte. Wir sind aber aus irgendeinem Grund wieder stecken geblieben. Und jetzt könnten wir eine Utopie hervorbringen, in welcher Mütter keine alleinige Verantwortungen mehr tragen müssten. Und es ist vielleicht nicht untypisch, dass ich hier Heidi als Bremserin erlebe. Sie hat eben die Verantwortung, das heisst, sie nimmt diese Verantwortung für ihre Kinder wahr, während Heiner unbetroffen einfach darüber nachdenken will. Utopien laufen vielleicht immer in diese Falle. Ich fände es wunderbar, wenn wir etwas utopischer werden könnten. Das heisst, wer jeweils betroffen ist, müsste sich am Grundgesetz unseres Dialoges orientieren und alles Gesagte in der Schwebe halten oder auf unserem Büfett stehen lassen. Ich merke jetzt jedenfalls immer deutlicher, dass Wahrheit mit Streit darüber verbunden ist, wie es wirklich ist, und dass wir uns besser mit Verheissungen befassen würden."

Heidi sagte: "Die Initiative heisst nicht Einkommensgleichheit, sondern Grundeinkommen. Wir sind keine Kommunisten. Und ich entschuldige mich dafür, dass ich jetzt etwas aggressiv geworden bin, weil ich nicht sehen konnte, dass wir auch zu meiner Frage eine Utopie entwickeln könnten. Mich interessiert das jetzt aber richtig. Vielleicht muss ich noch etwas lernen, das Unmögliche auch dort zu denken, wo es mich unmittelbarer betrifft als bei der Grundeinkommensinitiative. Ich bin jetzt wirklich, wenn ich das Wort wirklich hier sagen darf, gespannt, was wir für Ideen entwickeln werden."

Der Dialog im Dialog 133

Ich sagte: "Vielleicht erzählen wir uns einfach einmal die Utopien, die wir schon kennen. Eine ganz schöne Utopie ist für mich jene von Avital, in welcher Gebote und Regeln als Verheissungen gesehen werden. Man könnte dann vielleicht sagen, dass das Grundeinkommen eine Verheissung darstelle, die jetzt noch über Regelungen und Gebote organisiert wird. So wie der Dialog auch eine Verheissung ist, während wir noch Regeln haben, weil wir noch nicht ganz so weit sind, wie wir sein möchten."

Heidi sagte: "Entschuldigt bitte, dass ich schon wieder spreche. Es ist jetzt einfach sehr wichtig für mich. Ich möchte unbedingt, dass wir uns jetzt ganz konkret mit diesen Utopien befassen, und nicht schon wieder den Dialog analysieren. Ich glaube, wir haben den Dialog jetzt gut verstanden und sollten ihn endlich ausüben. Ich habe ja mit der Initiative einen möglichen Anfang gemacht. Ich denke sehr gerne mit Euch auch über andere Initiativen oder Utopien nach."

Peter sagte: "Entschuldigt, dass ich auch etwas sage. Mir wäre ein Thema auch sehr recht, obwohl es gegen unsere Regeln wäre. Ich könnte mich sogar mit Utopien anfreunden. Also lasst uns nochmals auf die Grundrente zurückkommen. Die Grundrente würde jeden von uns aus der Verantwortung nehmen, für seinen Lebensunterhalt sorgen zu müssen. Vielleicht müssten dann Mütter auch keine Verantwortung mehr für ihre Kinder übernehmen."

Lisa rief: "Peter!" Dann sagte sie leiser: "Ich könnte mir vorstellen, dass Verantwortung wie Wirklichkeit ein Wort ist, das in einer Utopie nicht vorkommt, weil es ja eben auf Konflikte verweist. Ich merke jetzt aber auch, dass der Begriff Utopie verschieden besetzt ist. Wir müssten wohl eingrenzen und von wünschenswerten Utopien sprechen, also davon, wie wir es gerne hätten".

Ich sagte: "Ja, so meinte ich das auch. Ich gebe Euch ein Beispiel, das mich schon sehr lange fasziniert und beschäftigt. Es heisst Walden II und ist eine Art Kommune in den USA. Die Leute haben etwas abseits ein hinreichend grosses Gelände gekauft und entwickeln sich als relativ autonome Gruppe, vielleicht einem sesshaften Stamm vergleichbar, was die Indianer als Nation bezeichnen. Sie bauen sich Häuser und betreiben eine Wirtschaft, die ihnen weitgehende

Selbstversorgung ermöglicht. Sie treiben natürlich Handel mit der Aussenwelt, weil sie ja nicht alles, was sie brauchen selbst produzieren können. Sie vergrössern ihre Gemeinschaft auch, indem sie Leute hinzunehmen und Land hinzukaufen. Die Utopie betrifft das Zusammenleben. Sie haben, um einen Link zu Heidis Erziehungsverantwortung zu machen, eine kollektive Erziehung, die Kinder werden nicht von ihren Müttern erzogen und gehören dann natürlich auch nicht ihren Müttern. Und umgekehrt kommen die Kinder, wenn sie heranwachsen, nicht wie Heidis Sohn in eine Welt, die sie gefährdet oder gar kaputt macht. Die Mutter hat also keine spezifische Verantwortung. Man könnte auch sagen, es gibt die Mutter im sozialen Sinne gar nicht. Ich erzähle diese Geschichte, weil ich darin sehen kann, dass die Verantwortung der Mutter an Annahmen und Glaubenssätze gebunden ist, wie Heiner es gesagt hat. Und wenn ich schon dabei bin, natürlich gibt es in Walden auch keine Grundrente, weil es keinen Bedarf dafür gibt."

Heidi sagte: "Das tönt spannend. Gibt es dieses Walden wirklich? Äh, jetzt habe ich wieder wirklich gesagt. Ich meine ..., also wie soll ich es denn sonst sagen, wenn ich wissen will ..."

René sagte: "Ja, genau darüber denke ich nach, seit ich hier bin. Ich habe den Gesprächsmodus wohl immer noch nicht verstanden."

Peter sagte: "Mein Vortrag ist ja ziemlich schlecht angekommen. Wohl weil ich genau auf diese Frage eingegangen bin. Während es bei Bohm darum geht, die Wahrheit zu finden, geht es hier im Gegenteil dazu, darum möglichst über keine Tatsachen zu sprechen. Das macht das Gespräch natürlich sehr schwierig, vor allem für Realisten, also etwa für Wissenschaftler, die sich die ganze Zeit um Tatsachen kümmern müssen. Hier scheint es gleichgültig, ob etwas, was gesagt wird stimmt oder ob es nicht stimmt."

Renate stöhnte ziemlich laut. Lisa sah sie an und sagte dann: "Ich lasse so etwas auf dem Büfett stehen. Ich meine, emotional. Ich habe verstanden, dass Peter das von Zeit zu Zeit sagen muss. Und dann ist es doch richtig, wenn er auch sagt, was er sagen muss. Wir sind ja auch dazu hier, dass wir hören, was wir unbedingt sagen müssen." Sie drehte sich zu Heidi und sagte: "Ich finde auch in Ordnung, wenn Du eine Frage hast und dann diese Frage eben stellst. Ich finde, jeder darf Fragen stellen, wenn er keine Mittel einsetzt, eine Antwort zu erzwingen. Hier sind wir ja ohne Hierarchie in einer gewaltfreien Kommunikation. Du kriegst normalerweise einfach keine direkte Antwort, aber das ist ja auch nicht schlimm. Meine Frage wäre, warum Du wissen willst, ob es diese Utopie wirklich gibt, was würde sich dadurch ändern? Ich möchte lieber genauer wissen, wie diese Kommune funktioniert, ob es sie nun schon gibt, oder ob wir sie erst gründen." Sie lachte.

Heiner sagte: "Im Konstruktivismus sagt man, dass wenn jemand wissen muss, ob etwas wirklich ist, dass er dann in einer Krise stecke. Wenn es mir gut geht, muss ich nicht fragen, ob etwas wahr oder wahrhaftig ist. Mir ist jetzt noch eine Geschichte eingefallen, die gut zu unseren Überlegungen von vorhin gepasst hätte, die aber jetzt auch wieder passt, weil wir schon wieder über die Wirklichkeit sprechen. Die Piloten haben im Cockpit viele Instrumente, die allerlei anzeigen. Flughöhe, Geschwindigkeit, Schräglage usw. Wenn es den Piloten gut geht, glauben sie den Instrumenten, das heisst, sie hinterfragen sie nicht. Wenn sie aber aus welchen Gründen auch immer den Instrumenten gegenüber ein Misstrauen entwickeln, dann schauen sie aus dem Fenster, weil sie wissen wollen, wie es wirklich ist. Dann stürzen sie meistens ab. Laut Unfallstatistik sind fast alle Flugunfälle begleitet von einem Misstrauen gegenüber den Instrumenten. Immer wenn die Piloten wissen wollen, wie es wirklich ist, ist es extrem gefährlich."

Peter und Hans sagten gleichzeitig, dass das Unsinn sei, eine Verkehrung von Ursache und Wirkung. Heiner sagte: "Ich habe Euch eine Geschichte erzählt. Nehmt sie, wie Ihr wollt. Und wenn nun jemand wissen will, ob es diese Waldkommune wirklich gibt, erinnert mich das eben an diese Piloten, die wissen wollen, ob sie wirklich so tief fliegen, wie der Höhenmesser anzeigt. Nur, dass wir ja nicht abstürzen, wenn es diese Kommune noch nicht gibt."

Lisa sagte: "Mich interessiert, wie Ihr Euch das vorstellt. Möchtet Ihr so leben? Ich meine, wir wissen jetzt noch nichts, aber wir könnten uns eine Utopie ausmalen, so, dass wir dort leben möchten. Was wären die Bedingungen oder wie müsste das Ganze organisiert sein?"

Ich sagte: "Darüber sollten wir sprechen, aber ich kann Euch natürlich schon noch genauer erzählen, wie es dort zu und hergeht. Vielleicht kennt Ihr aber noch weitere Utopien. Wir könnten uns ja erzählen, was wir nicht mehr erfinden müssen, weil es schon erfunden ist. Und dann könnten wir schauen, was uns passen würde ..."

Heiner sagte: "Und welche Probleme wir damit los würden ..."

Peter sagte: "Und welche Probleme wir uns damit einhandeln würden. Und da Ihr mir ja wiederholt und grosszügig erlaubt habt zu sagen, was ich sagen muss, will ich noch dieses sagen." Während er sprach, holte er den Sprechstab und hielt ihn in die Höhe. "Es gibt sehr wohl Wahrheiten und Tatsachen, die man nicht einfach wegdialogisieren kann." Er schaute Avital an und sagte: "Etwa den Holocaust. Den kann doch niemand ernsthaft bestreiten, oder?"

Avital schaute auf den Boden und sagte nichts. Heiner sagte: "Das ist das Killerargument in jeder Diskussion. Aber wenn Du das sagen musst, dann wohlan. Du hast es gesagt."

Ich sagte: "Ich bin immer hin- und hergerissen, ich finde diese ewige Regelgeschichte macht uns mürbe, aber wir brauchen offenbar, sorry, ich brauche offenbar Regeln, oder vielmehr Verheissungen. Ich freue mich riesig auf die Zeit, wo wir so sprechen, wie wir es uns verheissen. Jetzt also bin ich für eine neue Regel. Wir machen ab, dass wir nichts als Tatsache bezeichnen und auch von nichts sagen, dass das keine Tatsache sei. Wenn wir im Dialog nicht über Tatsachen sprechen, sagen wir nicht, dass es keine Tatsachen gebe. Nur, ich wiederhole, was wir vorher über Wahrheit gesagt haben, wir sagen es einfach nicht. Weder positiv noch negativ. Äh ..., ich meine, ich will Euch nichts vorschreiben. Ich erzähle Euch, wie ich mir einen Dialog vorstelle oder welche Verheissungen mir vorschweben. In einem guten Gespräch muss ich nie etwas als Faktum bezeichnen, und wenn die andern das auch nicht machen, muss ich auch nie ein Faktum leugnen."

Peter sagte: "Bis jetzt schien mir der Dialog, also dieser Dialog, nicht jener, den Bohm vorgeschlagen hat, ziemlich eigenartig, vielleicht etwas esoterisch, aber jetzt wird es sogar gefährlich. Wenn man nicht mehr sagen darf, was wahr und richtig ist, dann ..."

Ich sagte: "Peter, hör mir zu! Ich sagte, dass ich Euch nichts vorschreiben will. Du kannst also von mir aus sagen, was Du willst. Ich sagte überdies nicht, dass ich nichts Wahres sage, sondern dass mir wichtig scheint, dass ... Du erwischst mich mit Deinen Provokationen immer wieder. Ich wollte Dich nicht unterbrechen."

Peter sagte: "Ich frage mich, wohin Dialoge führen sollen, wenn man eindeutig falsche Aussagen nicht zurückweisen darf. Was würdet Ihr beispielsweise tun, wenn hier ein Holocaustleugner mitmachen würde?"

Ich sagte: "Ich sage jetzt nicht schon wieder, dass Du mir besser zuhören solltest, aber ich muss wenigstens sagen, dass ich es nicht sage. Ich stelle mir den Dialog so vor, dass hier keine Wahrheiten beschworen werden. Hier würde also niemand sagen, dass etwas wirklich der Fall ist oder dass etwas wirklich nicht der Fall ist. Ich will gerne auch auf Dein Beispiel von David Bohm zurückkommen. Die beiden Physiker Einstein und Bohr konnten, so wie ich es verstanden habe, nicht miteinander sprechen, weil sie für ihre Theorien keine adäquaten Formulierungen gefunden haben, keine nämlich, die es zugelassen hätten, mit dem andern darüber zu sprechen. Ich glaube, im Dialog geht es darum, so zu formulieren, dass ein Gespräch möglich ist. Genau deshalb kommt ein Behaupten von Tatsachen so wenig vor, wie Deine rhetorischen Fragereien. Ich wollte nichts definieren, sondern darüber sprechen, wie ich mir Dialoge vorstelle, ich weiss, dass es andere Vorstellungen gibt." Peter wollte etwas entgegnen, ich sagte: "Warte, ich will noch etwas sagen oder nochmals sagen. Ich weiss nicht, was ein Dialog wirklich ist und nicht, wie ein Dialog sein sollte. Aber ich weiss ziemlich gut, was ich hier in dieser Dialogveranstaltung üben will. Ich will nicht diskutieren, was wahr ist, und auch nicht, was wissenschaftlich oder sonst wie wahr ist."

Hanspeter sagte: "Ich glaube, wir verlieren den Faden und den Zusammenhang. Der Streit zwischen Einstein und Bohr ist bekannt geworden, weil Einstein darin sagte, dass Gott nicht würfle, was ja zweifellos eine unsinnige Behauptung ist. Wer weiss schon, was Gott macht oder nicht macht. Im Streit zwischen den beiden ging es um letzte Wahrheiten. Einstein behauptete, dass die Relativitätstheorie zeige, dass erschöpfende Theorien möglich seien, während Bohr behauptete, die Quantenphysik liesse sich nur komplementär beschreiben. Beides sind einfach Behauptungen, die eben einen Streit ausdrücken. Genau wie wir festgestellt haben. Ich fände die Frage interessanter, wie der Dialog und die Wissenschaft zusammenpassen. Vielleicht machen wir ja auch eine Utopie zur Wissenschaft?"

René holte den Sprechstab. Er blieb in der Mitte stehen und sagte: "Ich glaube, Rolf hat eine Regel vorgeschlagen, zu welcher Peter einen Einwand gemacht hat. So wie ich Euch aber verstanden habe, galten die Regeln früher jeweils für alle, aber neuerdings kann hier jeder Regeln für sich selbst definieren. Im ersten Moment ist mir das etwas seltsam vorgekommen, weil ich an ein Fussballspiel dachte, in welcher jeder nach seinen eigenen Regeln spielt. Aber wir spielen ja hier nicht Fussball. Hier wäre vielleicht möglich, dass Rolf die Wörter Wahrheit und Wirklichkeit nicht mehr verwendet, und Peter weiterhin sagt, was wahr ist und was nicht."

Lisa sagte: "Ja, genau. Wir üben ja auch in die Mitte zu sprechen, also ich, und ich übe eben auch aus der Mitte das zu hören, was ich brauchen kann. Ich habe jetzt realisiert, dass ich Wahrheiten nicht brauchen kann und ich gebe mir die Regel, auf Wörter wie Wahrheit zu verzichten. Übrigens, wenn ich mir hier solche Regeln gebe, bin ich jedesmal überrascht, wie ich die Gespräche ausserhalb dieses Dialoges neu höre. Als ich vorher versuchte, mich an eine Situation zu erinnern, in welcher jemand Wahrheit gesagt hat, ist mir gar nichts in den Sinn gekommen, aber ich bin ganz sicher, dass ich ab jetzt diesem Wort auf Schritt und Tritt begegnen werde."

Hubert sagte: "Wir sollten jetzt wirklich nicht mehr von Regeln sprechen. Ich meine jetzt wirklich wir, nicht ich, und ich meine es wirklich. Ich will damit sagen, dass ich mit meinem Satz Regelverstösse machen würde, wenn wir noch Regeln hätten, aber wir haben Verheissungen. In einem Fussballspiel gelten Regeln. Die gelten und gelten für alle und werden durchgesetzt, manchmal mit Platzverweis, was hier ja auch schon angedacht wurde. Verheissungen gelten in der Zukunft, sie werden wahr, wenn wir uns entwickeln, aber es sind keine Regeln, die wir jetzt einhalten müssen. Deshalb ist es überhaupt kein Problem, wenn wir verschiedenen Verheissungen nachspüren. Wir sollten sie uns einfach mitteilen und dann kann jeder und jede selbst entscheiden, was für ihn oder sie wie rasch erstrebenwert ist."

Elmar sagte "Also, jeder spricht für sich. Ich sehe im Dialog eine völlig andere Kultur als in unserer Wissenschaft. Ich will nicht sagen, dass der Dialog mit der Wissenschaft unverträglich sei, aber er ist es mit dem, was wir gemeinhin als Wissenschaft bezeichnen, eben mit Einstein und Bohr. Der Dialog gehört quasi auf die andere Seite, die wir hier als Konstruktivismus oder als Religion bezeichnen. Und wir haben jetzt ja auch einen neuen Konstruktivismus kreiert, in welchem wir eben gerade nicht fragen, wie wirklich die Wirklichkeit sei, weil wir diese Worte ja gerade nicht verwenden. Vielleicht gibt es eine konstruktivistische Wissenschaft. Vielleicht als Utopie."

Peter fragte: "Findet Ihr das nicht alles sehr problematisch und sektiererisch? Ich muss sagen, ja ich muss sagen, mir scheint das ein Rückfall ins dunkelste Mittelalter."

Elmar sagte: "Mir in gewisser Weise auch, nur sehe ich das Mittelalter lange nicht so dunkel wie vielleicht Du. Ich habe ja schon früher gesagt, dass es eine Kulturfrage ist."

Renate stand auf und sagte: "Ich schlage vor, dass wir jetzt aufhören ..."

Heidi stand auch auf und ging in die Mitte. Renate gab ihr das Wort per Handzeichen. Heidi sagte: "Ich bin ziemlich frustriert. Ich sehe schon, dass wir viele Leute sind, und dass nicht alle von Euch Muttersorgen haben oder auf eine Grundrente angewiesen sind. Aber wie wir jetzt wieder an diesen beiden ... äh ... Utopien vorbei gesteuert sind, macht mich traurig und irgendwie hoffnungslos. Ist es denn im Dialog wirklich nicht möglich über ein Thema, das einen betrifft, zu sprechen? Ich sehe auch, dass es jetzt schon Zeit wäre, aufzuhören, aber ich bin frustriert." Sie setzte sich. Renate hatte sich auch wieder gesetzt. Niemand sagte etwas.

Nach einer Weile stand Renate wieder auf und sagte: "Ich verstehe Deinen Frust. Ich finde, wir können jetzt aber nicht noch schnell etwas dazu sagen. Ich hoffe, dass wir nächstes Mal darauf zurückkommen, ebenso wie auf die Frage der Wissenschaft. Ich weiss, dass ist eine Zumutung, aber vielleicht kann man das auch als eine Verlangsamung sehen. Ich wollte noch etwas Grundsätzliches sagen, nicht zur Wissenschaft, aber an diese Frage anschliessend. Im Dialog soll nichts entschieden werden. Jeder soll erkennen, dass es viele Möglichkeiten gibt und jeder soll so wählen, wie es ihm passt. Ich sage damit nichts darüber, ob Wissenschaften sinnvoll sind, und nichts darüber, ob es sinnvoll wäre, wissenschaftliche Fakten zu glauben, sondern etwas darüber, dass wir solche Fragen im Dialog nicht entscheiden wollen. Jedem von uns steht es frei, nach diesem Dialog die Wörter Wahrheit und Wirklichkeit weiterhin auszusprechen oder darauf zu verzichten. Im Dialog erkennen wir, dass andere dazu andere Einschätzungen haben. Und vor allem, dass wir eine Einschätzung haben, die anders auch möglich wäre. Ich schlage vor, den Checkout in den Vorbahnhof zu verlegen, weil wir ja jetzt auch alle andern Regeln viel lockerer nehmen. Wenn ich Euch eine Aufgabe mitgeben dürfte, würde ich Euch um Utopien bitten. Wir waren heute zum ersten Mal kurz davor über andere Dinge als über den Dialog zu sprechen. Ich glaube, wir kommen vorwärts, ich bin nicht ganz hoffnungslos. Ich danke Euch für die angeregte Stunde und hoffe, Euch noch bei einem Bier und sicher nächstes Mal wieder im Dialog zu sehen."

* * *

Im Vorbahnhof ergab sich spontan eine Art Feedbackrunde. Peter sagte, dass er unsere Wissenschaftsfeindlichkeit sehr bedenklich finde, und Heidi antwortete, dass sie bedenklich finde, dass uns bisher noch nie ein richtiger Dialog gelungen sei, auch nicht über unsere Wissenschaftsverständnisse. Lisa sagte: "Ich bin auch hin- und hergerissen. Ich habe das Gefühl, wir trauen uns immer

Der Dialog im Dialog 141

noch nicht recht." Elmar sagte, er glaube vielmehr, dass wir unausgesprochen zu viele und zu hohe Erwartungen in den Dialog mitbrächten. Für ihn sei beispielsweise die Vorstellung, dass man im Dialog einfach Utopien entwickeln könne, eine solche Überforderung. Er selbst versuche, das Spezielle dieser Dialogrunden zu erleben, nicht zu verstehen. Für ihn sei jedesmal sehr eindrücklich, was sich jenseits der gesprochenen Worte abspiele, sozusagen inter- oder intralogos. Auch Herbert sagte, dass er es einerseits sehr schätze, dass wir gerade kein Ziel erreichen müssten, dass er aber andrerseits doch sehr interessiert wäre, auch zu sehen, wie der Dialog in die Praxis gebracht werden könnte. Renate sagte dazu: "Ich glaube, wir drehen uns etwas im Kreis, nicht im Dialog, sondern wenn wir nach dem Dialog über den Dialog sprechen. Im Dialog ist das Kreisen ein Teil der Übung. Ich glaube, wir brauchen etwas Geduld und ich habe eine Ahnung, was dabei rauskommen könnte. Vielleicht erkennen wir, dass der Dialog nie in eine Praxis gebracht werden kann, weil er eine eigene Praxis darstellt. Ich kann Euch ja mal etwas darüber berichten, was in der sogenannten Praxis mit dem Dialog gemacht wird. Ich werde das in einem der kommenden Dialoge mal tun, vielleicht als Kurzvortrag, den man dann auch nicht unbedingt anhören muss, so wie sich das jetzt ja schon etwas eingebürgert hat."

Elmar sagte dann etwas später, nachdem sich das Gespräch in viele Einzelgespräche verzettelt hatte, nochmals zu allen sprechend: "Wir haben jetzt gerade darüber gesprochen, dass der Ort einen Einfluss auf den Dialog hat. Ich habe mit einem Freund über den Dialog gesprochen, der eine Galerie hat. Er hat uns spontan eingeladen, seine Galerie zu benutzen. Ich schlage vor, dass wir das Angebot annehmen und schauen, wie die Kunst auf uns wirkt. Die Galerie ist hier ganz in der Nähe. Ich muss den Termin noch rückbestätigen, wir schreiben das dann in die Einladungsmail."

## 8 Dialog als Kunst

An den Wänden hingen Bilder, sonst war der etwa fünfzig Quadratmeter grosse Raum leer. Elmar hatte etwa zwanzig Stühle in einen Kreis gestellt und Renate brachte ihre Dialogutensilien wieder mit und legte sie in die Mitte des Kreises. Elmar sagte laut, weil die meisten noch vor den Bildern standen: "Lasst uns anfangen. Wenn Ihr wollt, kann ich später noch etwas über die aktuelle Ausstellung sagen." Als wir im Kreis sassen, sagte Elmar: "Wie Ihr seht, haben wir die Galerie von Timo Roth bekommen. Ich finde das einen sehr passenden Ort für einen Dialog. Timo sagte, dass wir uns hier ohne weiteres einmal pro Monat hier treffen können, aber natürlich haben seine eigenen Veranstaltungen bei Terminkollisionen Vorrang. Vernissagen sind oft am Abend, aber das gibt es ja auch nicht so oft. Und wir können auch ohne weiteres wieder in die Bibliothek. Also ich freue mich, dass wir unseren Dialog in einem so wertvollen Raum mitten in der Kunst üben dürfen."

Renate begrüsste uns auch. Obwohl drei neue Leute dabei waren, gab sie keine Erläuterungen zu unserem Dialogverfahren, sondern sagte: "Man kann sich hier so benehmen, wie wenn man als Gast in eine Kultur kommt, von welcher man noch nicht recht weiss, welche Regeln gelten. Sie könnte ganz fremd sein und trotzdem vertraut erscheinen, oder umgekehrt. Ich habe schon an einigen Dialogen teilgenommen, aber ich komme trotzdem jedesmal mit der Vorstellung, ich würde eine mir unbekannte Kultur treffen. In den Einladungen zu unserem Dialog steht, dass der Dialog keine Voraussetzungen macht. Ich verstehe das so, dass man diese Kultur überhaupt nicht kennen muss, ich meine aber nicht, dass man gar keine Kultur kennen müsste. Immerhin muss man ja eine Sprache sprechen, und damit hat man sich vielleicht schon allerhand Vorstellungen eingehandelt, die man Kultur nennen könnte. In unserem Dialog geht es in gewisser Hinsicht um diese Kultur, um die Kultur, die sich dia logos, also in unseren Worten zeigt. Man kann sich hier einleben, das heisst, man kann sich hier nicht nur assimilieren wie sogenannte Gastarbeiter. Man kann hier die Kultur mitbestimmen, weil sie nicht vorausgesetzt ist, sondern von uns, auch in unseren Sprachen, mitgebracht wird."

Längere Zeit sprach niemand. Dann sagte ein Neuer: !Ich heisse Dieter. Ich bin zum ersten Mal hier. Ich nehme aber an, dass es so etwas wie eine minimale Kultur schon gibt, weil Ihr Euch ja nicht zum ersten Mal trefft. Und ich bin ja zu einem Dialog gekommen und nicht in die Wüste gefahren. Vielleicht kannst Du ja ein paar Worte über die Kultur hier sagen, damit die Neuen nicht ganz fremd sind."

Renate sagte: "Ich meinte das mit der fremden Kultur auch in dem Sinne ernst, dass ein Zugewanderter, anders als ein Tourist, nicht einfach sagen kann, nun klärt mich mal auf. Ich versuche in mir fremden Kulturen beobachtend teilzunehmen und hoffe auf Nachsicht, wo ich Regeln oder Normen verletze."

Dieter hob deutlich die Augenbrauen, sagte aber nichts.

Herbert eröffnete die Runde: "Also, im besten Fall gelingt es mir im Dialog, jede Äusserung als Kunst zu begreifen. Ich meine, dass jede Äusserung wie eine Performance, eine Vorstellung, also wie ein Tanz, eine Skulptur oder wie hier", er zeigte auf die Bilder, "ein Bild ist. Wir sind ja kaum zufällig in einer Galerie. Sagen wir, ich hätte ein Bild gemalt und man würde mich fragen, was willst Du mit diesem Kunstwerk sagen. Dann würde ich auf das Kunstwerk zeigen und sagen, genau das. Könnte ich nämlich in Worten sagen, was ich damit sagen wollte, hätte ich es gleich in Worten gesagt, also gar kein Bild gemalt. Nun gibt es eine spezielle Kunst, ich nenne sie mal Literatur, aber diese Bezeichnung ist hier weder richtig noch wichtig. Das Spezielle, um was es mir geht, ist, dass in dieser Kunst schon Worte verwendet werden - es ist Kunst dia logos, das heisst Kunst durch das Wort. Man kann aber auch dann, wie bei anderen Kunstwerken, gefragt werden, was man mit einer Geschichte oder mit einem Gedicht sagen wolle. Wenn man mich fragen würde, was willst Du mit diesem Roman oder mit diesem Gedicht sagen, würde ich auf den Roman oder das Gedicht zeigen und sagen, genau das." Er machte eine längere Pause, bevor er weiterfuhr: "Immer wenn ich - wie jetzt - etwas bewusst sage, stelle ich mir also vor, es sei eine Art Literatur, also Wortkunst. Kennt Ihr den Bürger von Molière, der über Literatur liest und dabei plötzlich realisiert, dass er sein ganzes Leben schon immer Prosa gesprochen hat, einfach weil er nicht in Versform spricht? Also ich spreche auch Prosa. Wenn mich dann jemand fragt - was hier ja verboten ist -, was willst Du damit sagen, würde ich deshalb am liebsten immer sagen, eben das. Ich mache aber damit oft schlechte Erfahrungen. Ich glaube, viele Leute finden das unanständig, arrogant oder blöd. Und ich finde irgendwie blöd, dass sie es blöd finden. Sie nehmen mich dann nicht als Künstler wahr und was ich sage, nicht als Kunst. Als Künstler könnte ich einfach sagen, dass ich das ausdrücken wollte, was ich ausgedrückt habe. Oder die meisten kulturverständigen Menschen würden sich gar nicht erst trauen zu fragen, was es bedeutet, wenn sie das, was ich sage, als Kunst wahrnehmen würden. Ich stelle mir das als riesiges Privileg vor, wenn man nie erklären muss, was man gemeint hat. So definiere ich Kunst; ich meine jetzt, für diesen Zusammenhang. Und jetzt spreche ich eben davon, dass ich gerne hätte, wenn es wenigstens mir gelingen würde, im Dialog immer nur Künstler zu sehen - auch wenn die andern mich nicht alle als Künstler sehen."

Petra sagte: "Das finde ich eine wunderbare Idee. Du siehst mich jetzt immer als Künstlerin und alles was ich sage, ist Prosa." Sie lachte und sagte: "Genau wie bei Molière." Dann fuhr sie weiter: "Ich habe seit einiger Zeit ein Problem, das sehr gut dazu passt, man könnte sagen komplementär. Mir sagte kürzlich eine Freundin, dass ich oft, wenn ich etwas erzählt habe, noch frage, ob ich verstanden wurde. Also ich sage dann oft, Du weisst doch, wie ich das meine, oder? Oder, verstehst Du, wie ich das meine? Also ein stückweit ist das einfach so eine Floskel, die ich, wie übrigens viele Leute, anhänge, aber meine Freundin hat mich darauf gebracht, dass in dieser Floskel etwas steckt. Und das beschäftigt mich jetzt. Und es fällt mir jetzt auch auf, wie oft auch andere Menschen das sagen. Wenn ich es nicht als Floskel nehme, und das mache ich jetzt eben nicht mehr, höre ich, dass irgendwie unklar ist, was gesagt wurde. Oder umgekehrt, dass klar ist, was gesagt wurde, obwohl es nicht die richtigen Worte dafür waren. Ihr versteht doch, wie ich das jetzt meine, oder?" Sie lachte und wir lachten auch.

Robert sagte: "Ich will es in meinen Worten versuchen: Ich merke oft, dass ich in einem Gespräch auf ein Verständnis hoffe, das nicht direkt von meiner Formulierung abhängig ist, sondern mehr situativ oder vom Wissen meiner Gesprächspartner. Wenn ich dann sage, Du weisst doch, was ich meine, hoffe ich ein wenig, dass der andere sagt, was ich meinte, aber nicht recht sagen konnte. Das ist doch eigentlich Dialog par excellence. Der andere hilft mir zu sagen, was ich sagen möchte."

Renate sagte: "Ja, mir geht es jedenfalls oft so. Ich merke dann erst nachher, was ich eigentlich sagen wollte. Wenn ich zuhause sage, Du weisst doch, wie ich es meine, fragt mich mein Mann jedesmal, weisst denn Du, was Du meinst? Das ist nicht böse gemeint, sondern so eine Art Sprachspiel, das aber schon einen tieferen Sinn hat, der mir jetzt noch bewusster wird. Ich werde künftig zugeben, dass ich es noch nicht genau weiss und ihn bitten, mir zu helfen. Da wird er vielleicht staunen und vielleicht wird er mir dann helfen. Ich finde das auch wunderbar und dialogisch, wenn der andere mir auf diese Weise sagt, was ich sagen wollte."

Peter sagte: "Und ich finde wunderbar, dass Ihr jetzt zugebt, dass es auch im Dialog sinnvolle Fragen gibt."

Elmar sagte: "Fragen sind Bedrängungen, aber vielleicht ist das Wichtigste am Dialog, dass man andere Formulierungen und damit verbunden auch Sichtweisen finden kann, die man alleine nicht gefunden hätte. Und diese Formulierungen helfen dann oder ermöglichen überhaupt erst, zu verstehen, was man sagen wollte. Ich glaube, genau das bezeichnet David Bohm als kollektives Denken. Wenn ich dieses Nachfragen als Floskel auffasse, was ich gemeinhin tue, verhindert die Floskel einen Dialog."

Ich sagte: "Ja genau, nicht die Floskel verhindert den Dialog, sondern dass ich etwas als Floskel auffasse. Aber wenn mir umgekehrt jemand sagt, was ich eigentlich habe sagen wollen, finde ich das meistens eine Zumutung statt einer dialogischen Chance. Wenn mir jemand sagt, was ich eigentlich gemeint habe, kann ich gar nicht recht zuhören, weil meine Emotionen durchgehen. Ich müsste dann nur in einer dialogischen Haltung sein und die Chance erkennen, dass etwas klarer werden kann, und dass ich deswegen kein Trottel bin, der sich verteidigen muss."

Elmar sagte: "Darin liegt ja wohl der Grund, dass wir die Fragen nicht als Fragen, sondern als Floskeln behandeln. Wenn wir die Frage ernst nehmen würden, würden wir antworten und kämen jedesmal in Bedrängnis, weil wir dem andern sagen würden, was er meint. Ich glaube jetzt, das ist vielleicht die schwierigste Frage, die es gibt, und unsere Intuition wehrt diese Schwierigkeiten ab, indem sie aus der Frage eine rhetorische Frage macht, und zwar so eindeutig und sinnenklar, dass schon der Sprecher die Frage nur rhetorisch meint."

Herbert sagte: "Dank Euch sehe ich jetzt auch, was alles zu meiner Dialogkunstgeschichte gehört. Ich sage ja oft etwas, bevor ich weiss, was ich genau sagen will. Es ist dann so eine Art Probehandeln. Wenn ich es gesagt habe, merke ich besser, was ich eigentlich nicht meinte und was ich eher sagen wollte. Es ist vielleicht wie ein Künstler, der Skizzen macht und noch nicht genau weiss, wie sein Werk aussehen soll."

Petra sagte: "Das finde ich jetzt noch viel schöner. Wenn ich hier etwas sage, ist es ein Kunstwerk, und falls es doch noch kein richtiges Kunstwerk ist, ist es eine Skizze für ein Kunstwerk. Mit Euch spreche ich richtig gerne, Ihr macht etwas Wertvolles aus mir." Sie lachte wieder und fügte an: "Dazu fällt mir auch ein Witz ein, den Ihr sicher schon kennt. Der Patient, der vor Hauskatzen grosse Angst hatte, sagt zu seinem Therapeuten nach etlichen Sitzungen: 'Eigentlich müsste ich vor Katzen keine Angst mehr haben, weil ich jetzt weiss, dass ich keine Maus bin, jetzt frage ich mich nur noch, ob die Katzen das auch wissen.' Also ich habe jetzt begriffen, dass ich eine Künstlerin bin, wenn ich etwas sage, ich frage mich nur noch ein bisschen, ob das die andern auch sehen können".

Herbert sagte lachend: "Klar sehe ich, dass Du eine Künstlerin bist. Aber im Ernst, es geht mir natürlich nicht darum, dass andere sehen, dass ich ein Künstler bin, es geht mir um die grosse Kunst, möglichst überall Kunstwerke, Performance wahrzunehmen. Und ich meine damit auch nicht, dass alles, was gesagt wird, Kunst ist, es geht mehr um meine Haltung. Die sollte immer so sein, als ob ich vor einem Kunstwerk stehen würde. Ich glaube, das ist Kunst und das würde mich zum Künstler machen. Ich habe ja gesagt, dass ich hier eine etwas spezielle Kunst im Auge habe. Es ist ein etwas anderer Kunstbegriff, mehr Passion als Aktion. Aber es geht hier ja auch um eine etwas andere Kunst, oder? "

Petra wiederholte: "Oder" und lachte wieder. "Möchtest Du Zustimmung oder gar eine Formulierung, die noch besser zu dem passt, was Du meinst?"

Herbert lachte, aber er sagte nichts. Ich sagte: "Als ich vorher in die Galerie reingekommen bin, ich war ein bisschen früher da, habe ich die Bilder etwas angeschaut. Sie gefallen mir eigentlich nicht. Ja, ich weiss, dass ich im Dialog und natürlich auch sonst nicht vorschnell bewerten soll. Aber trotzdem, die Bilder hier sprechen mich einfach nicht an. Dann ist für mich die Frage nicht weit weg, warum das Kunst sein soll, und die Antwort liegt auch schon fast auf der Hand. Jetzt komme ich in Gedanken nochmals rein und schaue die Bilder an. Aber jetzt schaue ich im Sinne eines Dialoges, in welchem ich, wie Herbert vorgeschlagen hat, alle Bilder hier als Äusserungen und deshalb als Kunstwerke auffasse. Dabei habe ich aber ein komisches Gefühl. Ich kann mich nämlich nicht recht dafür entscheiden, dass diese Bilder Kunst sein sollen, weil sie schon vorher, unabhängig von mir, Kunst sind oder als Kunst auftreten. Wisst Ihr, was ich meine?"

Renate sagte lachend: "Weisst Du denn, was Du meinst? Ich finde das eine interessante Idee, jede Äusserung als Kunst zu sehen. Dann sehe ich auch jedes Bild als Äusserung und als Kunst. Aber es stimmt, das wird mir hier wie weggenommen, wie nicht erlaubt. Es ist hier schon vorher entschieden. Und das bewirkt jetzt bei mir eigenartigerweise eine Art Gegenteil, ein Umschlagen. Wenn ich diese Bilder anschaue, habe ich das Gefühl, dass sie keine Kunst sind, weil sie durch ihr Hierhängen behaupten, Kunst zu sein. Fast würde ich fragen, was der Maler wohl damit sagen wollte. Aber dann merke ich, dass wir hier ja nicht bei einem Maler hausen, sondern in einer Galerie. Hier sind die Bilder vielleicht gar nicht als Kunstwerke gedacht, sondern Kunstwaren, die auf Käufer warten. Ich bin ja nicht im Museum, hier sollte ich mir überlegen, welches der Bilder ich kaufen möchte." Dann fügte sie an: "Im Museum ist es eigentlich auch so. Dort ist die Sache auch schon entschieden. Kunst wird nicht als Verhältnis begriffen, sondern als Sache."

Ich sagte: "Wir habe letztes Mal schon über diese spezifische Verkehrung gesprochen. Wenn ich ein Sachbuch lese, das Tatsachen berichtet, glaube ich normalerweise kein Wort, wenn ich dagegen eine Geschichte wie das Rotkäppchen lese, glaube ich jedes Wort. So ähnlich geht es mir jetzt auch mit der Kunst."

Herbert sagte: "Ich schlage vor, dass wir uns die Bilder zusammen anschauen und unsere Kunstvorstellungen hier am konkreten Beispiel etwas erproben. Es ist ja auch ein Privileg, dass wir unseren Dialog in einer Galerie führen dürfen. Wir sollten das nutzen."

Maya sagte: "Ich finde diese Idee nicht sehr gut. Mir scheint sie ziemlich intellektuell und ich kann mir nicht vorstellen, dass wir dabei viel gewinnen könnten. Nach dem schon geäusserten Missbehagen können diese Waren-Bilder, die mich übrigens sehr ansprechen, doch nur noch mehr Schaden nehmen. Mir gefällt die Idee von Herbert, den Dialog als Kunst aufzufassen, lasst uns doch dort weiterfahren, anstatt in eine doofe Kunstkritik zu verfallen."

Peter sagte: "Ich bin eigentlich auch skeptisch. Aber wir könnten ja vereinbaren, dass wir höchstens zehn Minuten über die Bilder sprechen und dabei aufpassen, wie wir sprechen."

Maya sagte: "Ich bin nicht skeptisch, ich bin ziemlich sicher, dass nichts Gutes rauskommen kann. Kunst ist eine relativ heikle Sache und undisziplinierte Gespräche darüber sind meistens gemeine Gemeinplätze."

Renate sagte: "Im Dialog versuche ich immer, nicht skeptisch und nicht sicher zu sein. So wie Herbert alles für Kunst nimmt, nehme ich alles für wahr und nichts für sicher. Wir könnten im Dialog gut über diese Bilder oder über Kunst sprechen. Im Dialog kommen ja keine Gemeinplätze vor, weil wir im Dialog immer über uns sprechen, und wir ja nicht gemein sind." Nach etwas Zögern fügte sie an: "Natürlich kann das, was ich sage, einem Gemeinplatz entsprechen, aber ich meine dann einen Platz nicht für alle, sondern nur für mich."

Peter sagte: "Genau. Im Dialog gibt es keine heiklen Sachen. Es kommt ja nur darauf an, wie wir darüber sprechen."

Maya sagte: "Also gut. Ich habe Herbert so verstanden: die Äusserungen sind nicht Kunst oder Nichtkunst, sondern ich entscheide mich, wie ich die Äusserungen wahrnehme. Das ist ja eine ziemlich extreme Position, die Kunst dem persönlichen Belieben anheimstellt. Aber gut, machen wir ein Experiment. Also machen wir das jetzt auch mit diesen Bildern so. Wir vergessen, dass sie in einer Galerie hängen und in Bilderrahmen stecken und Käuferinnen suchen. Wir nehmen sie ohne Vorurteil einfach wie jede Äusserung im Dialog als Kunst wahr. Damit machen wir eigentlich eine Dialogübung. Ich sage Euch, was ich mit den Kindern mache, die in unser Kunsthaus kommen. Übrigens scheint mir, dass Kinder genau den Vorteil haben, dass sie noch kein verdrehtes Kunstverständnis mitbringen. Ich lasse die Kinder erzählen, was sie sehen. Sie müssen ganz genau beobachten und dürfen nicht interpretieren. Das ist doch auch ziemlich das, was wir hier im Dialog versuchen, oder? Oh, ich will das 'oder' wieder streichen. So könnte ich mir vorstellen, dass wir von den Bildern etwas haben könnten, etwas Dialogisches."

Elmar sagte: "Ich finde das didaktisch schon gut, was Du mit den Kindern machst, aber ich finde nicht, dass wir uns hier daran halten sollten. Denn wenn Kinder in einen Kunstmuseumskurs kommen, kommen sie in die Schule und sollen etwas lernen. Wir dagegen sind hier gerade nicht in der Schule. Ich finde für den Dialog schon kritisch, dass wir jetzt über etwas Bestimmtes sprechen müssen, aber tödlich wäre doch, wenn wir auch noch vorgeschrieben bekämen, wie wir mit Kunstwerken umgehen müssen. Ich finde, dass nur unsere Dialogregeln gelten sollten, also keine Vorschriften darüber, wie wir uns der Kunst nähern sollten."

Es war eine Zeitlang ruhig, dann sagte Elmar: "Ich wollte den Dialog über diese Bilder nicht verhindern. Ich zeige mal guten Willen und fange an. Zuerst sehe ich ..."Er machte eine Pause. Dann sagte er: "Nein, zuerst sehe ich jetzt, dass ich es gar nicht schaffe, so zu tun, als wäre ich hier nicht in einer Galerie. Mir kommt nur Gerede über Kunst in den Sinn. Ich wüsste gar nicht, wie ich über diese Bilder anders sprechen sollte. Bei mir hat die Schule, die mir sagte, was Kunst ist und wie man über Kunst spricht, offenbar Erfolg gehabt. Ich bin ein Gemeinplätzler geworden. Aber ich wollte und will ja nicht über das Erziehungssystem sprechen, sondern über diese Bilder hier."

Renate sagte: "Sag doch einfach, was dir dazu einfällt. Es ist doch egal, woher Du Dein Wissen hast. Du hast es ja einfach. Und wenn wir alle sagen, was wir wissen, erscheint darin unsere Kultur, die wir uns im Dialog ja bewusst machen wollen."

Elmar sagte: "Also, ich wollte sagen, dass ich zuerst über die Technik des Malers staunte. Irgendwie spielt er mit einer kindlichen Zeichnerei. Es ist so eine Art Gekritzel, die irgendwie unbeholfen aussieht. Es ist fast, wie wenn ich die Bilder gemacht hätte, nur wäre es bei mir einfach das, was ich kann, und nicht eine gewählte Technik, wie ich sie hier in der Galerie eigenartigerweise unterstelle. Ich frage mich, um in der Analogie zum Dialog zu bleiben, mit welchen Regeln die Bilder wohl gemalt wurden. Sie sehen ja alle ziemlich ähnlich aus - für mich jedenfalls."

Maya sagte: "Sie sind schon gleich, aber sogar extrem verschieden. Es sind alles sehr raffinierte Zitate. Ich erkenne in all diesen Bildern Interpretationen von grossen Werken. Es sind eigentlich keine Interpretationen, sondern eher Verfremdungen. Natürlich muss man die Originale aus den verschiedenen Epochen kennen, um sie zu erkennen, aber dann ... Ich finde, der Maler ist sich auch ziemlich sicher. Weder in den Bildertiteln noch im Katalog zur Ausstellung gibt es Hinweise."

Herbert sagte: "Jetzt verstehe ich, dass Dich die Bilder mehr ansprechen als mich. Du bringst einfach bessere Voraussetzungen mit. Der Künstler richtet sich offenbar nicht an Banausen. Ich erkenne nämlich auch jetzt nicht, was da zitiert wird. Aber ich gestehe gerne zu, dass das an mir liegt, nicht an den Bildern."

Peter sagte: "Ja, ich bin dann eben auch ein Banause. Das heisst, ich brauche jemanden, der mir die Bilder erklärt. Hier gilt einmal mehr nicht, dass ein Bild mehr sagt als tausend Worte. Diese Bilder würden für mich erst zu Bildern, nachdem ich sie erklärt bekommen habe. Aber das ist ja die Wortbedeutung von Banause. Ein Banause war bei den Griechen ein praktischer Mensch, der ohne Einsicht in die höheren Zusammenhänge lebt, einfach vorwärtslebt. Immerhin weiss ich, dass man verfremdendes Zitieren von berühmten Gemälden in jeder Kunstschule lernt und dass das unabhängig vom Gelingen von vielen als Kunst gesehen wird."

Maya sagte: "Ich habe eben befürchtet, dass unser Gespräch eben so verläuft. Wir sprechen so nicht über diese Bilder, sondern darüber, wie wir uns Kunst in Form von Institutionen vorstellen. Und dieses Wissen haben wir logischerweise in einer Schule gelernt, die wir besser nicht besucht hätten. Das meinte ich mit Allgemeinplätzen. Wir könnten schauen, was der Künstler hier gemacht hat. Wir könnten seine Technik und seine Zitierweise rekonstruieren. Ich werde mich gerne zurückhalten, damit das nicht auch eine Schule wird. Ihr wisst, das ist eben mein Beruf."

Renate sagte: "Also ich sehe nichts, was dem Dialog widerspricht, wenn jemand von einer Sache viel mehr weiss als die andern. Im Dialog sagen einfach alle, was sie sagen und es gibt ja kaum etwas, worüber alle gleich viel wissen. Ich fände es eher gegen den Dialog, wenn jemand sein Wissen zurückhalten würde."

Nach einer gewissen Zeit sagte Maya: "Also. Diese Bilder sind offensichtlich Zitate, ich kann Euch von jedem dieser Bilder sagen, was es zitiert. Aber wir sollten vielleicht zuerst über das sprechen, was jedem ins Auge springt, anstatt ein Wissen über Kunstgeschichte vorauszusetzen."

Erika sagte: "Ja, das finde ich eigentlich auch, obwohl oder weil ich doch ohnehin nur über das sprechen kann, was ich wahrnehmen kann. Was sehe ich, wenn ich diese Bilder anschaue? Also mir ist es auch so gegangen, dass ich zunächst ein Gekritzel gesehen habe. Dann habe ich aber auch gleichzeitig gesehen, dass ein Prinzip dahinter steckt. Mir ist aufgefallen, dass ich dazu mehrere Bilder anschauen musste. Hätte ich nur eines gesehen, ich weiss nicht. Wenn im Dialog jemand etwas sagt, kommt mir das oft auch wie ein Gekritzel vor. Ich weiss dann nicht, ob er oder sie sich das überlegt hat oder nicht. Und normalerweise kann ich das nicht so leicht überprüfen wie hier, wo mehrere Gekritzel nebeneinander hängen. Darin erkenne ich die Wichtigkeit, im Dialog noch ausgeprägter, mit einem Urteil zuzuwarten. Und dann will ich noch sagen, dass mich schon interessieren würde, wie hier was zitiert wurde, weil es für mich auch nicht so offensichtlich ist. Vielleicht kann mir jemand einen Tipp geben, so dass ich dann selbst noch etwas nachdenken oder nachspüren kann. Ich brauche nicht die ganze Lösung, aber eine Idee."

Niemand antwortete. Dann sagte Maya: "Ich bleibe nach dem Dialog sehr gerne noch etwas hier mit dir und mit allen, die an dieser Kunst interessiert sind. Aber ich will jetzt im Dialog nicht argumentieren oder dozieren. Im Gegenteil. Ich wollte ja im Dialog nicht über diese Bilder sprechen und jetzt ist mir eigentlich bewusst geworden, warum. Das war mir nicht so bewusst, aber es hängt mit dem Thema zusammen. Die Abmachung, über diese Bilder zu sprechen, engt mich jetzt sehr ein. Ich schlage vor, dass wir uns wieder an unsere Dialogregeln halten, dass wir also nicht über diese Bilder sprechen müssen, weil wir gemäss den Regeln kein Thema haben. Wer will, kann es tun, aber ich will mich nicht drängen lassen, jetzt nicht."

Eine längere Zeit sagte niemand etwas, dann sagte Herbert: "Ja, vielleicht war meine Idee nicht so gut. Da wir eigens eine Regel haben, die ein Thema verbietet, sollten wir vielleicht wirklich kein Thema vereinbaren. Aber andrerseits stelle ich jetzt fest, dass mir die Bilder immer sympathischer werden. Sie fangen an, mich zu interessieren, was ja vorher nicht der Fall war."

Dieter sagte: "Ich habe nun schon einiges über diese Dialogkultur gehört. Ich dachte zunächst: eine mir recht vertraute Kultur, aber sie wird mir immer fremder ..."

Elmar sagte: "Man könnte vielleicht sagen, dass Du immer besser siehst, worum es geht ..."

Dieter fuhr weiter: "Ja. Ich sehe immer besser, dass meine Vorstellungen nicht passen. Es ist eine mir wirklich fremde Kultur. Und jetzt vermischt sich das natürlich noch mit einem mir fremden Kunstverständnis. Was ich bisher über den Dialog gehört habe, finde ich sogar ziemlich verwirrend. Um nur das Letzte zu nennen, wonach ein Dialog kein Thema haben soll. Eine kleine Einführung, auch wenn ich so als Tourist erscheine, wäre schon hilfreich."

Heinz antwortete: "Als ich des erste Mal hier war, war es ganz anders. Es gab eine Art Einführung. Daraus schliesse ich, dass diese Frage nicht entschieden ist. Manchmal gibt es eine Einführung und manchmal nicht. Ich will dazu noch etwas sagen. Das, was wir jetzt gerade machen, ist für mich eher die bessere Einführung als jene, die ich bekommen habe. Für mich wird heute deutlicher, dass wir Formen suchen, die uns passen. Als ich das erste Mal hier war, hatte ich das Gefühl, dass der Dialog etwas sei, was einerseits schon gegeben und festgelegt ist und darüber hinaus etwas, was man in Form von Regeln dozieren könne. Es war ein bisschen wie in der Schule. Und hier überwiegt doch eher die Galerie, ich meine die Ausstellung. Sie hat etwas von unserem Setting. Die Bilder hier wurden nicht für eine bestimmte Person aufgehängt, sondern für all jene, die die Bilder sehen wollen. Der Künstler oder der Galerist weiss nicht, wer die Bilder sehen will. Sie geben sie einfach in die Mitte. Natürlich hoffen sie, dass viele Leute kommen und sich dafür interessieren, aber sie richten sich nicht an eine Person. Wenn ich im Dialog etwas sage, ist es auch so. Ich sage es in die Mitte, weil ich nicht wissen kann, wer sich dafür interessiert und wer nicht. Ich hoffe natürlich auch, dass sich alle oder wenigstens viele dafür interessieren. Und jetzt, wo ich das sage, merke ich auch, dass diese Kunstmetapher doch ziemlich gut funktioniert. Sie passt mir jedenfalls auch in dieser Richtung. Ich kann Kunst als Dialog begreifen."

Ich sagte: "Ich werde das nächste Mal mit einem anderen Bewusstsein in diese Kunstgalerie eintreten, sozusagen einen neuen Anfang machen. Bisher habe ich eigentlich hier nicht viel Kunst wahrgenommen, aber das wird künftig ganz anders sein, weil ich jetzt nicht mehr mit der Vorstellung kommen muss, hier würden Kunstwerke verkauft. Ich bin heute eine Vorstellung losgeworden, die mich behindert hat, die verhindert hat, dass ich hier Kunst wahrnehmen konnte. Ihr habt mir zu einer neuen Perspektive verholfen. Nicht nur in Bezug auf die Bilder hier, sondern genereller. Alles als Kunst, als Ausdruck aufzufassen ist für mich schon eine spezielle Sicht. Aber ich glaube sie passt mir."

Erika sagte: "Ja, das ist eine wunderbare Idee. Aber - also ich will keine Einwände machen - ich will nur sagen, dass es mir sehr schwer fällt, jetzt gerade, also hier in unserem Dialog alles als Kunst wahrzunehmen. Ich denke mal so an die letzten zehn oder zwanzig Sätze. Ich will niemandem zu nahetreten, ich will einfach sagen, dass es mir nicht gelingt, die Kunst zu sehen. Nicht einmal jetzt, wo ich es gerade bewusst versuche. Und da frage ich mich, wie ich das draussen im richtigen Leben je schaffen sollte. Wir müssten unsere Sätze aufschreiben und an die Wand hängen, wie das mit diesen Bildern gemacht wurde, damit unsere Sätze Kunst würden."

Maya sagte: "Ich sehe den Sinn eines Kunsthauses darin, dass man sich dort die Musse nimmt, sich auf die Kunst einzulassen. Es geht nicht darum, dass dort Kunstwerke sind - was ist schon ein Kunstwerk - es geht darum, dass es einen Ort gibt, wo ich Kunst bewusst wahrnehmen kann. Also ich würde sicher nicht im Kunsthaus arbeiten, wenn ich die Vorstellung hätte, dass dort Kunstwerke gesammelt würden. Es geht um den Prozess der Kunst, um die Kommunikation. Ein Kunsthaus ist kein Gestell für Bilderwaren, sondern ein Ort, wo ich mich in einen Dialog mit der Kunst begebe. So erzähle ich es jedenfalls bei meinen Führungen. Aber ich muss wohl nochmals darüber nachdenken, warum das nur im Museum gehen sollte."

Erika sagte: "Das ist wirklich wunderbar, ich möchte auch einmal an einer Deiner Führungen teilnehmen. In welchem Kunsthaus machst Du denn diese Führungen und für wen? Oh, darüber müssen wir nachher genauer sprechen, wenn Du uns diese Bilder erklärst. Ich finde, unsere Dialogrunde kann man auch so sehen. Wir kommen hierher, weil wir hier die Musse finden, uns mit der Kunst des Dialoges zu beschäftigen. Ich habe Kunsthäuser bisher eigentlich nicht so für mich wahrgenommen, ich dachte eher, dass dort die ganz grosse Kunst gezeigt würde. Ich habe nicht gemerkt, dass es um meine Musse geht."

Maya sagte: "Und ich habe bis jetzt nicht gemerkt, dass ich hier in einer Art Museum sitze, wo der Dialog wie Bilder, respektive wie Kunst mit Musse wahrgenommen werden sollte."

Ernst sagte: "Das erinnert mich auch an die Kirche, ich meine an den Gottesdienst. Ich glaube ja immer an Gott, aber ich gehe am Sonntag in den Gottesdienst, um mich eine Stunde lang bewusst damit zu befassen. Dieser Dialog ist so etwas wie ein Gottesdienst oder eine Führung im Kunsthaus. Hier kann ich eine Stunde lang tun, was ich eigentlich immer tun sollte, hier kann ich wenigstens eine Stunde lang bewusst im Dialog sein."

Heiner sagte: "Ich habe es nicht so mit den Kirchen, aber mir fällt natürlich ein anderer Tempel der Musse ein, in der Wissenschaft. Die Bibliothek wird gemeinhin als ein grosses Büchergestell aufgefasst, in welchem die Bücher gestapelt werden wie Bilder im Museum - meistens die alten, wichtigen. Eine Bibliothek ist aber so wenig ein Büchergestell wie eine Diskothek ein Schallplattenständer ist. Die Bibliothek ist eigentlich der Ort, wo Texte und deren Organisation diskursiv entwickelt werden oder sagen wir wurden. Die ursprüngliche Bibliothek jedenfalls war als Vorläufer der Universität ein Ort des schriftlichen Dialoges, wo Musse sicher gefragt war. Ich finde wieder sehr interessant, wie hier, bei der Kunst angefangen, einfach alles zum Dialog wird. Hier scheint die ganze Welt ein Dialog oder nur Dialog zu sein und alle gesellschaftlichen Einrichtungen wie Kirchen, Museen und Wissenschaften dienen nur dem Dialog."

Herbert sagte: "Meine Vorstellung ist oder war etwas bescheidener. Ich habe zunächst nur an die Kunst gedacht und eigentlich auch nicht an die Kunst, sondern eher an eine Art Metapher. Was ich mir wünsche, ist, dass ich im Dialog eine, ich sage mal, Kunsthaltung einnehmen kann, so dass ich allen Äusserungen wie Kunstwerken begegnen kann. Also gerade unabhängig davon, ob sie nun Kunstwerke sind oder nicht. Jetzt habe ich durch Euch bessere Worte gefunden, die mir klarer machen, was ich implizit gemeint habe, ohne es genau sagen zu können. Ich sehe jetzt die Kunst mit neuen Augen, weil ich zunächst den Dialog als Kunst gesehen habe. Und diese neue Sicht umfasst jetzt auch noch die Kirche und die Bibliothek und vermutlich noch mehr. Es geht mir jetzt darum, dass ich mich an bestimmten Orten einfinden kann, die mich in dem Sinne unterhalten, als sie mir bestimmte Haltungen wenn nicht ermöglichen, so doch leichter machen. In einer Kirche kann ich leichter beten, in einem Museum kann ich leichter Kunst sehen, und in dieser Veranstaltung kann ich den Dialog bewusster erleben. Ich muss Musse mitbringen und Respekt, ich muss verweilen und mich einlassen. Das ist, was ich jetzt im Dialog erkenne. Diese Veranstaltung hier ist ein Ort wie eine Kirche oder ein Kunsthaus, wo ich hinkomme, um bewusst wahrzunehmen, worum es mir geht." Nach einer Pause fuhr er fort: "Ich will natürlich nicht ausschliessen, dass der Dialog allgegenwärtig ist, in der Religion, in der Wissenschaft, in der Kunst, aber erkennen kann ich den Dialog bislang nur hier in diesem geschützten Raum. Draussen in der Wirklichkeit, also gerade in den Kirchen der Religionen und der Wissenschaften, sehe ich noch sehr wenig vom Dialog."

Renate sagte: "Ich habe bisher in der sogenannten Wirklichkeit auch wenig von einem Dialog wahrgenommen. Aber das könnte sehr viel damit zu tun haben, dass ich weder bei einer Kirche noch bei einem Kunsthaus und schon gar nicht bei einer Bibliothek an den Dialog gedacht habe. Jetzt stelle ich mir vor, dass wirklich überall Dialoge zu finden sind, man muss sie nur erkennen können. Es ist wie bei diesen Bildern, man muss sie eben sehen können. Dazu fällt mir etwas Typisches ein. Ich war einmal in den Dolomiten, da gibt es diese typischen Berge mit den riesigen Felswänden. Wir sassen unter einem dieser Berge mit einer senkrechten Wand von vermutlich drei- oder vierhundert Metern Höhe. Neben uns sassen zwei junge Männer mit Kletterausrüstungen und die überlegten sich, wo sie in dieser Wand hochklettern wollten. Ich hielt das für ein ganz unmögliches Unterfangen. Ich schaute die Wand an und konnte mir nicht vorstellen, wie ein Mensch dort raufkommen sollte. Dann entdeckte ich plötzlich mitten in der Wand zwei kleine Figuren. Es waren offensichtlich Kletterer. Ich schaute ihnen fasziniert zu und dann schaute ich der Wand nach oben, um zu sehen, was sie noch vor sich hatten. Ein Stück weiter oben sah ich wieder zwei

Der Dialog im Dialog 157

oder drei Bergsteiger. Dann etwas rechts von ihnen noch zwei, und dann noch drei und noch zwei und noch mehr und mehr. Die ganze Wand war voller Bergsteiger, es wimmelte nur so von ihnen. Aber weil ich mir nicht vorstellen konnte, dass man da hochklettern kann, habe ich sie einfach nicht gesehen. Und sobald ich die ersten gesehen hatte und somit wusste, dass es geht, sah ich mehr und mehr von ihnen. Mit den Dialogen könnte es ähnlich sein. Ich glaube, sie finden massenweise statt, man muss sie nur wahrnehmen können. Hier übe ich meine Sensitivität, um draussen in der Welt die Dialoge wahrnehmen zu können."

Herbert sagte: "Ich will nochmals auf meinen Versuch zurückkommen, mir selbst eine Einführung in den Dialog zu geben. Meine Absicht war, auszudrücken, was ich bisher verstanden habe. Mir ist bewusst, dass ich nicht genau weiss, was ich meine, aber indem ich anfange darüber zu sprechen, erhöhe ich die Chance, dass es mir klarer wird. Und indem ich es Euch erzähle, vergrössere ich diese Chance um ein Vielfaches. Und mir ist jetzt klarer geworden, dass es nicht um Kunstwerke geht, sondern darum, wie ich den Äusserungen der andern begegne. Das hat nichts damit zu tun, ob es Kunstwerke sind und auch nichts damit, was Kunstwerke überhaupt sind. Kunst ist für mich nur eine Metapher, die sich jetzt überdies umgekehrt hat. Museen und Galerien sind gewissermassen Orte, die mich einladen, das, was dort ist als Kunst zu sehen. So gesehen ist es auch plausibel, dass das wichtigste Museum der Welt kürzlich anstelle von Bildern eine Zeitreihe von ganz gewöhnlichen Motorrädern, die auf der Strasse rumfahren, ausgestellt hat. Für mich spielt dabei keine Rolle, was dort ist. Mir geht es um den Unterschied in meiner Wahrnehmung oder Aneignung, wenn ich etwas als Kunst betrachte. Einen Aspekt habe ich ja angesprochen. Ich frage dann nicht, was der Autor damit gemeint hat. Vielleicht können wir noch etwas deutlicher herausarbeiten, was die Vorstellung Kunst mit unserer Wahrnehmung macht. Das würde mich sehr interessieren."

Ich sagte: "Das finde ich auch eine spannende Frage. Man kann sie auch umkehren, um der Rezeptionsauffassung etwas zu entkommen. Anstatt der Galerie nehmen wir ein Atelier und fragen uns, was wir dort als Künstler etwa im Unterschied zu einem Kunsthandwerker tun. Vielleicht hilft uns das metaphorisch zu verstehen, was wir hier im Dialog tun. Diese Dialogveranstaltung wurde jetzt ja schon mehrmals von einer Wirklichkeit unterschieden. Vielleicht gibt die Unterscheidung Kunst und Kunsthandwerk eine Analogie dazu?

Lisa sagte: "Es ist einfach unglaublich, wie rasch unsere Dialoge immer Dialoge über den Dialog werden. Es ist wie verhext. Aber heute finde ich, dass ich trotzdem auch über Kunst viel für mich Neues erkannt habe. Vielleicht muss es so sein, ein Dialog über den Dialog, in welchem man gleichzeitig über ganz anderes schlauer wird."

Längere Zeit sagte niemand etwas. Dann sagte Lisa: "Jetzt habe ich mich selbst überrascht. Ich habe nochmals über meinen eigenen Satz nachgedacht und darin eine Erkenntnis gefunden, die ich überhaupt nicht hatte, als ich den Satz gesagt habe. Im Dialog spreche ich über den Dialog, aber ich lerne etwas über ganz andere Dinge, jetzt beispielsweise über Kunst. Ich habe schon oft über Kunst gesprochen, aber ich habe noch nie soviel über Kunst gelernt wie in diesem Gespräch, das eben gerade nicht über Kunst war. Und ich habe das vorhin so leichthin gesagt und jetzt plötzlich gemerkt, was ich da eigentlich gesagt habe. Dia logos - durch das Wort ist mir etwas bewusst geworden." Sie machte wieder eine Pause und fuhr dann fort: "Wichtig ist mir dabei, dass ich sogar mich selbst überrascht habe. Ich habe also nicht etwas gesagt, was ich schon wusste, sondern ich habe etwas gesagt, was ich noch nicht wusste und zuerst hören musste. Dabei spielt es natürlich keine Rolle, ob ich oder jemand von Euch das gesagt hat, es waren Worte im Raum, die ich zuhörenderweise zu meinen Worten gemacht habe. Ich bin fasziniert."

Renate sagte: "Ich auch. Ich war vor einiger Zeit in einer Veranstaltung, in welcher der Moderator zu Beginn sagte, dass wir versuchen sollen, nur Sachen zu sagen, die wir nicht mitgebracht haben. Alles, was wir schon lange und sicher wüssten, sei ganz uninteressant, eben weil wir es schon wüssten. Wir sollten also nur für uns Neues sagen. Es ging darum, im Augenblick zu leben. Das hat mich ziemlich blockiert. Vielleicht kennt Ihr dieses Postulat ja auch. Das sagen die Buddhisten. In der Kontemplation wird es oft als Schweigegebot interpretiert. Aber jetzt ist es mir hier auf eine ganz neue Weise begegnet, die ich bis jetzt nicht gesehen habe." Sie schaute Lisa an und sagte: "Wieder durch Lisa.

Hier geht es nicht darum, was ich sage, sondern dass ich höre, was ich sage. Wenn ich mir zuhören kann, kann ich vermutlich sehr oft hören, dass ich etwas sage, was ich nicht gewusst habe."

Elmar sagte: "Mir passiert das beim Schreiben gelegentlich. Wenn ich lese, was ich geschrieben habe."

Maya sagte: "Man kann Kunst genau so sehen. Die Künstlerin kreiert etwas, was sie zuvor nicht wusste. Erst wenn sie sieht, was sie macht, versteht sie, was sie macht. Es ist nicht das Gegenteil von techne, eher komplementär. Natürlich könnte man den Dialog so als nicht geplantes Gespräch sehen. Dabei ginge es nicht darum, nichts zu sagen, was man schon weiss, sondern darum, mit dem eigenen Wissen nicht planvoll umzugehen, weil dabei nichts Neues entstehen kann. Ein Künstler ist oft sehr überrascht von seinem eigenen Werk."

Elmar sagte: "Ja, vielleicht geht es um die Differenz im Plan. In Vorträgen haben wir einen Plan. Dort wäre es eher schlecht, wenn wir uns durch unseren Vortrag überraschen würden. Vielleicht kann man sich das anhand von techne generell bewusster machen. Im griechischen techne sind ja Kunst und Technik noch zusammen, wie bei uns in der Architektur oder im Kunsthandwerk. Kunst steht in einem geplanten Zusammenhang, sie ist nicht Selbstzweck. Das Überraschungspotenzial ist deshalb beschränkt. Wenn ich einen Plan habe, verfolge ich ein Ziel, dann ist es unwahrscheinlich, dass ich etwas ganz anderes in meinem Werk oder in meinem Sprechen erkennen kann. Erst wenn ich wie im Dialog ohne bestimmtes Ziel spreche, bin ich offen dafür, im Nachhinein zu erkennen, wo ich hingekommen bin. Ich wiederhole eigentlich, was wir schon früher gesagt haben. Im Dialog weiss ich, was ich gesagt habe, wenn ich erkenne, wie die andren darauf reagieren. Wenn ich dagegen Befehle erteile, weiss ich voraus, was ich sage, weil ich ja eine bestimmte Reaktion erzwingen will."

Lisa schlug sanft auf die Klangschale und sagte, bevor diese ausgeklungen war: "Ich muss es nochmals sagen. Ich meine, ich muss mir meine Erkenntnis bewusst machen, weil Ihr jetzt schon wieder viel weiter gegangen seid und mir wieder alles zu verschwimmen droht. Es ist immer dieses Tempo, ich müsste immer wieder die Schale anschlagen. Also. Ich habe gemerkt, dass ich über den Dialog gesprochen und dabei etwas über Kunst verstanden habe. Darin habe ich ein Prinzip des Dialoges erkannt und auch, warum es gut sein könnte, dass wir immer nur über den Dialog dialogisieren. Wir nehmen etwas, was uns interessiert, in den Dialog. Dann sprechen wir aber nicht über das, was uns interessiert, sondern über den Dialog. Aber, und das ist eben das Verrückte, so lernen wir über das, was uns interessiert, viel mehr oder jedenfalls viel mehr Neues, als wenn wir darüber sprechen würden."

Heiner sagte: "Ja, um etwas mir schon Bekanntes zu sagen: Die Form ist der Inhalt. Der Dialog in unserem Sinn könnte als eine Form gesehen werden, die wir mit Regeln umschreiben, aber diese Form ist eben der Inhalt. Deshalb können wir auch sagen, dass wir kein Thema haben. Die Form ist das Thema. Und wir sprechen ja vordergründig auch immer über diese Form. Man könnte Thema und Rhema unterscheiden. Rhema wäre das jeweils Neue innerhalb eines Themas."

Renate sagte: "Um das etwas konkreter oder weniger verwissenschaftlicht zu sagen, ich bin in den Dialogen oft mit einer etwas eigenartigen Frage konfrontiert. Ein Teilnehmer sagt etwa: 'Ok. Das mit den Regeln habe ich alles verstanden. Aber was soll ich jetzt sagen? Worüber wollen wir sprechen oder einen Dialog führen? Oder wollen wir die ganze Zeit über Regeln sprechen?' Das ist doch auch in unsere Gruppe latent immer vorhanden. Am deutlichsten ist das schon ganz am Anfang, wenn ich jemanden zum Dialog einlade. Ein Dialog worüber, werde ich dann fast immer gefragt."

Ernst sagte: "Ok, ich sage auch etwas, was ich schon weiss. In der Diskurstheorie gibt es die Vorstellung, dass das, was interessiert, tabuisiert werden muss. Die Leute sprechen dann einerseits umso mehr darüber, schon weil es verboten ist, und erzeugen so eben mehr Wissen. Weil es verboten ist, sprechen sie natürlich darüber, indem sie über etwas anderes sprechen, was dann eine Art Konnektivität produziert, die auch ganz viel Wissen erzeugt. Im Diskurs ist sozusagen der Zwang, über etwas anderes zu reden, eine Strategie, viel besser über die gemeinte Sache zu reden. Unser Dialog macht etwas Ähnliches, noch etwas extremer. Wir sprechen immer über den Dialog, um in der gemeinten Sache voranzukommen. Das hilft mir jetzt auch, die Diskurstheorie besser zu verstehen."

Herbert sagte: "Ja, wir heben ja wieder richtig ab. Die Konnektivität ist jedenfalls grenzenlos, hier hängt wieder buchstäblich alles mit allem zusammen. Wenn man sich etwas zurücklehnt, kann man sehen, wie beliebig hier das Thema wechselt. Wenn ich gefragt würde, worüber wir denn heute gesprochen haben, also nicht voraus, sondern im Nachhinein, hätte ich grosse Mühe, etwas zu sagen."

Erika sagte: "Ich habe jetzt auch die Regel mit den Ich-Formulierungen besser verstanden. Die Frage ist eben nicht, worüber wir gesprochen haben, sondern worüber ich etwas gehört habe. Ich muss in der Ich-Formulierung nicht sagen, was für uns der Fall ist, also worüber wir gesprochen haben, sondern was für mich der Fall ist, also was ich mit unserem Gespräch oder Dialog anfangen kann. Jetzt gerade habe ich das Gefühl, ich hätte eine völlig neue Sichtweise auf den Dialog bekommen und nebenbei einiges über Kunst mitbekommen, was ich in meinem Kopf noch etwas sortieren muss."

Maya sagte: "Ich bin etwas konfus. Ich bin aber sehr froh, dass wir nicht in ein blödes Kunstgespräch gefallen sind. Die Idee, den Dialog so zu begreifen, wie ich Kunst begreife, hat mir jetzt viele Möglichkeiten eröffnet. Aber irgendwie kommt mir das alles ziemlich kopflastig vor. Eher wie Kunsttheorie als wie Kunst. Heute hat ja schon jemand gesagt, dass es ihm schwerfallen würde, die letzten zehn hier gesprochenen Sätze als Kunst zu sehen."

Elmar sagte: "Ich finde nicht so entscheidend, ob mir das gelingt, ich finde wichtig, dass ich es versuchen kann. Diese Bilder hier, über die wir jetzt ganz typischerweise nicht gesprochen haben, sind für mich ja auch nicht ohne weiteres als Kunst wahrnehmbar. Würden sie in einem Kindergarten auf dem Tisch liegen, könnte ich ohne weiteres sehen, dass die Kinder noch nicht so gut zeichnen können. Der Dialog hat sich für mich heute gedreht. Es geht nicht mehr darum, wie ich spreche, sondern viel mehr darum, wie ich höre. Ich glaube, wir sollten alle unsere Regeln nochmals unter diesem Aspekt durchdenken. Ich finde aber auch umgekehrt schön, dass ich jetzt den Kunstprozess dialogisch sehen kann. Ich würde gerne noch etwas über Kunst sprechen, auch wenn ich jetzt begriffen habe, dass wir das im Dialog gerade nicht tun. Vielleicht könnten wir mit dieser dialogischen Erkenntnis einmal ganz undialogisch doch über Kunst sprechen."

Renate stand auf und sagte: "Ich nehme das als Signal zum Aufbruch. Ich bin sehr glücklich, dass wir in dieser Galerie sein dürfen und wie dieser Raum auf uns Einfluss genommen hat. Ich möchte nicht, dass wir hier undialogisch sprechen. Das können wir ja bei einem Bier versuchen. Aber in unserer Veranstaltung sollten unsere Regeln nun noch mehr gelten, nachdem wir doch immer besser verstehen, welchen Sinn sie haben. "

Maya, die auch aufgestanden war, sagte: "Das finde ich auch. Aber ich will mich nicht rausschleichen, weil ich ja ein Angebot gemacht habe. Wir beenden jetzt unseren Dialog und wer will, kann jetzt noch ein paar Minuten mit mir zusammen die Bilder eben ganz undialogisch, dafür unter kunsthistorischen Gesichtspunkten anschauen. Ich nehme an, dass ich jetzt die Bilder auch etwas anders sehen werde, als ich es vor unserem Dialog getan hätte. Also, wer Lust hat, bleibt einfach noch etwas da."

* * *

Alle standen auf, aber niemand ging hinaus. Nach einer Weile sagte Maya: "Ich bin jetzt etwas hin- und hergerissen. Ich dachte nicht, dass Ihr alle bleiben würdet und ich weiss nicht, wie ich anfangen soll. Wenn ich das beruflich mache, habe ich ein klares Konzept, davon habe ich ja gesprochen. Das bräuchte aber natürlich auch etwas Zeit. Und wenn ich Euch einfach ein paar Hinweise gebe, wie Ihr die Bilder betrachten sollt, komme ich mir vor, wie wenn ich Zaubertricks verraten würde. Ich würde Euch wohl das Wesentliche dieser Bilder stehlen. Mit zwei von Euch hätte ich das getan, weil wir dann darüber hätten sprechen können, aber so, ..."

Elmar sagte: "Ich kann Euch im Namen von Timo Roth alle sehr gerne zur Vernissage einladen. Vielleicht könnten wir dort mit dem Künstler zusammen einen Dialog finden, in welchem wir diese Bilder als Aussagen verstehen könnten, die dem Künstler sozusagen passiert sind, während er sich einer Technik bediente. Maya hat ja schon einen Aspekt verraten, aber wir haben ja auch die Technik heute nicht weiter angeschaut. Ich glaube, man könnte Technik hier wie in unserem Dialog durch Regeln ersetzen, die der Künstler eingehalten hat. Die Frage wäre dann auch, was zeigt sich als Inhalt dieser Form." Dann fügte er an: "Mir fällt jetzt gerade auf, dass diese Vorstellung von mir einem ziemlich verbreiteten Allgemeinplatz unter Künstlern entspricht. Künstler sind vielleicht unbewusst zwangsläufig im Dialog." Er ging zum Ausgang und sagte: "Kommt, wir gehen in den Vorbahnhof. Maya wird uns wohl nichts mehr verraten." Er hielt ein paar Flyer in die Höhe und fügte an: "Hier gibt es Einladungen zur Vernissage. Ich werde hingehen. Ich bin gespannt. Und da die Ausstellung noch eine Zeitlang hier ist, werden wir wohl den nächsten Dialog nochmals unter denselben Bildern halten, falls diese Kunstwaren bis dann nicht alle verkauft worden sind."

## 9 Sinn und Verstehen

Einen Monat später waren noch alle Bilder in der Galerie, aber etliche hatten einen roten Punkt auf dem Rahmen. Renate eröffnete die Runde: "Schön, dass wir wieder hier sind. Ich freue mich auf unseren Kunstdialog. Maya hat mir in der Zwischenzeit erklärt, wie ich die Bilder technisch gesehen betrachten muss. Das empfand ich aber wirklich als eine Art Verrat, die die Bilder für mich nicht interessanter macht. Allerdings fand ich, dass es sich weniger um einen Verrat an den Bildern handelt, als um eine Aufklärung darüber, wie Kritiker intellektuell mit Bildern umgehen. Ich kann jetzt jedenfalls klug über diese Bilder sprechen, ohne dass sie mir deshalb nähergekommen wären." Sie holte den Sprechstab aus der Mitte und sagte: "Wie Ihr seht, habe ich sowohl den Sprechstab als auch die Klangschale wieder mitgebracht, für mich sind sie nun eine Art Bilderrahmen. Wenn Ihr den Sprechstab holt, bevor Ihr sprecht, fällt es mir leichter, das Kunstwerk als Kunstwerk wahrzunehmen. Ich schlage als Regel für heute vor, dass der Sprechstab und die Klangschale wieder aktiviert werden, dass sie aber in einer neuen Bedeutung eingesetzt werden." Sie schaute uns an, wie wenn sie Zustimmung erwarten würde. "Ich verwende jetzt den Sprechstab als Bilderrahmen zu meinen Worten, um mir selbst so bewusst zu machen, dass meine Worte als Kunstwerk wahrgenommen werden können. Der Stab soll seine alte Bedeutung behalten. Wer den Stab hat, der wird nicht unterbrochen, davon abgesehen, dass wir uns gegenseitig ohnehin nicht unterbrechen. Die Klangschale soll auch bleiben, was sie bisher war. Ich schlage die Klangschale an, wenn ich den Dialog aus den Augen verliere, wenn ich die Zusammenhänge nicht mehr herstellen kann. Vielleicht könnte man jetzt sagen, wenn ich die gehörten Worte nicht als Kunst erkennen kann."

Maya holte den Sprechstab, nachdem Renate ihn zurückgelegt hatte. "Ich muss etwas zur Kunst sagen. Ich spreche dazu über etwas anderes, das habe ich das letzte Mal hier gelernt. Ich spreche also über einen technischen oder wie ich lieber sagen würde über einen handwerklichen Aspekt dieser Bilder. Ich habe dabei durchaus auch unseren Dialog im Auge, obwohl ich jetzt etwas Mitgebrachtes, nicht etwas Spontanes erzähle." Sie machte eine kleine Pause, die Elmar sofort nutzte.

"Nur schnell", sagte er, "mir ist aufgefallen, dass wir genau so eigentlich Vorträge und Beiträge unterscheiden könnten. Vorträge sind unabhängig von ihrer Länge und unabhängig von Formulierungen Beiträge, die wir mitgebracht haben. Bitte entschuldige die Unterbrechung. Du hast jetzt meines Erachtens einen Vortrag angekündigt, was für mich völlig in Ordnung ist. Aber wir haben ja Vorträge immer noch als offenen Punkt in unserem Dialog."

Maya sagte: "Also ich trage vor. Die Bilder, die Ihr oder einige von Euch als Gekritzel bezeichnet habt, sind Schematisierungen von berühmten Bildern. Die einfachsten Fälle sind Eins-zu-eins-Schemata." Sie zeigte auf ein Bild und sagte: "Schaut dieses Bild an. Ich habe Euch das Original mitgebracht." Sie nahm ein zusammengefaltetes A4 aus ihrer Tasche und zeigte uns das Original, das offensichtlich nicht das Original war, sondern es nur zeigte. "Das ist das Floss der Medusa von Gericault. Ein bekanntes Bild, ein Klassiker, zu welchem es ganz viele Theorien gibt. Es handelt sich um auf offenem Meer ohne Nahrung ausgesetzte Sklaven. Von der Konstruktion her ist das Bild beispielsweise durch ganz viele Dreiecke oder Prismen strukturiert. Steiners Bild aber interessiert zunächst die Anordnung der Körper dieser verreckenden und teilweise schon toten Sklaven. Achtet darauf und schaut dann das vermeintliche Gekritzel von Steiner an der Wand an! Dann könnt Ihr sehen, dass das Gekritzel nicht ganz zufällig ist, oder? Ich will jetzt das Bild nicht weiter ausleuchten, diese Geschichte nähme kein Ende, ich wollte nur am Beispiel zeigen, wie die Referenz verläuft. Ich will dagegen etwas zur Beobachtung sagen. In den Bildern von Steiner wird nicht über andere Bilder gesprochen. Die Bilder sind eben Bilder, keine Theorien. Sie sind auch keine Bewertungen oder Deutungen, sie sagen sozusagen nichts über ihre Vorlagen aus, ausser dass die Vorlagen ausgewählt wurden. Mir gefallen diese Bilder ausserordentlich gut. Ich sehe in ihnen eine ideale Form der Auseinandersetzung mit Kunst. Bei mir - und deshalb musste ich das jetzt eben sagen - ist es ganz anders als bei Renate. Für mich macht die Einsicht in diese handwerkliche Technik die Bilder erst interessant. Ich kann Bilder auch einfach anschauen und schön finden. Was gibt es Schöneres als einen Sonnenuntergang auf einer Postkarte? Aber hier geht es mir um Kunst, nicht um schöne Farben. Eigentlich geht es mir um Kunst und Dialog. Ich habe ja jetzt nur die Oberfläche angekratzt, um bestimmte Analogien zum Dialog anzutönen. Vorderhand bringe ich nicht alles zusammen. Ich bin etwas gespalten zwischen einer dialogischen und einer kunsthistorischen Sicht. Ich bin ja letztes Mal nach unserem Dialog zurückgekrebst von meinem Angebot, Euch eine Einführung zu geben. Ich habe mich damit selbst etwas überrumpelt. Wenn sich heute immer noch jemand dafür interessiert, kann ich heute nach dem Dialog noch einige Aspekte dieser Bilder erläutern. Heute kann ich mit der relativen Einseitigkeit wohl wieder bewusster umgehen."

Mehrere Leute sprachen gleichzeitig über ganz verschiedene Dinge und verstummten mehr oder weniger schnell als Maya den Sprechstab demonstrativ in die Mitte legte. Schliesslich nahm Elmar den Stab und sagte: "Ich würde gerne noch mehr über die Bildbezüge hören. Erstaunlicherweise hat der Künstler an der Vernissage nämlich darüber kein einziges Wort verloren."

Maya sagte: "Für mich zeigt sich der Künstler auch gerade darin, dass er sein Werk nicht erklärt und nicht kommentiert. Darin sehe ich auch die Brücke zum Dialog. Letztes Mal hat ja jemand gesagt, dass das Privileg des Künstlers sei, dass er keine Erklärungen geben müsse. Ein Künstler schaut sein eigenes Bild an, wie es andere Leute tun, und er kann darin entdecken, was er entdecken kann. Er hat dabei die Chance, sich selbst zu überraschen, wie wir uns im Dialog selbst überraschen können, wenn wir nicht gerade Vorträge machen."

Herbert übernahm den Stab von Elmar und sagte: "Mich hat Dein Vortrag überrascht. Ich könnte so ein Bild ewig anschauen und dabei gar nie merken, was das Bild bedeuten soll. Wenn man mir diese Zusammenhänge nicht erklären würde, hätte ich keine Chance, sie zu sehen."

Renate sagte: "Ich weiss gar nicht, ob man diese Zusammenhänge sehen müsste. Wenn es darum ginge, könnte der Künstler diese Zusammenhänge ja benennen, er könnte wenigstens im Namen des Bildes einen deutlichen Bezug machen. Aber wenn der Künstler nicht einmal an der Vernissage etwas darüber sagt, dann ist es ihm vermutlich gar nicht so wichtig. Mir jedenfalls sind die Bilder durch diese Erklärung nicht näher gekommen. Jetzt allerdings, wo ich das Original auch sehe, habe ich schon ein paar Fragen, die ich davor nicht hatte."

Maya sagte: "Ich glaube schon, dass es um Sinn und Ordnung geht." Sie richtete sich mehr zu Herbert und fuhr weiter: "Wenn ich oder sogar der Künstler Dir sagen würde, was das Bild bedeuten soll, würdest Du vielleicht aufhören, nach der Bedeutung zu suchen. Dann wäre die ganze Kunst beendet und dahin. Wenn Du aber das Bild schaust und nicht nur anschaust, ist es möglich, dass Du eine Bedeutung findest, von welcher ich und der Künstler total überrascht wären. Du würdest dann dem Künstler sagen, was er gesagt hat, aber beim Sagen noch nicht wisse konnte. So wenigstens habe ich unseren Dialog verstanden." Sie wandte sich wieder Renate zu und sagte: "Natürlich muss man gar nichts Bestimmtes sehen. Jeder sieht, was er sieht. Mir geht es mehr um die aktive Seite, um den Künstler, also um den Unterschied, ob ich andere überrasche, was eben der Sinn des Vortrages ist, oder ob ich mich selbst überraschen kann. Dieser Unterschied im Dialog hat mich letztes Mal so überrascht."

Elmar rief: "Mich eben auch. Das meinte ich vorhin. Mir ist jetzt klar, was ein Vortrag ist."

Herbert sagte: "Ich habe zuerst eine sehr einfache, praktische Frage. Wie ist es möglich, dass jemand in dieser Kritzelei das Original erkennt, wenn der Künstler keine Hinweise darauf macht?" Er betrachtete den Stab in seiner Hand.

Maya antwortete: "Wir haben letztes Mal auch darüber gesprochen. Ich weiss nicht mehr, wer von Euch gesagt hat, dass man in jeder Kunstschule lerne, andere Bilder zu verfremden. Aber darin ist natürlich auch enthalten, in jedem Bild andere Bilder zu sehen. Es ist ja nicht möglich, dass jemand ein Bild malt, das noch nicht in irgendeiner Form schon gemalt wurde. Ich kann ja auch nichts sagen, was nicht schon gesagt wurde. Woher sollte ich es denn haben, wenn es nicht schon da wäre? Wir machen uns einen Sport daraus, Zitate zu finden, und davor machen wir uns einen Sport daraus, Zitate zu verstecken. Wer etwas erfindet oder ein Original schafft, dem gelingt es einfach zu verstecken, was schon da war." Sie stand auf und holte den Sprechstab von Herbert. Dann sagte sie: "Ich bitte um Entschuldigung, ich wollte keine Vorlesung über Kunstgeschichte halten, ich wollte nur ... Eigentlich wollte ich Euch sagen, dass es mir letztes Mal sehr gut gefallen hat, weil ich viel über Kunst gelernt habe, eben weil wir nicht über Kunst gesprochen haben. Was ich heute über Kunst erzähle, weiss ich ja schon alles, weil das eben alles in den Büchern steht. Ich weiss noch nicht einmal, ob es wenigstens einige von Euch überrascht, vermutlich eher nicht."

Heiner sagte: "Überraschung ist ja nur eine Qualität. Ich hörte in Deinem Vortrag nicht nur oder nicht vor allem das Überraschen, sondern viel mehr die Differenz zwischen andere und sich selbst zu überraschen. Ich komme so auf eine andere Differenz, die mit Überraschung nichts zu tun hat, die aber eben trotzdem aus dem Vortrag kommt. Mir ist durch Deinen Vortrag bewusst geworden, dass ich schon lange eine Differenz mit mir herumtrage, die ganz analog ist. Ich kann etwas erklären oder ich kann etwas Euch erklären, ohne dass sich dabei für mich etwas klärt. Eine nicht sehr subtile Differenz ist, dass Kunst überraschend und Wissenschaft erklärend ist. Aber ob ich anderen etwas erkläre, wie jetzt gerade, oder ob ich etwas für mich kläre, also mir erkläre, das finde ich subtil. Vorträge, das haben wir ja auch als Sitzordnung gespielt, sind für andere. Vorträge sind vielleicht etwas überspitzt formuliert dann dialogisch, wenn man, also der andere, beim Zuhören an andere Dinge denken darf. Der Vortragende könnte dann am Schluss des Vortrages fragen, welche Analogien er möglich gemacht habe und so überrascht darüber sein, was die Zuhörer während seines Vortrages so alles bedachten."

Peter sagte: "Fein, jetzt wo Vorträge vollends wieder in und erlaubt sind, könntest Du Deinen Vortrag über Deine Differenz noch etwas ausführlicher machen und vielleicht ein Beispiel geben. Ich weiss übrigens selbst, dass Ihr das als Frage an eine Person versteht, obwohl ich nur sagen wollte, was mich interessieren würde."

Heiner schaute in die Runde und sagte dann: "Eine Erklärung ist immer eine Beschreibung eines Mechanismus, der das zu erklärende Phänomen erzeugt.

Ich meine natürlich nicht immer und nicht für alle, aber für mich immer. Zum Beispiel erkläre ich mir die konstante Raumtemperatur in dieser Galerie mit einer thermostatengeregelten Heizung und meine konstante Körpertemperatur von etwa siebenunddreissig Grad erkläre ich mir ebenso, auch wenn die beiden Heizungen etwas verschieden aussehen. Diese Erklärung hat nichts damit zu tun, dass ich das jemandem erklären muss, der nicht versteht, was läuft. Sie bezieht sich also nicht auf andere Menschen, denen ich etwas mitteilen will, sondern auf ein bestimmtes Phänomen, hier die immer gleiche Temperatur, über welches ich staune. Ich wundere mich über etwas und ich erkläre es mir mit einem Mechanismus. Manchmal passiert mir aber etwas ganz anderes. Ich erkläre - gefragt oder ungefragt - jemandem etwas. Typischerweise halte ich dann einen Vortrag, weil ich ja schon weiss, was der andere noch nicht weiss. Seht Ihr diese Differenz im Erklären – und die Analogie zur Überraschung?"

Lisa sagte: "Ich versuche das einmal mit meinen Worten, auch um etwas zu bremsen. Ich habe mich gefragt, warum wir immer nur über den Dialog sprechen, weil mich das ziemlich genervt hat. Dann habe ich eine Erklärung dafür gefunden. Die Erklärung ist, dass wir über unseren Dialog sprechen, weil wir so Probleme lösen, die wir nicht lösen könnten, wenn wir über die Probleme sprechen würden. Gut, ich war selbst überrascht über das, was ich damit gesagt habe, aber jetzt sehe ich, dass ich mir eine Erklärung gegeben habe - dafür, warum wir immer über den Dialog sprechen. Ich habe dabei aber nicht zu mir gesprochen, sondern zu ... zu uns. Das heisst, ich habe es mir und gleichzeitig Euch erklärt."

Heiner sagte: "In dieser Formulierung ist die Differenz, um die es mir geht, gerade aufgehoben. Ich will den aufgehobenen Unterschied nochmals hervorheben, mit einem Gegenbegriff, den wir schon einmal im Gespräch hatten. Verstehen ist wie Erklären, ich kann verstehen oder jemanden verstehen. Dieser Unterschied ist mir jetzt sehr wichtig. Wenn jemand versteht, was ich spreche, dann versteht er mit dieser Unterscheidung die Worte, nicht mich. Er versteht ja die Wörter so, wie er sie kennt und verwendet, nicht so, wie ich sie meine. Im Dialog schweben die Wörter in der Mitte. Es ist egal, wer von uns sie gesagt hat und wer welche Wörter vom Büfett nimmt."

Lisa schlug auf die Klangschale und sagte: "Ja, schon wieder ich."

Erika sagte: "Das hätte ich auch tun sollen." Dann warteten wir recht lang über das Verschwinden des Klanges hinaus. Heiner legte den Stab zurück.

Maya holte den Stab und hielt ihn eine Weile, bevor sie sagte: "Letztes Mal hat mir der Dialog geholfen, Kunst zu verstehen. Vielleicht hilft mir jetzt die Kunst den Dialog zu verstehen. Als Malerin male ich ein Bild und bringe es in eine Galerie, ich sage jetzt in die Mitte, wo es von allen gesehen werden kann, aber nicht gesehen werden muss. Nehmen wir an, ich hätte das Floss der Medusa gemalt, weil ich dieses Bild gerade dabei habe. Und nehmen wir an, wie es bei Gericault der Fall war, dass im öffentlichen Bewusstsein gerade ein Skandal über auf hoher See ausgesetzte Sklaven Wogen werfen würde. Jetzt läge nahe, dass mein Bild auf dieses Ereignis bezogen würde. Aber wie? Was würde mein Bild über dieses Ereignis aussagen?" Sie legte ihre aufgefaltete Fotokopie in die Mitte und sagte in der Mitte stehend: "Schauen wir uns das Bild nochmals an. Sagt es etwas? Was sagt es?"

Wir schauten auf das Bild. Elmar sagte: "Das Bild sagt nichts. Ein Bild spricht nicht. Und auch wenn wir statt eines Bildes Worte nehmen. Worte sagen nichts, sie werden gesagt. Und derjenige, der Worte sagt oder ein Bild malt, der sagt etwas damit."

Renate sagte: "Ich glaube, ich komme so dem Dialog tatsächlich näher, indem wir über Bilder sprechen, als wenn wir über Dialogregeln nachdenken. Und wenn ich Heiner richtig verstanden habe, muss ich mir eben nicht überlegen, was mir der Maler mit dem Bild oder der Sprecher im Dialog sagen wollte, sondern was das Bild oder die Worte für mich bedeuten. Ich finde das eine sehr kleine aber ungemein weitreichende Verschiebung. Ich muss so gesehen, nicht den anderen, sondern die Äusserung verstehen. Die Frage ist also: Was sagt das Bild mir? Und das Sagen ist dabei metaphorisch gemeint. Eigentlich ist die Frage, was sage ich mir angesichts dieses Bildes?"

Heiner sagte: "Ja. Beim Bild deutlich. Ich will das mit dem Erklären nochmals wiederholen. Sagen wir, ich staune über etwas, beispielsweise über die konstante Raumtemperatur. Staunen heisst eine Erklärung in Betracht zu ziehen. Also ich erkläre mir die Temperatur mit einer Heizung und die konstante Temperatur mit einem Thermostaten, obwohl ich beides hier nicht sehen kann. Ich erkläre es mir, nicht Euch. Wenn ich nun aus meiner Erklärung ein Werk mache, das ich hier ausstelle, dann kann es sein, dass jemand von Euch meine Worte als Erklärung für ein Phänomen verwenden kann. Er macht dann für sich eine Erklärung, wie ich es mache. Dabei helfen ihm Worte, die er entsprechend verstanden hat. Wie er zu dieser Erklärung kommt, ist mir jetzt aber unwichtig. Es geht darum, dass er sich etwas erklärt. Nicht ich habe ihm etwas erklärt. Ich habe ein Werk ausgestellt, das ihm vielleicht irgendwie auf die Sprünge geholfen hat. Natürlich kann man das auch anders sehen, das meine ich mit Differenz. Und auf der Seite des Verstehens dasselbe. Wer sich mittels meines Werkes eine Erklärung macht, versteht das erklärte Phänomen. Und wer meint, ich hätte ihm etwas erklärt, der meint mich zu verstehen."

Erika sagte: "Ich glaube, ich habe den Unterschied verstanden, aber ich verstehe nicht, wozu Du diesen Unterschied machst. Spielt es eine Rolle, ob ich Dich oder Deine Worte verstehe?"

Heiner antwortete: "Ich weiss nicht, ob das für Dich einen Unterschied macht. Für mich ist es ein grosser Unterschied, ob ich mir etwas erkläre oder ob ich Dir etwas erkläre. Hier erläutere ich aber diese Differenz, weil sie mir hilft, den Dialog zu verstehen. Die Regel sagt dann nicht nur, dass ich in die Mitte sprechen soll, sondern auch dass ich den andern nichts erklären soll. Und deshalb verlangt die Regel, dass die anderen mich auch nicht fragen. Jeder soll seine eigenen Erklärungen machen und sie im Dialog aus- oder vorstellen. Es geht eigentlich darum, wie ich den andern im Gespräch behandle, also ob ich ihm etwas mitteile oder ob ich ein Werk ausstelle."

Ich sagte: "Ich versuche mit meiner Differenzvorstellung einmal daran anzuschliessen. Der Maler oder der Sprecher sagt etwas. In der einen Auffassung, die ich im Alltag oft finde, sagt er etwas zu mir, im Dialog dagegen sagt er etwas, aber er sagt es nicht mir, sondern in die Mitte. Diese Differenz denke ich mir in der Theorie so: Jemand spricht und jemand hört, was gesprochen wird.

Diese Einheit wird durch eine Unterscheidung in zwei verschiedene Fälle zerlegt, die wir je betrachten können. Wir können aber auch die Einheit und die Unterscheidung selbst beobachten. Ich will zuerst die beiden unterschiedenen Fälle benennen. Im einen Fall sprechen wir von einer Mitteilung, die ein Sender einem Empfänger. Im anderen Fall äussert sich jemand, ohne dass er etwas mitteilen will. Jetzt betrachte ich die Unterscheidung vor dem Hintergrund anderer Unterscheidungen innerhalb derselben Einheit. Zuerst fällt mir auf, was ich hier im Dialog schon ein paar Mal gehört habe und mit den Ausdrücken Egoist, Egozentriker, Autist und Solipsismus verbinde. Wenn ich einfach spreche und dabei nicht zu jemandem spreche oder wenn jemand spricht, ich mich aber nicht angesprochen fühle, negiere ich eine bestimmte Form von Zusammengehörigkeit, was durch die erwähnten Begriffe als Verletzung des Anstandes gesehen wird. Darin widerspiegelt sich auch unsere Ambivalenz bezüglich der an bestimmte Personen gerichteten Fragen. Eine Unterscheidung in der unterstellten Einheit lautet: verstehen versus nicht verstehen. Die dazu passende Fiktion ist etwa Folgende: Wenn einer spricht und der andere hört, hat der Hörende entweder verstanden oder nicht verstanden. Und es spielt dann keine Rolle, ob ich sage, ich habe Dich nicht verstanden oder ob ich sage, ich habe Deine Worte nicht verstanden, weil der Akzent auf dem Verstehen liegt. In beiden Fällen will ich, dass die Mitteilung wiederholt und erläutert wird. Wenn ich dagegen die Worte und den Sprecher unterscheide, löst sich die fundamentale Vorstellung einer Mitteilung auf. Im Dialog teilen wir nie etwas mit, sondern wir sagen, was wir sagen so, wie ein Maler ein Bild malt. Unsere Worte sind Werke, die wir ausstellen, Kunst hin oder her. Und jeder, der die Worte zu sich nimmt, macht mit den Worten, was er eben macht. Ich sage dann allenfalls, dass ich die Worte verstanden habe, wenn ich etwas für mich Sinnvolles mit den Worten machen kann. Hm, sehr klar war das wohl nicht."

Heiner sagte: "Aber genau so meine ich das. Ich sage, dass ich eine Erklärung verstanden habe, wenn ich das Funktionieren des darin beschriebenen Mechanismus nachvollziehen kann. Wenn ich, um im Beispiel zu bleiben, dank der Erklärung mit einem Thermostaten verstehe, warum wir hier konstante Temperatur haben, habe ich eben die Erklärung in dem Sinne verstanden, als ich sie mir zu eigen gemacht habe. Ich erkläre es mir dann so. Aber ich habe dabei nicht den Erklärer, sondern die Erklärung verstanden."

Erika sagte: "Ich merke, dass Euch das sehr wichtig ist. Deshalb erlaube ich mir nochmals zu fragen. Könnte ich denn nicht sagen, dass ich Dich verstanden habe, wenn ich dieselbe Erklärung wie Du verwende?"

Elmar sagte: "Jetzt gerade erklären wir, wie wir das Wort verstehen verwenden. Aber in diesen Erklärungen sehe ich nichts von einem Mechanismus. Muss ich daraus schliessen, dass es gar keine Erklärungen sind?"

Ich sagte: "Wir erklären uns, wie wir das Wort 'erklären' verwenden. Ich habe versucht, theoretisch zu zeigen, was Heiner vorgeschlagen hat. Sinnvollerweise achten wir darauf, dass wir fast alle substanziellen Worte verschieden verwenden und bestimmen dann die Worte über diese Differenzen. Heiner hat mit der differenziellen Bestimmung von 'erklären ' angefangen ..."

Heiner sagte: "Nein, Maya hat über den Unterschied, sich selbst oder andere zu überraschen, angefangen."

Ich nickte und fuhr weiter: "Die differenzielle Bestimmung nimmt auf, dass verschiedene Wortverwendungen auf verschiedenen Perspektiven oder auf verschiedenen Modellen beruhen, die sich nicht recht auseinanderhalten lassen. Die differenzielle Bestimmung ist eine Art dialektische Synthese. " Es wurde unruhig im Raum. Ich sagte: "Nur noch einen Satz: Wir erklären uns das Erklären verschieden, und im Dialog können wir den Unterscheidungen auf die Schliche kommen. Dabei werden wir sehen können, dass es nicht um richtig oder falsch geht, sondern um Perspektiven." Obwohl Unruhe im Raum war, blieb es längere Zeit still.

Dann sagte Lisa: "Das leuchtet mir intellektuell alles sehr ein. Die Kunst oder die Anforderung besteht für mich darin, mich auch so zu erleben. Das hiesse, ich müsste aufhören, Mitteilungen zu machen und Mitteilungen zu hören. Ich weiss noch nicht recht, wie ich das machen soll."

Heiner sagte: "Der Witz ist ja, dass wir das alle schon praktizieren, wir haben nur eine andere Vorstellung davon. Wir sind im Dialog, aber wir merken es nicht. Wir müssen uns also nicht verändern, sondern neu beobachten, was wir schon tun. Das sagen wir doch auch, wenn wir sagen, dass wir uns etwas bewusst machen. Man macht sich bewusst, was man unbewusst tut."

Robert sagte: "Ich habe ein gutes Beispiel zur Veranschaulichung. Wenn man mit dem Motorrad eine Rechtskurve fahren will, muss man den Lenker nach links drehen ..."

"Was!", rief Peter.

Robert wiederholte: "Ja, man muss den Lenker auf die andere Seite drehen, als man fahren will ..."

Peter übertönte mehrere andere Einwände oder Nachfragen: "Was willst Du damit sagen. Bist Du schon einmal ein Motorrad gefahren?"

Robert sagte: "Ich dachte, wir seien hier im Dialog." Er holte den Sprechstab. Dann sagte er: "Es geht quasi um die Physik. Das Motorrad muss sich in die Kurve legen, deshalb muss das Vorderrad aus der Kurve rauszeigen. Wenn das kein Dialog wäre, würde ich behaupten, das sei eine physikalische Tatsache. Hier geht es mir aber nicht ums Motorradfahren, sondern um eine Veranschaulichung des Bewusstmachens. Die meisten Motorradfahrer meinen, dass sie den Lenker in einer Rechtskurve nach rechts drehen. Wenn sie hören, dass das Gegenteil der Fall ist, sind sie verwirrt oder widersprechen sogar - wie einige von Euch." Er schaute Peter an. Dann sagte er: "Ich fahre zwar Motorrad, aber das, was ich sage, habe ich nicht auf dem Motorrad gemerkt, sondern in einem Kurs gehört. Davor hätte ich auch nach vielen tausend Kurven gesagt, dass ich den Lenker in die Kurve, nicht aus der Kurve heraus drehe. Ich hätte also das, was ich immer machte, nicht wahrgenommen oder falsch beschrieben. Jetzt ist mir bewusst, was ich mache, wenn ich eine Kurve fahre, aber ich fahre ja die Kurve genau gleich wie vorher - nur bewusst. Aber ich denke nicht bewusst daran, wenn ich die Kurve fahre. Ich habe das sozusagen automatisiert. Mein Bewusstsein zeigt sich also vor allem, wenn ich darüber spreche. Und hier sprechen wir ja immer über den Dialog. Jetzt hat Heiner gesagt, dass wir uns im Dialog keine Mitteilungen machen. Dann hat er gesagt, dass wir uns gar nie Mitteilungen machen, aber dass wir uns dessen nicht bewusst seien. Und da ist mir eben mein Bewusstmachenbeispiel in den Sinn gekommen. Dieses Beispiel zeigt mir, dass ich umdenken kann und dass ich meine Wahrnehmung bewusst verändern kann. Bisher habe ich ja auch gedacht, dass wir uns Mitteilungen machen, oder eigentlich habe ich dazu gar nichts gedacht, weil es mir ganz klar war. Eben wie beim Lenken eines Motorrades." Er schaute Lisa an und sagte: "Ich habe Heiner zuerst auch intellektuell verstanden, wenn man das so sagen kann. Aber ich fange jetzt einfach einmal an, mit dem Gedanken zu spielen. Dann sehe ich ja, ob er mir in Fleisch und Blut übergeht, oder ob es ein intellektuelles Spiel bleibt." Er zeigte uns den Stab, bevor er ihn zurücklegte und sagte: "Das ist jetzt der Rahmen zu meinem Bild gewesen."

Renate sagte: "Mir hilft dieses Bewusstmachen vielleicht, unsere Regeldiskussionen im Nachhinein besser zu verstehen, als Bewusstmachung zu verstehen. Der Dialog verschiebt sich jedenfalls in meiner Vorstellung erneut. Mir fällt auf, dass wir jetzt schon wieder über den Dialog nachdenken. Jetzt frage ich mich natürlich, was mir dabei jenseits des Dialoges klarer werden könnte."

Elmar sagte: "Das habe ich auch gerade überlegt. Ich mache aber nochmals ein Bild von unseren Bildern. Das Bild von Gericault zeigte mir bis jetzt Leute, die sich nach einem Schiffsuntergang auf ein Floss gerettet haben und jetzt eben auf dem Floss sterben, falls kein Wunder geschieht. Ich wusste ja nicht, dass das ausgesetzte Sklaven sind. Und wenn ich jetzt genau beobachte, dann kann ich auf dem Bild gar nichts von ausgesetzten Sklaven sehen. Ich spinne jetzt einfach einmal etwas vor mich hin. Die Sklaven sind also eine ganz beliebige Interpretation. Mitteilung könnte jetzt heissen, nicht dass mir jemand etwas mitgeteilt hat, sondern dass ich diese beliebige Interpretation mit anderen teile, dass ich nicht der Einzige bin, der hier Sklaven sieht, obwohl es gar keine Sklaven zu sehen gibt. Das Gleiche für das Bild an der Wand. Was ich sehe, hat mich nicht im Geringsten an Gericault erinnert, obwohl ich dessen Bild gut kannte. Man hat es mir mitgeteilt und jetzt bin ich es, der diese Interpretation nicht mehr loslassen kann. Aber bedeutet das, dass der Maler mir etwas mitteilen wollte? Nun, ich weiss es nicht, aber nichts deutet darauf hin, soweit ich sehen kann. Wenn ich etwas nüchtern, aber nicht ohne mitgeteiltes Wissen hinschaue, kann ich bestimmte ästhetische Strukturen erkennen. Steiner hat seine Kritzel so angeordnet und Gericault eben seine Sklavenkörper. Das heisst aber lediglich, dass diese Anordnung beiden gefällt, nicht oder nicht unbedingt, dass der eine auf den andern verweisen will."

Peter sagte: "Na ja. Wenn Ihr das so sehen wollt. Ich sage nur der Richtigkeit halber, dass es sich nicht um Sklaven handelt, sondern um Soldaten, und dass Gericault damals das Bild nicht als Floss der Medusa vorgestellt hat, sondern eben als Szene eines Schiffbruchs. Wir sind also tatsächlich in wilden Spekulationen, wenn man so will. Aber ich finde das Verweisen so offensichtlich, dass ich nicht erkennen kann, was wir gewinnen, wenn wir den Verweis nicht wahrhaben wollen. Ich meine auch in dem, was wir hier sagen. Wenn ich Tisch sage, dann meine ich einen Tisch. Wieso sollte Steiner etwas anderes als Gericaults Bild gemeint haben?"

Lisa sagte: "Wir sprechen doch gerade darüber, dass das Bild solche Tatsachen nicht hergibt. Es sind Mitteilungen, die diese Tatsachen machen. Ich glaube, wenn wir nur das Bild hätten, würden wir weder auf Sklaven noch auf Soldaten kommen. Das sind unsere Konstruktionen, oder?"

Heiner sagte: "Ja, weder das Bild noch die Geschichten, die zum Bild erzählt werden, muss man als Abbildungen der Wirklichkeit sehen. Gericault zeigt uns nicht, wie es wirklich war, sondern er zeigt uns ... ein Bild. Und jeder von uns kann sich zum Bild etwas denken. Im Dialog würden wir uns erzählen, was wir denken, und in einer Diskussion würden wir darüber streiten, wie es wirklich ist. Das Bild selbst lässt aber gar keinen Streit zu, wenn es nicht als Reproduktion einer ganz bestimmten Realität aufgefasst wird. Dann könnte man eben diskutieren, ob die Realität richtig dargestellt sei und somit streiten - um die Wahrheit."

Renate schlug auf die Klangschale und sagte dann: "Ich habe die Orientierung etwas verloren." Als es wieder ruhig war, sagte sie: "Ich will nochmals darüber sprechen, wie ich den Dialog jetzt sehe. Wir sprechen in die Mitte, so wie Maler ihre Bilder ausstellen. Das haben wir ja schon lange so gesagt, auch mit der Metapher des Speisebüfetts. Und wenn wir Robert folgen, tun wir das eben nicht nur hier, sondern immer. Wir merken es nur nicht. Hier machen wir uns es bewusst, weil wir es hier bewusst machen. Ein Bild dafür ist, wie ich mit Bildern umgehe, also die Frage, inwiefern mir diese Bilder nichts mitteilen oder inwiefern ich sie trotzdem verstehe. Es geht zuerst darum, wie ich das Verstehen verstehe. Versteht Ihr, dass ich nicht alles verstehe?"

Maya sagte: "Ja, ich weiss es nicht. Ich kann nicht wissen, ob ich Dich verstehe. Man kann sich aber meines Erachtens gut an die Kunstmetapher halten. Was verstehst Du, wenn Du in eine Kunstausstellung gehst? Ist dort das Verstehen wichtig?"

Peter sagte: "Wir drehen uns im Kreis, was mich nicht sehr erstaunt. Ich glaube, diese Kunstmetapher kann man eben gerade nicht so verallgemeinern, weil es in vielen Gesprächen eben gerade nicht um Kunst geht, sondern um praktische Probleme und Lösungen. Wir haben doch nur Kunst, weil wir Kunst vom Alltag unterscheiden können. Ich gebe gerne zu, dass man Kunst nicht verstehen muss, aber ..."

Lisa sagte etwas gereizt: "Peter, wir sind hier ja im Dialog, nicht in Deiner praktischen Wirklichkeit. Hier haben wir Musse und hier können wir uns kunstvoll verhalten. Mir geht es darum, was das heissen würde, und ob und wie gut wir es können. Hier ist eben gerade nicht der Alltag. Gerade deshalb komme ich hierher. Hier könnten wir uns sogar fragen, wo denn dieser sogenannt praktische Alltag überhaupt nötig ist. Ich schlage vor, dass wir uns nicht um die Welt da draussen kümmern, wenigstens vorerst. Vielleicht wäre es sinnvoll, wenn Heiner und Rolf ihren Vortrag noch etwas ausführlicher machen würden." Sie schaute wieder Peter an und sagte: "Ja, Du hörst richtig, ich plädiere für einen Vortrag, weil ich das jetzt nicht mehr so eng sehe. Ich wollte aber niemanden auffordern, sondern uns alle fragen, wie wir das mit dem Verstehen verstehen. Heiner hatte davon angefangen, aber mich interessieren alle Vorstellungen."

Ich dachte, das sei Heiners Sache. Aber Heiner sagte ziemlich lange nichts, und auch alle anderen schwiegen. Schliesslich fragte Heiner: "Soll ich wirklich nochmals etwas dazu sagen?" Dann sagte er: "Also, dann will ich das aber auch nicht als Konstruktivismus bezeichnen. Es ist mir jetzt in einem radikalen Sinn gleichgültig, wie und woher ich zu diesen Vorstellungen gekommen bin. Es sind dialogisch einfach Vorstellungen. Als Subjekt meiner Vorstellungen erlebe ich, dass ich alles hinterfragen kann. Ich muss nichts hinterfragen, aber ich kann. Warum ist der Himmel blau und die Banane krumm? Dass ich solche Fragen stellen kann, bezeichne ich als Bewusstsein. Wenn ich solche Fragen nicht stellen könnte, lebte ich unbewusst. Dann ist der Himmel eben blau und die Banane krumm. Die mir gegebene Möglichkeit des Bewusstseins, mit der sich viele Philosophen von Tieren abgrenzen, macht mich eben zum Subjekt, das heisst zum Unterworfenen, subjektere heisst unterwerfen. Ich bin als Unterworfener gezwungen, mich bewusst oder unbewusst zu verhalten. Die Unterscheidung bewusst versus unbewusst ist eine Unterscheidung, die das Ich oder die Person oder eben das Subjekt als Einheit hat. Das Ich ist bewusst oder unbewusst. Ich kann aus dieser Vorstellung ohne weiteres aussteigen, etwa durch die Meditation, durch die Erleuchtung, wo es kein Ich und kein Subjekt gibt. Intellektuell unterscheiden viele Philosophen eine Subjektphilosophie von anderen Ansätzen. Ich sage das nur, damit klar bleibt, dass die Unterwerfung eine gewählte Unterwerfung ist. Ich kann mich als Subjekt auffassen und - jetzt komme ich gleich zur Sache - mich eben bewusst verhalten, aber ich muss das nicht tun. Ich könnte auch als Yogi leben. Wenn ich also als Subjekt lebe, stelle ich bestimmte Fragen. Eine ganz typische Frage ist die Was-ist-das-Frage oder die Wozu-ist-das-Frage. Die Frage, die mich hier interessiert, ist aber die Wiefunktioniert-das-Frage. Mit dieser Frage will ich etwas Bestimmtes auf eine bestimmte Weise verstehen." Er sagte das Wort verstehen laut und sagte dann: "So jetzt bin ich angekommen. Ich weiss nicht, ob Ihr weiter zuhören wollt, aber ich kann es eben nicht einfacher sagen. Ich unterscheide eben dieses Verstehen von einem anderen Verstehen, das habe ich ja schon einmal gesagt." Er schaute in die Runde. Niemand sagte etwas. Dann fuhr er weiter: "Also. Ich frage mich, wie dieses oder jenes funktioniert, und die Antwort, die ich mir gebe, nenne ich eine Erklärung. Und wenn ich eine Erklärung habe, dann sage ich,

Der Dialog im Dialog 179

dass ich das Erklärte verstanden habe. Als bewusstes Subjekt will ich immer verstehen, also suche ich immer nach Erklärungen. Als unbewusstes Subjekt will ich nichts verstehen, als unbewusstes Subjekt gehe ich einfach meinem Leben nach. Und jetzt komme ich zu unserem Dialog. Hier bin ich ein bewusstes Subjekt. Ich komme bewusst in diese Veranstaltung. Im Alltag ist es für mich gar kein Problem, andere Menschen zu verstehen. Wenn mir jemand sagt, ich solle das Fenster öffnen, dann weiss ich, was er will und mache es meistens. Aber davon spreche ich hier gerade nicht. Hier meine ich mit Verstehen etwas völlig anderes. Wenn ich hier sagen würde, dass ich einen Menschen verstehe, würde ich sagen, dass ich wisse, wie er funktioniert. Ich glaube, das wäre dann Psychologie, oder das, was die Psychologen als Psychologie auffassen. Ich kann mich ja etwa als Psychologe fragen, wie jemand funktionieren muss, der mir etwas erklärt. Es gibt dazu ganz viele Vorstellungen, etwa darüber, was im Nervensystem passiert. Die Neuropsychologie des Verstehens oder neurolinguistisches Programmieren, was Ihr wollt. Dabei geht es darum, den andern zu verstehen, zu verstehen, wie er konstruiert ist und wie er funktioniert. Wenn Ihr das verstanden habt, versteht Ihr jetzt diesen Unterschied, aber nicht mich. Ich will gar nicht verstanden werden." Den letzten Satz sagte er wieder ziemlich laut.

Nach einer Weile sagte Renate: "Hmm. Ich weiss nicht recht, wo mir der Kopf steht oder wo das Herz, wenn ich im Dialog von Herzen sprechen will. Ich habe schon verstanden, welche Unterscheidung Du vorgeschlagen hast. Aber genau deshalb würde ich ja sagen, dass ich Dich verstanden habe. Mir liegt eigentlich sehr viel daran, dass ich verstanden werde. Nur jetzt stimmen diese Worte nicht mehr. Intellektuell konnte ich Dir gut folgen, aber mein Bauch ist irgendwie nicht mitgekommen. Ich fühle mich etwas gespalten. Mir ist jetzt wieder bewusst geworden, dass ich unsere Dialoge immer ziemlich kopflastig empfinde. Ich glaube, dass hat mich bisher immer gestört. Ich muss darüber nachdenken."

Lisa sagte: "Ja, ich empfinde unseren Dialog auch kopflastig, aber ich denke, das hat etwas mit diesem Setting zu tun. Wir betonen durch unsere Regeln – immer noch - den Logos im Wort Dialogos. Und was Heiner jetzt erzählt hat, hat für mich das Ganze radikal zugespitzt. Ich kann jetzt unser Setting nochmals neu begreifen und auch eine mögliche Theorie hinter dem Setting erkennen. Mir ist dabei aber sehr bewusst geworden, dass ich als Mensch verstanden werden will, eben in einem anderen Sinn, in einem gemeinschaftlichen Sinn, nicht in einem logisch-begrifflichen Sinn. Mir geht es nicht um Definitionen, sondern um Sinn. Ich glaube, wir haben einen möglichen Übergang thematisiert und auch angestrebt, als wir von den logischen Regeln zu den utopischen Verheissungen kamen. Oder wenigstens wollten. Wir sind auf diesem Weg noch nicht so weit fortgeschritten."

Renate sagte: "Mir geht es auch so. Mir fällt dazu das eigentliche Kernpostulat zu dieser Art Dialog ein. Es geht hier demnach darum, den gemeinsamen Sinn fliessen zu lassen, ihn so zu finden, dass wir uns gemeinsam in den Fluss geben können. Der gemeinsame Sinn ist das, was uns verbindet und uns Sinn gibt."

Elmar sagte: "Ich bin etwas hin- und hergerissen. Ich habe Mühe mit der Unterscheidung zwischen Kopf und Bauch, weil sie mich immer irgendwie betrifft. Und Sinn ist für mich ein ausgesprochenes Kopfbauch- oder Bauchkopfwort. Sinn ist wie das Nirwana, die Leere oder das Nichts. Man könnte sagen, der Erfindung der Null bei den Zahlen entspricht die Erfindung des Wortes Sinn. Etwas negativ gewendet ist die Frage nach dem Sinn die letzte Frage, die man stellt, bevor man ganz aufhört. Das gilt nicht nur für den Suizid, aber dort ganz ausgesprochen. Und damit verbunden ist wohl die transzendentale Bedeutung des Wortes, die Beschwörung des Sinns überhaupt, der ich mich zugegebenermassen selbst nicht entziehen kann. Sinn ist das Ende von allem. Vielleicht ist Verstehen der Weg dorthin."

Lisa sagte: "Vielleicht sollten wir dann in Bezug auf die Utopie, die wir anstreben, den Ausdruck gemeinsamer Sinn einfach auf das Gemeinsame verkürzen, also die allerletzte Frage vermeiden und stattdessen zu unseren Verheissungen kommen."

Ich sagte: "Sehr gerne. Ich selbst habe einfach keine Mühe mit "kopflastig". Ich muss Theorien nicht mit dem Kopf verstehen. Ich nehme sie als Anschauung.

Was Heiner sagte, nehme ich als Anlass, über das Verstehen nachzudenken. Man kann das Verstehen ja auf Kopf, Bauch oder Herz und so weiter beziehen, man kann Verstehen mit einem Anklang an Sinn aber auch auf Gesellschaft und Gemeinschaft beziehen. In diesem Sinn geht es dann nicht darum, was ich verstehe und was ich mir wie erkläre, also nicht um meinen Kopf oder meinen Bauch, sondern darum, was wir verstehen oder darum, wie wir uns verstehen. Dann aber geht es gemäss Heiner nicht darum, wie wir uns gegenseitig verstehen, sondern darum, wie wir uns als Gesellschaft oder als Gemeinschaft verstehen. Im Dialog geht es mir nicht um den gemeinsamen Sinn, sondern um den Sinn des Gemeinsamen, um die Gemeinschaft, und wenn wir wollen, um die Verheissung der Gemeinschaft in der Utopie."

Heiner sagte: "Ein bestimmtes Sinnproblem betrifft denjenigen, der fragt, was dieses oder jenes für einen Sinn haben könnte. Dann mag er damit und mit sich selbst am Ende sein. Wenn wir aber von der Gesellschaft sprechen, hat Sinn natürlich eine ganz andere Wortbedeutung. Die Gesellschaft kann ja nicht fragen und schon gar nicht nach Sinn."

Ich holte den Sprechstab und sagte: "Ich muss etwas ausführlicher darüber sprechen. Wir haben ja auch die Klangschale, wenn es zu viel wird. Man könnte sagen, dass sich die Menschen in einer Gesellschaft gegenseitig verstehen, während sie sich in einer Gemeinschaft als Gemeinschaft verstehen. In der Gesellschaft leben Individualisten, die mit einander auskommen müssen und deshalb beispielsweise Verträge schreiben. In der Gemeinschaft leben wir zusammen. Gemeinhin denkt man Gemeinschaften als primitive Formen wie Clans, Stämme, Horden oder Grossfamilien, während Gesellschaft im Vergleich dazu entwickelter oder ausdifferenzierter erscheint, etwa als Aktiengesellschaft oder als Demokratie. Ich denke dagegen eher, dass die Gesellschaft eine primitive Form des Zusammenlebens ist, und dass wir nach der Gemeinschaft, die es in der mir bekannten Geschichte noch nicht gegeben hat, erst suchen. Das ist die Verheissung. Im Kommunismus, ich meine im utopischen Kommunismus, ist diese Entwicklung angedacht. Das ist sozusagen der Hintergrund von dem, was ich sagen will, der im Nachhinein zum Vordergrund werden soll. In der Gesellschaft verhalten wir uns als Individualisten und sind deshalb emotional. Emotionen empfinde ich als primitiv, sie sind mir Zeichen dafür, dass mir etwas fehlt, was ich durch Emotionen kompensieren muss. In der Gesellschaft fehlt mir die Gemeinschaft."

Erika hob die Hand und sagte nach einem Zunicken von mir: "Entschuldige bitte die Unterbrechung. Willst Du wirklich sagen, dass Emotionen etwas Schlechtes oder Primitives seien?"

Ich sagte: "Vielleicht könnte man sagen, dass die Emotionen gute Zeichen sind, die uns die Richtung weisen. Wir müssten unsere Emotionen dadurch loswerden, dass wir unsere Verhältnisse so gestalten, dass wir keine Emotionen mehr brauchen. Emotionen wären dann Wegweiser, die man am Ziel eben nicht mehr braucht."

Robert sagte: "Ich will dazu auch etwas vortragen. Wir haben in der deutschen Sprache das Wort Gefühl, das wir durch das Englische als Emotion oder als Feeling verstehen können. Im Zenpractise geht es ausgesprochen darum, die Emotionen loszuwerden und das Feeling zu entwickeln. Das ist der Weg des Zen, der do genannt wird, der mich schon lange fasziniert. Dieser Weg ist eigentlich die Grundlage jedes Zenpractise. Im Karate-do beispielsweise übe ich, mich durch keinerlei Emotionen stören zu lassen. Das Feeling, man kann auch sagen das Gespür, bricht zusammen, wenn Emotionen hochkommen. Wenn ich im Karate beispielsweise einen Gegner sehe, den ich bezwingen will, ist die Chance gross, dass ich verliere, weil ich dann emotional bin. In gewisser Weise gilt das nicht nur im Zen, sondern auch im Sport. Wenn ich mit meinen Gedanken beim Gewinnen bin, kann ich meine Aufmerksamkeit nicht mehr richtig auf die Sache konzentrieren, dann ist das Feeling gestört. Wir sagen dann, er hat keine Nerven oder wir bezeichnen das auch oft als Demoeffekt. Einfach immer, wenn das Resultat uns wichtig ist, sind wir am Verlieren. Ich wollte sagen, ich."

Ich sagte: "Ja, das passt perfekt zu dem, was ich sagen will. In der Diskussion will ich gewinnen, dann habe ich Emotionen. Im Dialog will ich nicht gewinnen, sondern auf den Dialog achten. Das gelingt mir nur, wenn ich keine Emotionen habe, also auf Bewertungen verzichte. Um meinen Vortrag nochmals aufzunehmen, die Emotionen, die ich in einer Diskussion habe, verweisen darauf, dass ich lieber im Dialog, also in einer Gemeinschaft wäre. In der Diskussion geht es in diesem Sinne immer darum, einen Vertrag festzulegen, in welchem verschiedene Interessen gezügelt werden. Das ist die Differenz zum Streit. Das Rechthaben wird als Rechte haben auf die verschiedenen Interessen verteilt. So entsteht eben Gesellschaft anstelle von Gemeinschaft. Man bleibt dabei auf halbem Weg stehen, weil man sich begnügt. In diesem Sinne verändert sich auch der Sinn der Aussage, dass der Dialog am Ende der Diskussion folge. Im Dialog geht die Diskussion auf ein neues Niveau, wir sagen, in die Verheissung."

Heiner sagte: "Mir ist jetzt auch ein Licht aufgegangen. Die konstruktivistische Auffassung ist so schwierig zu verstehen, wenn man gesellschaftlich denkt. Im Konstruktivismus muss ich nicht verstehen, was der andere meint, weil wir eine Gemeinschaft bilden. In einer Gesellschaft sind wir getrennte Individuen und ich komme mit dem andern nur zusammen, indem ich ihn verstehe und er mich versteht. Deshalb lechzen Gesellschaftsmitglieder danach, sich zu verstehen. Das ist ihre ewige Aufgabe, die sie nie erfüllen können. Ich finde auch sehr interessant, dass darin der Grund aller Emotionen liegen könnte."

Lisa holte den Sprechstab und sagte: "Ich will keinen Vortrag halten, aber wieder einmal etwas langsamer werden und in meinem Kopf oder in meinem Gefühl etwas aufräumen. Ich bitte Euch, eine Minute zu schweigen." Nach drei oder vier Minuten sagte sie: "Danke. Mich hat diese Idee mit der Gemeinschaft sehr berührt. Ich frage mich jetzt, wie eine solche Gemeinschaft ihren Ausdruck finden kann. Natürlich gibt es den wörtlichen Ausdruck, den Dialog. Ich finde die Idee schön, dass Dialoge Gemeinschaftsgespräche sind. Wo uns der Dialog gelingt, erlebe ich das auch so. Umso mehr interessiert mich diese Gemeinschaft, die ja gewissermassen die Voraussetzung für einen Dialog darstellt."

Renate sagte: "Ja, und auch umgekehrt. Ein Dialog schafft die Gemeinschaft, die er voraussetzt. Es ist eine systemische Wechselwirkung, darin liegt meines Erachtens der Sinn des Dialoges."

Peter sagte: "Womit wir endlich wieder beim Dialog angekommen wären. Ich hatte schon Angst, dass wir ein anderes Thema finden könnten, aber jetzt bin ich wieder beruhigt ..."

Lisa sagte: "Peter, lass das doch bitte ..."

Peter sagte: "Ja, das sollten wir lassen. Wir sollten noch etwas über Gemeinschaft und Gesellschaft nachdenken, ich finde, wir bewegen uns in ziemlich trübem Wasser. Das Schönreden von Gemeinschaft scheint mir eine politisch ziemlich heikle Sache."

Avital sagte: "Das finde ich auch, zumal diese Unterscheidung in der Geschichte schon ziemlich tiefe Spuren hinterlassen hat. Diese Unterscheidung wurde von den Nationalsozialisten sehr gerne aufgegriffen und instrumentalisiert. Wir müssten also schauen, inwiefern wir etwas ganz anderes meinen, und das müssten wir auch sagen können. Mir scheint dabei wichtig, dass wir von unserem Dialog ausgehen und die beiden Begriffe von daher verwenden und bestimmen. Ich glaube, wenn wir uns vor Augen halten, dass es die hier gemeinte Gemeinschaft bisher nie gegeben hat, dass sie eine Verheissung ist, dann kann uns nicht passieren, dass wir in eine Blut-und-Boden-Mentalität abrutschen. Ausser - was ich eben befürchte, dass wir zu dieser Verheissung keine weiteren Worte finden. Dia logos sollten wir uns mit der Dialoggemeinschaft befassen, nicht nur mit dem Dialog. Mich hat die Idee der Gemeinschaft auch berührt. Und ich habe sofort eine Gefahr gewittert, hinter die demokratisch aufgeklärte Gesellschaft zurückzufallen, sozusagen in eine utopische Schwärmerei. Aber eigentlich sehe ich unsere Aufgabe in der Entwicklung einer Utopie. Nur haben wir noch nicht recht angefangen, oder?"

Lisa sagte laut: "Doch, angefangen haben wir!" Dann fuhr sie mit normaler Stimme weiter: "Wir üben den Dialog. Ich verstehe genau das als Entwicklung einer Gemeinschaft. Es geht nicht darum, was wir über den Dialog sagen, sondern darum, dass wir im Dialog sind. Das macht uns zur Gemeinschaft. Wenn wir im Dialog dann auch noch zu unseren Utopien kommen, dann ist das zunächst wieder nur ein Sagen. Dann kommt es wieder darauf an, was wir davon umsetzen. Aber ich finde schon unseren Dialog eine ganz praktische Umsetzung von Gemeinschaft."

Avital sagte: "Ja, das sehe ich auch so, ich wünsche mir einfach noch etwas mehr von einer Utopie, in welcher diese Gemeinschaft sichtbarer, noch sichtbarer wird."

Elmar sagte: "Ich sehe uns jetzt in diesem Sinne ganz neu als Gemeinschaft. Brecht hat gesagt, das, was die Menschen wirklich verbinde, sei eine gemeinsame Sache. Ich habe das bisher immer politisch verstanden, also im Sinne eines gemeinsamen Zieles, für welches man gemeinsam kämpfen würde. Jetzt merke ich, es geht nicht um das Ziel, sondern um das gemeinsame Kämpfen, wobei jetzt auch das Wort kämpfen nicht mehr passt. Ich finde, die Gemeinschaft ist hier sehr gut sichtbar. Mein Problem ist eher, dass wir uns pro Monat nur zwei Stunden Gemeinschaft leisten können."

Ich sagte: "Dia logos heisst ja auch, dass die Wörter nicht passen. Dia heisst ja nicht *mit* den Worten, sondern *durch* die Worte hindurch. Dialoge sind soziale Verhältnisse, wenn man will Gemeinschaften, weil wir im Dialog die Worte in der Schwebe halten, bis sich ein Sinn einstellt. Dieser Sinn steckt nicht in den Worten, sondern wird durch die Worte ermöglicht. Nein, noch weniger. Dieser Sinn wird durch die Worte thematisierbar. Ich kann den Sinn nicht benennen, er scheint durch die Worte und die Worte sind immer die falschen Worte, aber wir haben eben nur die Worte, die wir haben."

Verena sagte: "Ich glaube, das ist gemeint in der Verheissung, wonach wir uns kein Bildnis machen werden. Den Kindern erzählt man, dass die Menschen zu Moses Zeiten goldene Kälber und dergleichen umtanzt und als Götzen angebetet hätten. Aber Moses sprach ja von Bildnissen, nicht nur von goldenen Kälbern. Und Worte - mit Worten machen wir doch Bildnisse, ich weiss nicht recht ..." Sie schwieg, aber niemand ergriff das Wort. Nach einer Weile sagte sie: "Ich komme immer wieder zum gleichen Punkt. Da muss ich wohl hindurch, durch Worte hindurch. Das, was wir als Utopie oder als Verheissung bezeichnen, suche ich im Gebet. Mir wird immer bewusster, dass ich nicht recht beten kann, das heisst die Worte nicht finde. Und hier, in dieser Gemeinschaft, suche ich mit Euch zusammen nach Worten. Es ist schon eine Art Kämpfen, eine positive Art, um Worte oder Vorstellungen zu kämpfen. Hier muss ich das nicht alleine tun, das ist das Gemeinsame."

Nach einer Weile sagte Peter: "Ich teile die Vorstellung, dass wir miteinander nach den richtigen Worten suchen, aber ich suche nicht Worte für ein Gebet, ich bin nicht religiös. Und ich bin auch kein Utopist. Aber mir wird immer klarer, dass dieser Dialog etwas mit einer Religion zu tun hat. Weltlicher könnte man vielleicht von einer Ethik sprechen, aber hier erlebe ich es eher religiös, zumal Ihr von Sinnsuche sprecht."

Avital sagte: "Ich bin nicht religiös, aber ich bin in einer religiösen Kultur aufgewachsen. Und weil ich gläubig bin, teile ich viele Vorstellungen, die in Religionen zu finden sind. Im Dialog ist mir eben die Bedeutung des Deuteronomiums klarer geworden. Da steht ja nicht nur, Du sollst dir kein Gottesbild machen, sondern auch noch, Du sollst keine Darstellung von irgendetwas am Himmel droben oder auf der Erde unten machen. Und wenn ich das wörtlich nehme ... Also in gewisser Weise ist das ein Verbot der Wissenschaft oder um genau zu sein ein Verbot einer bestimmten Auffassung von Wissenschaft. Und wenn ich eben Gebote als Verheissungen lese ... dann erinnert mich das eben sehr an unseren Dialog. Man muss dabei den Dialog nicht als Religion auffassen. Ich denke einfach, dass im Dialog vieles gilt, was in Religionen auch gilt."

Elmar sagte: "Ich finde den Vergleich mit Religionen etwas problematisch. Aber das ist vielleicht nur, weil ich ziemliche Probleme mit der Kirche und ihrer dogmatischen Lehre habe. Der Dialog wäre dann eine sehr offene Religion. Aber ich würde das Wort Religion gar nicht verwenden, wenn ich jemandem den Dialog erklären müsste."

Avital und Heiner sprachen gleichzeitig. Heiner gab ihr das Wort. Sie sah ihn an und sagte: "Vermutlich wollte Heiner auch auf das Erklären hinweisen? Wem müssen wir denn den Dialog erklären? Wir müssen ihn uns erklären. Für mich schliesst sich so ein Kreis oder mehrere Kreise. Wir erwogen doch immer wieder, ob es am Anfang des Dialoges eine Einführung braucht. Dabei dachten wir oft an die neu Dazugekommenen. Wir sprachen aber auch darüber, dass es auch um unser Selbstverständnis ginge. Wenn ich nun diese Einführung unter dem Gesichtspunkt dieses Erklärens anschaue, erkläre ich mir im Dialog, welche Verheissungen ich im Dialog erkenne. Und weil ich das im Dialog mache, - verwende ich Worte, die ich in die Mitte stelle." Sie machte eine einladende Handbewegung zu Heiner.

Heiner sagte: "Ja. Ich würde aber das mit der Wissenschaft noch etwas relativieren ..."

Peter rief: "Ich bin sehr gespannt!"

Heiner fuhr weiter: "Ich lese das 'Du sollst Dir kein Bildnis machen' jetzt natürlich auch als 'Du wirst Dir kein Bildnis machen' und Bildnis lese ich als Abbild von etwas, also als Abbild einer Realität. Die Differenz, die ich mit dem Wort Bild meine, die hatten wir heute schon. Ein Bild ist ein Bild und ein Bild ist ein Bild von etwas. Das Bild von Gericault ist ein Bild, und wir fragten uns, ob es ein Bild eines Ereignisses sei, das stattgefunden habe. Das Gekritzel an der Wand hätte uns vielleicht nicht zu dieser Frage geführt, aber jetzt können wir auch angesichts dieses Gekritzels noch fragen, ob es Sklaven oder Soldaten darstellt, eben wenn ein Bild eine Abbildung von etwas sein muss. Und ebenso kann man natürlich auch die Wissenschaft sehen. Man kann denken, dass das wissenschaftliche Wissen ein Wissen über etwas ist, oder eben nur ein Wissen."

Peter fragte: "Und wozu sollte ein nur-Wissen von nichts und über nichts denn gut sein?"

Heiner sagte nichts. Nach längerer Zeit sagte Herbert: "Ich könnte eigentlich eine Antwort geben. Aber ich habe jetzt wieder gemerkt, dass das für mich keine Frage, sondern eher ein Angriff war. Deshalb will ich die Frage selbst als Frage stellen, als echte Frage. Wozu ist Wissen gut? Und wozu ist ein bestimmtes Wissen gut? Und wozu ist ein Bild gut, das gar nichts abbilden soll?"

Nach einer erneuten Pause sagte Renate: "Ich bin froh, dass wir diese Fragen als echte Fragen haben. Und ich möchte eine Frage anschliessen, die man auch als rhetorische missverstehen könnte, aber ich meine sie als echte Frage, ohne dass ich jetzt eine Antwort will. Wozu sind Dialoge gut? Mir kommen jetzt Dialoge so vor wie Bilder oder Wissen von Nichts. Ich möchte mich auf diese Vorstellung einlassen. Und ausserdem will ich darauf hinweisen, dass wir ein Ende finden sollten, es ist schon spät. Ich könnte gut mit diesen Fragen nach Hause gehen."

Lisa sagte: "Ich würde gerne eine Antwort geben, die keine Antwort, sondern ein Gedanke ist. Ich will etwas sagen, was ich nicht mitgebracht habe, sondern etwas, was ich erst heute hier mit Euch oder durch Euch, durch Eure Worte entdeckt habe. Der Dialog ist eine Form von Gemeinschaft. Ich kann deshalb nicht fragen, wozu ist der Dialog, weil ich auch nicht fragen kann, wozu ist Gemeinschaft gut. Der Dialog hat wie die Gemeinschaft keine Funktion. Über Kunst und Wissen müsste ich erst nochmals neu nachdenken. Aber Gemeinschaft ist der Sinn vom Ganzen, sie ist nicht für noch etwas, was dahinter liegt, gut."

Ich sagte: "Vielleicht sind Wozu-Fragen eigentlich genau die Fragen, die im Dialog nicht gestellt werden können. Das Ende der Wozu-Fragen ist die Sinnfrage und die Sinnfrage ist dann das Ende überhaupt. Jetzt, wo wir das zeitliche Ende dieses Dialoges suchen, mag die Wozu-Frage funktional sein. Aber wenn wir uns wieder treffen, sollten wir gerade diese Fragen vielleicht nicht stellen. Wir können dann davon ausgehen, dass alle wussten, wozu sie in den Dialog eintreten, auch wenn dieses Wissen sehr unbewusst sein kann. Wer nicht weiss, wozu, wird einfach nicht kommen. Ich habe jetzt ohnehin eine neue Idee zu den Fragen, die mit einer Unterscheidung von Erklären zusammenhängt. Wenn ich mir etwas erklären will, stelle ich eigentliche Fragen, und wenn ich jemandem etwas erklären will, stelle ich sokratische Fragen. Darüber können wir ja nächstes Mal noch etwas nachdenken. Ich wollte sagen, dass mir die Idee gefällt, dass der Dialog eine Form ist. Ich würde lieber offen lassen, wofür er eine Form ist. Ich würde das lieber in der Schwebe halten als benennen. Im Idealfall können wir in dieser Form praktizieren, ohne zu wissen, wozu wir das praktizieren. Ich habe mir gerade vorgestellt, dass ich gefragt würde, wozu wir einen Dialog

Der Dialog im Dialog 189

unterhalten. Das wäre, wie wenn man mich nach dem Sinn des Dialoges fragen würde."

Renate sagte: "Mir gefällt die Idee, dass der Dialog eine Gemeinschaft stiftet und dieser Gemeinschaft dient. Ich finde, mit dieser wunderbaren Erkenntnis könnten wir heute schliessen. Ich freue mich schon jetzt auf unser Wiedersehen. Vielleicht will noch jemand von Euch einen Rückblick auf heute geben? Danach würden wir wohl wieder in den Vorbahnhof gehen."

Elmar sagte: "Ich habe kürzlich etwas gelesen, was hier gut passt für mich." Er nahm einen Zettel aus seiner Jacke und las vor: "Wenn ich unter allen Genüssen und Ergötzlichkeiten des Lebens dem Gespräch die unbedingt erste Stelle einräume, so habe ich gewiss alle Stimmen in dieser hochgeachteten Versammlung für mich." Dann sagte er: "Das ist aus dem 18. Jahrhundert. Vielleicht sollten wir jetzt darauf ein Bier trinken. Eben nicht wegen dem Bier, sondern wegen der grössten Ergötzlichkeit des Lebens, die bei einem Bier statthaben kann."

\* \* \*

Beim Bier im Vorbahnhof sagte Elmar: "Ich habe immer mehr das Bedürfnis einmal über unseren Dialog und über unsere Dialogveranstaltung zu sprechen. Im Dialog sprechen wir ja immer über den Dialog. Ich möchte einmal in einer Art Aussensicht darüber sprechen".

Renate sagte: "Dialogveranstaltungen sollten eigentlich mit einer Schlussrunde aufhören, in welcher etwas über die Erfahrungen im Dialog gesagt wird. Ich habe das am Anfang jeweils vorgeschlagen, aber wir haben es irgendwie nie wirklich gemacht. Hier beim Bier sprechen wir ja dann jeweils auch nicht über unsere Erfahrungen im Dialog. Vielleicht wäre es eben doch sinnvoll, jeweils eine Schlussrunde zu machen."

Elmar sagte: "Vielleicht wäre das sinnvoll, aber ich meine jetzt etwas ganz anderes. Es geht mir nicht darum, wie ich mich so gefühlt habe oder welche Erkenntnisse ich gemacht habe. Ich muss nach unseren Dialogen auch nicht wieder in den Alltag zurückfinden. Was ich meine, ist ein gewöhnliches Gespräch, ein konventionelles Gespräch über das, was wir tun. Ich möchte es auch nicht als Diskussion bezeichnen, weil ich keine Streitpunkte oder richtige Positionen sehe, sondern einfach ein - eben ein Gespräch."

Ich sagte: "Fang an! Hier gelten keine Regeln, Du kannst nicht nur sagen, was Du willst, Du kannst es auch sagen, wie Du willst, eben ein Alltagsgespräch."

Elmar sagte: "Ich geniesse es sehr, dass unser Dialog kein philosophisches Seminar ist, aber ich vermisse immer auch ein wenig, dass er kein philosophisches Seminar ist ..."

Heiner sagte: "Aha, das meinst Du mit gewöhnlich und konventionell - ein philosophisches Gespräch."

Elmar sagte: "Es geht mir nicht um Philosophie, eher um einen Seminarstil im Unterschiede zum Stammtischstil. Ich frage mich immer wieder, warum wir im Dialog nie in ein gewöhnliches Gespräch über irgendetwas verfallen. Philosophische Seminare, um im beliebigen Beispiel zu bleiben, haben ja auch bestimmte Regelungen, aber dort gelingt es normalerweise ohne weiteres, ganz gewöhnlich über irgendwelche Sachverhalte zu sprechen. Ich komme nach unseren Dialogen so gerne hierher, weil ich hier sehen kann, dass wir auch ganz gewöhnlich miteinander sprechen können. Wir wechseln nur den Raum und werden dadurch ganz normal, obwohl wir dieselben Leute an demselben Abend sind. Hier erlebe ich dann den Dialog durch die Differenz, die hier sichtbar wird."

Peter sagte laut: "Aha. Jetzt bin ich aber froh, dass Ihr diese Unterschiede doch auch feststellen könnt. Ich wollte ja schon oft ..."

Lisa stiess Peter an und sagte: "Ja, Du willst jedesmal. Hier ist der Ort, wo Du das kannst. Aber der Dialog ist eben anders. Für das, was Du willst, könntest Du jeweils gerade hierher kommen. Ich finde auch gut, dass wir uns jeweils hier beim Bier bewusst machen, dass es einen Unterschied gibt und vor allem, dass wir diesen Unterschied auch machen."

# Der Dialog im Dialog

Die andern Gespräche am Tisch waren verstummt. Nachdem Lisa gesprochen hatte, war es an unserem Tisch ganz still. Nach einem langen Moment ergriffen Peter und Elmar gleichzeitig das Wort und verstummten wieder, als sie realisierten, dass der andere auch sprach.

Lisa sagte zu Elmar: "Was Du vorschlägst, erscheint mir eigentlich weder gewöhnlich noch ungewöhnlich, sondern eben ein Thema. Du möchtest andere Menschen auf Dein Thema verpflichten. Und das könntest Du ja hier, wo nichts als der gesunde Menschenverstand gilt, mit einem sokratischen Dialog wesentlich eleganter machen. Thema und Fragen gehören doch zusammen. Der philosophische Sokrates stellt einfach immer Fragen und bestimmt damit, worüber gesprochen wird. Mir ist dieser Unterschied zwischen Dialog und Dialog, den wir hier doch auch schon hatten, jetzt gerade wieder eingefallen. Mir scheint, Du willst jetzt einfach einmal einen anderen Dialog, einen philosophischen, der an den Stammtisch passt. Peter wird sicher gerne mitmachen." Peter schnitt eine Grimasse.

Elmar sagte: "Ja, vielleicht. Und vielleicht muss man das gar nicht so despektierlich sagen wie Du es tust. Ich würde von einer Reflexionsmethode sprechen. Die Methode - ähnlich einer Dialogveranstaltungsregel - sagt, dass man über jede Sache in zwei verschiedenen Formen sprechen muss, so dass man sich der Abhängigkeit von der gewählten Form bewusst wird. Ich glaube, Philosophie und Wissenschaft haben schon einige methodische Stärken, die wir im Dialog bisher noch nicht alle voll entwickelt haben."

Renate sagte: "Ja, wir sind in dieser Hinsicht mit unserem Dialog noch nicht sehr weit gekommen. Ihr erinnert Euch vielleicht, dass ich diese Dialogidee aus einem wissenschaftlichen Kontext mitgebracht habe, auch wenn es mittlerweile nicht mehr ganz dieselbe Idee ist. Mir gefällt Deine, Elmars Idee mit verschiedenen Sprechweisen, ich finde sie sehr dialogisch. Im Dialog sprechen wir anders als hier und durch diesen Unterschied wird uns oder eben mir der Dialog bewusst. Wir brauchen sozusagen das Bier am Stammtisch, um uns den Dialog als etwas Bestimmtes bewusst zu machen. Deshalb kommen wir ja auch nach jedem Dialog nicht nur ganz zufällig hierher."

Elmar sagte: "Jetzt kann ich vielleicht deutlicher sagen, was ich meine. Es geht mir um diese Differenz. Den Dialog, also die eine Seite, pflegen wir sehr bewusst. Die andere Seite bezeichnen wir als Stammtischgespräch, und bilden uns darauf etwas ein. Ich habe anstelle von Stammtischgespräch von einem philosophischen Seminar gesprochen, aber eigentlich geht es mir um diese andere Seite, um eine Aussensicht oder eine Fremdbeschreibung zum Dialog. Oder eben vielmehr um zwei bewusst gewählte Redeweisen, die sich gegenseitig reflektieren."

## 10 Reflexion

Elmar fuhr weiter: "Ich kann es noch etwas genauer sagen. Mich interessiert nicht die philosophische Theorie, die hinter dem Dialog steht, sondern die Theorien, die wir zu unserem Dialog haben, unsere Selbstverständnisse. Und die müssen ja weder philosophisch noch theoretisch sein."

Lisa sagte: "Ganz genau. Für mich hat unser Dialog gar nichts mit Philosophie und Theorie zu tun. Ich merke einfach, dass er mir gut tut und die Augen öffnet. Ich erkenne in jedem Gespräch dialogische Momente und auch, wo sie fehlen. Reflexion heisst für mich diese Selbstbeobachtung. Diese Reflexionsmetapher sagt, dass ich den Dialog wie einen Spiegel verwende, um mich selbst zu sehen."

Elmar sagte: "Das geht mir auch so. Das ist aber sozusagen wortlos. Ich erlebe es so, aber es ist nicht dia logos. Ich verstehe dia logos als spezifische Reflexionsanweisung: 'Erkenne dia logos, erkenne durch das Wort'. Dia logos heisst aber nur durch das Wort. Das Erkennen, das durch das Wort geschehen soll, das entspringt der Reflexion: Was sollen die Worte? Wozu sind die Worte? Wozu spreche ich? Weshalb spreche ich so und nicht anders? Das sind Fragen, die mich beschäftigen. Und man kann diese Fragen durchaus auch philosophisch verstehen."

Heiner sagte: "Ich habe schon mehrere Male gesagt, dass ich in unserem Dialog die konstruktivistische Philosophie erkenne."

Erika sagte: "Erklär doch diese Philosophie einmal etwas ausführlicher, Du fängst ja in der Tat immer wieder damit an."

Elmar sagte sofort zu Heiner: "Warte noch. Ich will nochmals sagen, was ich meine. Das, was Du jetzt erklären wirst, falls Du es tust, ist für mich eine Position zum Dialog. Und ich möchte ein paar solcher Positionen hören. Also durchaus Deine, aber eben auch andere. Wir müssen nicht diskutieren, welche Position richtig ist, wir müssen gar nicht diskutieren. Wir können alle Positionen in der Schwebe halten. Aber mich nimmt wunder, wie wir den Dialog von aussen rationalisieren. Das meine ich mit Philosophien."

Heiner sagte zu Erika: "Ich kann Dir jetzt schlecht eine Einführung in den Konstruktivismus geben. Und kurz kann ich nur akzentuiert wiederholen, was ich schon mehrfach gesagt habe." Wieder zu allen sagte er: "Ich weiss ja, dass der Dialog und der Konstruktivismus unabhängig voneinander entwickelt wurden. Für mich sind das eben zwei Perspektiven auf dieselbe Sache. Der Dialog ist die Anwendung davon, dass es keine Wirklichkeit gibt. Und umgekehrt kenne ich keine andere Theorie, die zum Dialog passt. Mich würde also sehr interessieren, welche Alternativen Ihr erkennen könnt."

Ich sagte vor allem zu Erika: "Ich kann Dir gerne sagen, wie ich das Verhältnis zwischen Konstruktivismus und Dialog sehe. Aber ich spreche natürlich von meinen eigenen Vorstellungen, die kaum mehrheitsfähig sind, ich glaube, sie werden nicht einmal Heiner passen. Soweit ich die Vertreter des Konstruktivismus verstehe, sehen sie sich als Wissenschaftler oder als Philosophen. Den Konstruktivismus bezeichnen sie als Theorie oder oft als Erkenntnistheorie, auch wenn sie dann paradoxerweise sagen, dass es nichts zu erkennen gebe. Gemeinhin sagen die Konstruktivisten, wenn ich das so sagen darf, dass es keine Wirklichkeit gebe, oder dass es keinen Zugriff auf die Wirklichkeit gebe. Diese Aussagen sind eben wissenschaftlich oder erkenntnistheoretisch. Im Dialog würde ich aber nie sagen, dass es keine Wirklichkeit gebe, weil ich damit etwas behaupten würde. Im Dialog spreche ich nicht über die Wirklichkeit ganz unabhängig davon, ob es eine Wirklichkeit gibt oder nicht und eben auch unabhängig davon, ob die Wirklichkeit in Erfahrung gebracht werden kann oder nicht. Ich mache also einen fundamentalen Unterschied. Der wissenschaftliche Konstruktivismus ist eine Theorie und der Dialog ist keine Theorie. Deshalb könnten wir gut ein kleines Seminar über philosophische Erkenntnistheorie machen und dann so sprechen, wie Elmar es vorgeschlagen hat. In einer gewissen Analogie zu unserem Dialog, wo wir immer über den Dialog sprechen, aber über ganz andere Dinge etwas lernen, könnten wir in einem bewusst gewählten Konstruktivismusseminar über den Konstruktivismus sprechen und so vielleicht etwas über den Dialog lernen, oder über den Unterschied zwischen Wissenschaft und Glauben."

Elmar sagte: "Ich habe wohl unbewusst von Philosophie gesprochen, weil ich das Wort Theorie auch am Stammtisch etwas ernsthafter verwende. Auch meiner Meinung nach kann man den Konstruktivismus und den Dialog nicht vergleichen, eben weil das eine eine Theorie ist und das andere nicht. Mir geht es aber genau um solche Unterschiede, was ist was, respektive dialogischer, wie sprechen wir über was, oder mit welchen Unterscheidungen sprechen wir. Nur mit dem Vorschlag von Rolf kann ich nicht gut leben. Ich will über den Dialog reden, und Du" sagte er zu mir gewandt, "schlägst vor, über den Konstruktivismus zu reden. Mich interessiert der Konstruktivismus nicht so sehr, mich interessiert der Dialog. Mich interessiert schon, wie wir den Dialog zum Konstruktivismus oder zu anderen Theorien in Beziehung setzen, aber mir geht es dann um diese Beziehung, nicht um eine beliebige Theorie."

Lisa sagte: "Also gut. Ich gehe nach Hause und Ihr macht noch etwas Philosophie. Falls Ihr beschliesst, dass die nächsten Veranstaltungen mehr philosophisch als dialogisch sein sollen, wäre ich um eine Nachricht froh. Ich würde dann einfach wieder kommen, wenn der Dialog weiter geht. Viel Spass mit der konstruktivistischen Theorie."

Renate sagte: "Unsere Veranstaltungen bleiben Dialogveranstaltungen. Philosophieren können wir hier beim Bier. Und wenn das ernster werden soll, müsste wohl jemand eine eigene Veranstaltung organisieren, ein philosophisches Seminar."

Elmar sagte: "Ich kann gut auch hier ernsthaft sprechen. Philosophie braucht so wenig eine Veranstaltung wie der Dialog. Heiner, siehst Du die Sache auch so wie Rolf. Verstehst Du den Konstruktivismus als Wissenschaft oder als Theorie? Und wie würdest Du den Dialog vom konstruktivistischen Standpunkt verstehen?"

Heiner sagte: "Hm, so genau habe ich mir das gar nie überlegt. Konstruktivismus ist für mich schon eine Erkenntnistheorie, die besagt, dass wir die Welt nicht finden, sondern erfinden. Und der Dialog, hm ... Ich muss zugeben, ich habe darüber nie in dieser Weise nachgedacht."

Ich sagte: "Man kann Unterscheidungen benennen. Wenn ich sage, dass der Konstruktivismus eine Erkenntnistheorie sei, sage ich, dass er eine Theorie sei, und dann kann ich mich fragen, was ich mit Theorie meine, indem ich mich frage, wovon ich Theorie unterscheide. Das ist doch das typische Seminarverfahren ..."

Lisa, die aufgestanden war, sagte: "Ja, total". Sie fügte an: "Total intellektuell!"

Ich fuhr weiter: "Bitte, lasst mich das nochmals sagen. Ich verstehe nicht, wieso ich sowas nicht dialogkonform sagen sollte. Also: Ich halte manchmal inne und frage mich, welche Unterscheidungen ich impliziere. Das ist für mich eine Form der Frage, wie ich bestimmte Wörter verwende. Jetzt gerade müsste ich also sagen, wovon ich Theorie unterscheide. Und das kann ich ohne weiteres innerhalb eines Dialoges tun. Der Intellekt ist als Ausgangspunkt so gut wie jede beliebige Emotion."

Lisa setzte sich wieder und sagte: "Ich spreche nicht von Emotionen, ich unterscheide den Intellekt von Intelligenz, so wie ich denken und leben unterscheide - wenn ich denke, wenn ich intellektuell denke. Ich sehe nicht, warum ich den Dialog mit einer Theorie erklären müsste. Ich sehe überhaupt nicht, was am Dialog zu erklären wäre."

Heiner sagte: "Man könnte sich immerhin fragen, warum der Dialog eine so spezielle Sache ist, warum er uns im Alltag so wenig begegnet. Man würde dann nicht den Dialog erklären, sondern eher, was die Leute davon abhält und was ja auch uns ziemlich viel Überwindung oder Mühe kostet. Meine Erklärung lautet, dass der Dialog wie der Konstruktivismus auf einem Loslassen jeder Wirklichkeit beruht. Viele Menschen brauchen eine Wirklichkeit und diese Wirklichkeiten oder Wahrheiten verunmöglichen den Dialog."

Ich sagte: "Da wir jetzt am Stammtisch sitzen, erlaube ich mir die blöde Frage, woher Du denn weisst, was die Menschen brauchen. Meiner Erfahrung nach, vor allem meiner Erfahrung nach mit Euch, ist der Dialog zunächst ungewohnt, aber offenbar können viele sich recht schnell und gut auf den Dialog einlassen. Auch wenn sie gar nichts vom Konstruktivismus wissen. Man kann eben unabhängig davon, wie wirklich die Wirklichkeit ist, einsichtig auf das Reden über Wirklichkeit verzichten. Aber davon unabhängig glaube ich, dass wir im Dialog auch viel über Theorie und Erkenntnistheorie lernen können. Ich habe ja auch einiges über Kunst gelernt."

Elmar sagte: "Ich finde, auch am Stammtisch muss man sich nicht Spekulationen über die Leute hingeben. Ich fange also einfach mal an, ohne mich um alle Regel zu kümmern. Theorie kommt von theoria und heisst Anschauung. In der Theorie beschreibe ich also, wie ich hinschaue, damit ich das wahrnehmen kann, was ich wahrnehme. Ich kann also jederzeit sagen, mit meiner Theorie sehe ich dieses oder jenes, ich sehe einen Dialog oder ich sehe, dass die Leute keinen Dialog wollen und so weiter. Die theoretische Frage ist, wie meine Theorie aussieht."

Lisa stand wieder auf und sagte: "Gut, das ist schon interessant, aber ich muss gehen. Und ich bleibe auch dabei, dass das ein intellektuelles Seminar wird. Ich sehe, dass Du über Theorie sprichst, während mich im Dialog Deine Erfahrungen interessieren. Ich finde gut, dass Ihr dieses Gespräch hier führt, dann können wir uns nächstes Mal wieder dem Dialog hingeben. Entschuldigt die Unterbrechung, ich störe jetzt nicht mehr."

Peter sagte zu Lisa: "Ich hatte schon Angst, dass Du uns auch hier beim Bier Deine Regeln aufzwingen willst. Ich bin nämlich jetzt sehr gespannt, inwiefern dieser Dialog konstruktivistisch ist. Das würde mir mein Unbehagen doch ziemlich gut erklären. Ich halte Konstruktivismus für unhaltbaren Unsinn." Lisa antwortete nicht.

Elmar sagte auch zu Lisa gerichtet: "Kein Problem" und fuhr weiter: "Eine Theorie habe ich immer, die Frage ist, ob ich sie mir bewusst machen kann. Ein gutes Bild dafür, das man auch am Stammtisch hören kann, ist die rosarote Brille, die einer aufhat, der dann alles rosa sieht. Das, was ich als Dialog sehe, ist in diesem metaphorischen Sinn von meiner Brille abhängig." Er machte eine Pause, aber niemand ergriff das Wort. Dann sagte er: "Indem ich also Theorien beschreibe, gebe ich eine Art Aussensicht. Man sieht ja die Brille und deren Farbe nur, wenn man sie nicht selbst auf der Nase hat." Dann sagte er: "Mir geht es nicht um Konstruktivismus, sondern um die Reflexion der eigenen Sichtweise. Lisa, ich wäre natürlich an Deiner Vorstellung sehr interessiert. Ich denke bisher, dass der Dialog genau dazu da ist, sich der eigenen Sichtweise und der eigenen Glaubenssätze bewusst zu werden. Deshalb irritiert mich Deine rigorose Ablehnung der Theorie ziemlich. Kannst Du nicht noch ein paar Sätze dazu sagen, was Du gegen den Intellekt und das Denken hast?"

Lisa schaute auf die Uhr und sagte: "Ich weiss nicht, dann müsste ich den nächsten Zug nehmen." Sie setzte sich wieder und sagte: "Ja, vielleicht ist es gut investierte Zeit. Ich habe weder etwas gegen den Intellekt noch gegen das Denken. Nur der Dialog ist für mich die andere Seite der Medaille. Ich habe bei David Bohm gelesen, dass das grundlegende Problem darin bestehe, dass wir unser Denken nicht wahrnehmen können. Wir haben schon im Dialog darüber gesprochen. Er argumentiert - und schon, dass er überhaupt argumentiert, finde ich komisch -, er argumentiert mit dem Reafferenzprinzip. Ich merke, wenn ich meinen Arm bewege, weil mein Körper mir eine Rückmeldung dazu gibt. Ich merke aber nicht, wenn ich denke, weil mein Körper darüber nichts meldet. Diese Argumentation ist biologisch naturwissenschaftlich, oder eben im griechischen Stil von Sokrates, wie wir sagen könnten. Er erzählt biologische Tatsachen und Ich finde das Quatsch."

Peter schrie auf: "Quatsch!"

Lisa sagte: "Peter, reiss Dich zusammen und hör bitte zu. Ich finde nicht die biologische Tatsache Quatsch, ich finde das Argument, das diese Tatsache verwendet, Quatsch. David Bohm folgert aus dieser Tatsache, dass wir unser Denken nicht bemerken würden. Ich bemerke aber in jeder beliebigen Diskussion, wie der Intellekt ohne jede Sensibilität zuschlägt und alle Intelligenz unterdrückt.

Der Dialog im Dialog 199

Mein Denken kann ich in der Tat nicht ohne weiteres wahrnehmen, aber ich merke - seit ich am Dialog teilnehme noch viel deutlicher, wie in Diskussionen gedacht wird. Sobald zwei in eine Diskussion verfallen, springt mir das Denken geradezu in die Augen. Im Dialog sehe ich eine intelligente Möglichkeit diesem Denken aus dem Weg zu gehen."

Peter wollte wieder etwas sagen, aber Elmar sagte zu ihm: "Warte!" Da Lisa nicht weitersprach, sagte er: "Lisa, verzeih, dass ich Dich so direkt frage. Wie nimmst Du im Dialog Deine Theorie im Sinne einer Anschauung war?"

Lisa antwortete nach einer Pause: "Gar nicht. Es geht im Dialog nicht um mich und nicht um meine Theorie. Der Dialog ist für mich eben kein Philosophieseminar, wo Subjekte über ihre Theorien streiten. Im Dialog nehme ich teil, ich teile den Sinn, der nicht der Sinn eines einzelnen Subjektes ist." Sie schwieg einen Augenblick und sagte dann: "Darin sehe ich den Sinn des Dialoges. Das ist ein ganz anderer Sinn, als sich der eigenen Theorie oder Sicht bewusst zu werden. Aber hier liegt wohl schon das Problem, denn ich spreche ja über den Sinn des Dialoges. Das ist genau diese Philosophenhaltung, der ich gar nichts mehr abgewinnen kann. Wir sehen subjektiv irgendwelche Sinne, die dann unser Verhalten ausrichten. Du kannst also das, was ich jetzt sagte, als Theorie sehen. Aber ich komme in den Dialog, um Ergebnisse von Sichtweisen zu gewinnen, nicht um Theorien kennenzulernen, die ich dann in philosophische Sichtweisen umdenken muss."

Elmar sagte: "Ich glaube, ich habe jetzt wieder einen Unterschied erkannt. Vielleicht wäre das auch im Dialog möglich gewesen, aber jetzt ist es im Gespräch über den Dialog passiert. Ich sehe nicht, wieso wir solche Gespräche ausschliessen sollten."

Lisa sagte: "Wenn Du den Unterschied erkannt hast, kannst Du jetzt unterscheiden. Von mir aus musst Du rein gar nichts ausschliessen. Du kannst auch im Dialog immer und jederzeit sagen, was Du willst. Wenn Ihr aber schon vor dem Dialog wisst, dass Ihr ein Theorieseminar abhalten wollt, wäre ich froh, wenn Ihr mir das sagen würdet. Ich will einfach meine Zeit nicht damit vertun. Ich bin ja jetzt deshalb noch einen Zug lang hiergeblieben."

Elmar sagte: "Gut, ich danke Dir. Ich realisiere den Unterschied und ich realisiere, dass wir unser Philosophieseminar an diesen Stammtisch halten können und es auch tun sollten. Sag doch bitte noch etwas zum gemeinsamen Sinn. Jetzt sind wir ja hier und Du bist ohnehin extra dageblieben."

Lisa sagte: "Ich meine nicht, dass ich damit in irgendeinem Sinn Recht haben sollte. Ich erzähle Dir einfach, wie ich es für mich sehe. Im Dialog spreche ich zum Du. Aber es geht nicht darum, irgendein Du zu informieren, es geht darum, die Formulierung so zu wählen, dass sie immer schon sozial oder gemeinschaftlich ist. Es geht um Ich-Du-Formulierungen im Unterschied zu Ich-Es-Formulierungen. Ich spreche zu Dir nicht über eine Sache, sondern über unseren Sinn oder über unsere Beziehung. Was ich über eine Sache zu sagen hätte, könnte ich unabhängig von Dir sagen. Was ich über uns sage, kann ich nicht ohne Dich sagen. Ich kann nicht für mich alleine bestimmen, worüber wir beide sprechen."

Elmar sagte: "Ich wollte Euch schon lange von einem Text von Kleist erzählen, in welchem er über die allmähliche Verfertigung der Gedanken beim Reden schreibt. Das ist mir immer als Sinn des Dialoges durch den Kopf gegangen. Jetzt sehe ich, dass ich den Text bisher gar nicht recht verstanden habe. Wir haben im Dialog vielleicht deshalb die Regel, keine Leute zu zitieren. Ich hätte Kleist wohl unrecht getan. In diesem Text sagt er, dass es sich oft sehr lohne, ganz unfertige, provisorische Gedanken irgendeiner Person vorzutragen, weil einem dabei die Gedanken viel klarer würden. Er schreibt, dass diese Person keinerlei Voraussetzungen erfüllen und gar nichts zu den Gedanken beitragen müsse, es genüge, dass sie da sei. Das hat mich sehr an unsere Dialoge erinnert, aber ich habe bisher nicht bemerkt, wie wichtig der Andere dabei ist, eben weil er ja nur da sein muss."

Lisa sagte: "Ich kenne diesen Text von Heinrich Kleist. Rate mal woher ich diesen Text kenne! Ich kenne ihn aus einem Seminar. Deshalb habe ich ihn wohl nie mit unserem Dialog in Verbindung gebracht, ich bin wohl seminargeschädigt. Ich werde ihn aber nochmals lesen. Mir gefällt eine andere Textstelle, die ich eben im Seminar nie lesen musste, viel besser. Humberto Maturana hat irgendwo gesagt, dass Erklärungen soziale Verhältnisse seien. Wenn ich jemandem etwas erkläre, kann er die Erklärung übernehmen oder eben nicht. Das hat mit der Erklärung selbst nichts zu tun. Erklärungen sind immer mögliche Erklärungen. Ob ich eine Erklärung teile oder nicht, ist deshalb eine soziale Frage, eine Frage des Vertrauens, eine Frage der Beziehung."

Heiner sagte: "Ja, Maturana ist ein Konstruktivist, ein radikaler sogar."

Lisa sagte: "Ja, Heiner, das ist wohl der Beweis, dass Deine Theorie zum Dialog passt, oder? Ich meinte allerdings eher, dass aus diesem Grund im Dialog keine Erklärungen weitergegeben werden."

Heiner sagte: "Ist ja gut, ich werde den Konstruktivismus nicht mehr erwähnen. Die Unterscheidung zwischen erklären und anderen etwas erklären scheinen wir ja alle zu teilen, ich finde nur ausserhalb unserer Dialoggruppe sehr wenig Menschen, die das auch so sehen."

Lisa sagte: "Vielleicht musst Du einfach die Augen etwas mehr aufmachen."

Ich sagte: "Liebe Lisa, wir haben jetzt verstanden, dass Du keine Theorien brauchst und wir werden unseren Dialog ohne Theorie fortsetzen. Aber hier am Stammtisch werden wir noch ein wenig theoretisieren oder, um Elmars Formulierungen zu verwenden, wir werden unsere Anschauungen noch etwas hervorholen. Ich habe jedenfalls wieder viel gewonnen durch Deine Unterscheidungen, Theorie hin oder her. Man könnte ja die Frage auch umkehren. Wir könnten uns fragen, welche Theorien durch den Dialog in ein neues Licht rücken oder erst richtig verstehbar werden. Ich habe jedenfalls bis heute gemeint, dass der Konstruktivismus etwas über die Existenz oder Nichtexistenz der Wirklichkeit sage, aber jetzt kann ich ihn viel dialogischer sehen oder theoretisch anschauen. Für mich ist der Konstruktivismus durch den Dialog eine Gesprächstheorie geworden. Der Konstruktivismus gibt eine Reihe von Argumenten, die den Dialog nahelegen. Man kann also gut annehmen, dass diese Theorie eben eine Theorie des Dialoges ist."

Erika sagte: "Dann sag doch mal, was das für Argumente sind, vielleicht kann ich hier so endlich etwas über diese Theorie erfahren."

Renate sagte zunächst zu Erika: "Ich finde diese Theoriediskussion genau deswegen sehr problematisch, weil man die Theorien kennen müsste. Einerseits interessiert es mich sehr, weil ich ja auch mit Theorien arbeite und den Dialog auch auf diesem Weg kennenlernte, andererseits kann man an einem Gespräch über Theorien nur teilnehmen, wenn man Theorien kennt. Wir sagen ja, dass unser Dialog voraussetzungslos ist, weil jeder über sich spricht und gerade kein Thema kennen muss."

Erika sagte: "Ja, das stimmt. Ich habe jetzt schon mehrmals nach diesem Konstruktivismus gefragt und nie eine Antwort bekommen. Das ist tatsächlich ein Problem."

Elmar sagte: "Ich sehe kein Problem, sondern vielmehr, dass man in einem Dialog keine Antworten von anderen erwarten kann. Wenn ich sage, was mich interessiert, muss das niemand als Appell verstehen. Ich setze nicht voraus, dass jemand irgendeine Theorie kennt. Ich setze vielmehr voraus, dass im Dialog jeder aus der Mitte nimmt, was ihm passt. Vielleicht ist es hier am Stammtisch unanständig, wenn wir über Dinge sprechen, die nicht jeder verstehen kann. Vielleicht sind Stammtischgespräche aber auch so wie sie sind, weil dieser komische Anstand herrscht. Die Frage ist also, ob wir ein Theorieseminar machen müssten, oder ob dieses Gespräch hier stattfinden kann, da es im Dialog ja auch keinen Platz zu haben scheint."

Lisa sagte: "Im Dialog hat alles Platz. Aber alles in einer bestimmten Form. Das ist eben gerade der Dialog. Ob wir dieses Gespräch als Stammtisch oder als philosophisches Seminar bezeichnen, macht für mich keinen Unterschied. Ich merke jetzt, dass mich dialogformlose Gespräche immer weniger interessieren. Ich suche den Dialog."

## 11 Nachwort

Unsere Dialogveranstaltungen leben als autopoietische Kreise durch die Menschen, die daran teilnehmen. Wir treffen uns seit Jahren jeden Monat einmal. Die Termine und den jeweiligen Ort publizieren wir auf unserer Homepage http://www.hyperkommunikation.ch/dialog-im-aktsaal. Dadurch, dass auch immer wieder neue Leute kommen, wiederholen wir viel von dem, was die Geschichte der Veranstaltung ausmacht. Wir erzählen aber nie die Geschichte, wir erzählen nicht, wie es früher war und welche Erkenntnisse wir früher gewonnen haben. Wir fangen jedesmal von vorne an. Bestimmte Anliegen kommen einfach wiederholt zur Sprache und werden dann als aktuelle Anliegen aufgenommen oder eben nicht. Darin liegt die eigentlichste Verlangsamung des Dialoges, die unvergleichbar stärker ist, als Spiele mit Sprechstäben und dergleichen. Im Anfang liegt sozusagen das ganze Geheimnis, das durch jeden wiederholten und doch neuen Anfang verdeutlicht wird.

Es gibt immer wieder Versuche und Vorschläge, den Dialog effizienter zu machen. Unsere Disziplin wird also nicht nur durch unser Regelwerk gefordert, sondern muss auch solchen Angriffen widerstehen. Geschulte Moderatoren und professionelle Gesprächsführer, die manchmal in unsere Dialogveranstaltungen kommen, entdecken immer wieder Potenzial, den Dialog brauchbarer oder wirkungsvoller zu machen. Oft bringen sie Methoden und Werkzeuge mit, die sich in ihrem Business bewähren und die sie deshalb mit unserem Dialog vermischen wollen. Es gibt im Markt ein breites Angebot, den Dialog in diesem Sinnen zu instrumentalisieren und den Dialog als Methode einzusetzen. Man kann verschiedene Dialog-Master- und Dialog-Begleiterdiplome erwerben. Es gibt viel Literatur mit praktischen Anweisungen und Übungen. Das ist gut so. Es erlaubt uns, den Unterschied leicht zu benennen, und es erlaubt den einschlägig Interessierten, andere effiziente Dialogveranstaltungen zu (be)suchen.

David Bohm schreibt in seinem Buch, dass er sich Dialoge zu konkreten Problemen vorstellen könne. Er beschreibt dann aber vor allem Gründe, warum diese Dialoge als Dialoge gerade nicht funktionieren. Wir haben einige Experimente mit Themen und Problemstellungen gemacht, und werden wohl weitere machen. Meine Erfahrungen will ich nicht nur nicht verallgemeinern, ich verzichte auch auf eine Bewertung dieser Experimente. Wenn man wie ich nicht daran glaubt, dass es sinnvoll sein könnte, sich mit Problemen zu befassen, wird sich dabei auch kaum je ein Erfolg einstellen. Ich sehe den Dialog auf Lösungen angelegt, nicht auf Problemlösungen. Im Dialog wird mir bewusst, in welche Lösungen ich eingebunden bin. Die grundlegende Lösung ist im Ausdruck dia logos genannt. Ich lebe in einer Sprache, in welcher ich Du sagen kann - und zwar immer und ganz unabhängig von irgendwelchen Problemen, die ich damit lösen könnte.

Meine Sprache ist - lange bevor ich als Person oder als Inkarnation zur Sprache komme - hoch entwickelt und ausdifferenziert. Sie legt mir aber durch ihre Grammatik und deren Vermittlungen bestimmte Formulierungen nahe, während ich mich um andere Formulierungen mehr bemühen muss. In der Kultur, in der ich aufgewachsen bin, scheinen mir Ich-Formulierungen und das Sprechen über die eigenen Gefühle relativ tabuisiert. Das Fragen dagegen erscheint als natürlich, zumal es schon von Kleinkindern kultiviert wird, vielleicht weil sie darin als Warum-ist-die-Banane-krumm-Nervensägen bestärkt werden. In diesem Sinne müsste ich nicht von meiner Sprache sprechen, sondern von einer Sprache, die mich wie ein goldener Käfig gefangen hält. Dialogkreise wie vormals Konversationssalons kann man deshalb auch als Formen der Befreiung sehen, als Möglichkeit, zu einer eigenen Sprache zu kommen.

Unsere Dialogveranstaltungen sind offen für alle. Wir bewerben sie aber von einer nicht oft aufgerufenen Homepage abgesehen nur von Mund zu Mund, was dazu führt, dass wir bei aller Individualität der Teilnehmenden doch eine gewisse kulturelle Homogenität bewahren, weil die Beteiligten seit den ersten Veranstaltungen vor allem Freunde und Kolleginnen mitbringen. In unseren Veranstaltungen finde ich viele Teilnehmende mit systemischem oder new-age-Hintergrund. Viele wissen irgendetwas über Konstruktivismus und Systemtheorie, viele haben Kommunikationsschulungen hinter sich. *Man* weiss sozusagen, wie *man* innerhalb dieser Theorien spricht, weil man diese Theorien ja auch in einer bestimmten Sprache kennenlernt, obwohl Therapeuten und Coaches ganz andere Orientierungen mitbringen als Philosophen und Erkenntnistheoretiker oder Umweltschützer.

David Bohm meint in seinem Buch, dass A. Einstein und N. Bohr daran scheiterten, dass sie ihre "Theorien" nicht loslassen und deshalb nie zu einem Dialog kommen konnten. Ich glaube, die beiden hätten in einem Dialog zuerst gefunden, dass sie gar kein oder kein gemeinsames Theoriebewusstsein hatten. Als Theorie erscheint oft das, was durch die jeweilige Theorie als Tatsache gesehen wird. Solche Tatsachen, wie etwa das Theorem von A. Einstein, wonach nichts schneller sein kann als Licht, treten als soziale Bestände auf, die auch im Dialog nicht ohne weiteres ausgesetzt werden können. Wenn die Benennung solcher Wissensbestände als Theorien bezeichnet werden, macht es logischerweise keinen Sinn, sich mit seiner eigenen Theorie zu befassen. Theorie erscheint dann als Abstraktion von Tatsachen, die allenfalls einer intellektuellen Rationalisierung dient. Man kann aber, wenn man Theorie als Anschauung begreift, sich im Dialog seiner Theorie bewusst werden. Es geht in diesem Sinne also nicht darum, dass A. Einstein und N. Bohr ihre Theorien hätten loslassen müssen, sondern im Gegenteil darum, dass sie im Dialog ihre Theorien als je spezifische Arten des Beobachtens erst hätten finden können.

In unseren Dialogen erlebe ich, dass viele Menschen von Theorien zunächst nicht sehr viel halten, eben weil sie damit abstrakte Wissensbestände bezeichnen, die sie nicht nachvollziehen können. Es hilft dann auch nicht weiter, anstelle von Theorie einen anderen Ausdruck zu verwenden, weil die Theorie doch als Gegenwelt zu einer sogenannten Praxis aufgefasst wird.

Meinen vorliegenden Bericht sehe ich aber als Reflexion meiner Dialogerfahrungen in einer Theorie, die ich als *meine* Systemtheorie bezeichne. Die Differenz im Theoriebegriff bezeichne ich durch das "mein", das nicht recht zu dem passen will, was man gemeinhin oder in Wissenschaften als Systemtheorie bezeichnen mag. Ich reflektiere meine Dialogerfahrungen quasi diskursiv, indem ich meine Texte als Diskussionsbeiträge zur Systemtheorie begreife.

Ich mache – dia logos - durch meine Systemtheorie sehr spezifisch angeleitete Beobachtungen und nehme nicht an, dass andere Menschen, die an den vorgelegten Dialogen beteiligt waren, ähnliche oder gar dieselben Beobachtungen gemacht haben. Meine Berichte sind keine Abbildungen von etwas, was so der Fall war, sondern Bilder. Ich verfolge weder durch diese Bilder noch durch die Worte Absichten und will damit keine Mitteilungen machen, obwohl ich selbst in meinen Berichten erkenne, wie einfach Dialogveranstaltungen unterhalten werden können. Ich begreife meinen Bericht als Beitrag im Dialog. Und wer diesen Beitrag entsprechend aneignen kann, wird vielleicht auch Dialoge oder sogar Dialogveranstaltungen (er)finden.

## 12 Glossar und Literatur

Mir ist bewusst, dass ich viele Anspielungen auf Personen und Bücher gemacht habe. Auch habe ich viele Fremdwörter verwendet, die man glossieren könnte. Ich will es aber so halten wie in unseren Dialogen und keine fiktiven Fragen nach Quellen und Bedeutungen beantworten. Jede liest ihre Bücher und jeder hat sein eigenes Glossar.